U0710008

經義雜記校補

上

〔清〕臧琳 撰
梅軍 校補

中華書局

圖書在版編目(CIP)數據

經義雜記校補/(清)臧琳撰;梅軍校補. —北京:中華書局,2020.10
ISBN 978-7-101-14725-4

Ⅰ.經… Ⅱ.①臧…②梅… Ⅲ.經學-研究-中國-清代 Ⅳ.Z126.274.9

中國版本圖書館 CIP 數據核字(2020)第 161536 號

責任編輯:石 玉

經義雜記校補

(全二册)

〔清〕臧 琳 撰

梅 軍 校補

*

中 華 書 局 出 版 發 行

(北京市豐臺區太平橋西里 38 號 100073)

http://www.zhbc.com.cn

E-mail:zhbc@zhbc.com.cn

北京瑞古冠中印刷廠印刷

*

920×1250 毫米 1/32 · 28½印張 · 4 插頁 · 633 千字

2020 年 10 月北京第 1 版 2020 年 10 月北京第 1 次印刷

印數:1-1500 册 定價:108.00 元

ISBN 978-7-101-14725-4

目録

上冊

經義雜記卷三……五一

經義雜記卷七

經義雜記卷八

經義雜記卷十一……二四三

經義雜記卷十二……二六七

下册

經義雜記卷十八 …… 四一七

經義雜記卷十九 …… 四三九

經義雜記卷二十四 五七三

經義雜記卷二十五 五九九

經義雜記卷二十六……六二三

經義雜記卷二十九

經義雜記卷三十 …… 七二七

經義雜記敘録一卷 …… 七五五

前　言

一、臧琳生平與著述

臧琳字玉林，清初常州府武進縣（今屬江蘇省常州市）人，生於順治七年（一六五〇）七月二十一日辰時，卒於康熙五十二年（一七一三）十月初十日亥時，享年六十有四（楊方達武進學生臧先生家傳，見本書敍録）。先世東莞人，遷浙江長興，復遷江南武進（阮元武進臧布衣傳，見本書敍録）。祖肇元，字省三。父于經，字善文。母彭氏，生二男，琳爲次子。弱冠，補武進縣學博士弟子員，文名騰躍。其父教之曰：「吾不以汝驟獲科名爲幸。能爲吾臧氏讀書種子，則善矣！」臧琳遂以此自任，絶意科舉，僻居鄉里，終生未仕，以研經考古爲務，篤學至老不倦。所撰著作有經義雜記三十卷、尚書集解一百二十四卷、困學鈔十八卷、大學考異二卷、水經注纂三卷、知人編三卷，生前皆未能刊刻，由子孫珍藏於家（楊方達武進學生臧先生家傳）。

（一）經義雜記三十卷

經義雜記三十卷，是臧琳在經學研究領域的代表作。臧氏自序云：「爲諸生三十年，未嘗一日不讀經。偶有一得，隨筆記録；閒有他説，亦附益之。歲月既多，卷帙遂富。」此書積三十年而成，收録筆記五百一十七條，主要爲臧琳讀經之心得，卷目安排並無定則，故以「經義雜記」爲名。

康熙三十六年（一六九七），閻若璩（一六三六—一七〇四）序此書云：「皆有關經學大事，餘則推性善，戒惰逸，辨訛謬，補遺脱，一字一句，靡不精確。」乾隆五十八年（一七九三），段玉裁（一七三五—一八一五）序云：「發疑正讀，必中肎綮；旁羅參證，抉摘幽微；精心孤詣，所到冰釋。」皆高度評價了此書所取得的學術成就。江聲（一七二一—一七九九）序云：「博綜衆説」，「潛德幽光。晦之久者，傳之亦久。是書將嘉惠來學於無窮也」。這些評價客觀公允，並非溢美之辭，臧琳當之無愧。

此書定稿於康熙四十二年（一七〇三），以鈔本流傳近百年。乾嘉閒，臧琳玄孫臧鏞堂（一七六七—一八一一）據家藏稿本悉心整理，並吸收了閻若璩、惠棟（一六九七—一七五八）、盧文弨（一七一七—一七九五）、江聲、王鳴盛（一七二二—一七九八）、錢大昕（一七二八—一八〇四）、畢沅（一七三〇—一七九七）、鄭環（一七三〇—一八〇六）、段玉裁、莊述祖（一七五〇—一八一六）、劉台拱（一七五一—一八〇五）、鈕樹玉（一七六〇—一八二七）、阮元（一七六四—一八四九）、顧廣圻（一七六六—一八三五）、丁履恒（一七七〇—一八三二）、嚴元照（一七七三—一八一七）等學者對此書的校勘成果。至嘉慶四年（一七九九），由於得到阮元捐資，臧鏞堂將此書刊刻於廣東南海古藥洲（遺址在今廣東省廣州市越秀區教育路八十六號），堪稱精校精刻本，是爲拜經堂叢書本，得以流傳至今。

（二）尚書集解一百二十四卷

尚書集解一百二十四卷，由臧琳三易其稿，歷二十年而成。

臧琳尚書集解序云：「爲卷凡百有二十，附以序目、釋文四卷。」其玄孫臧鏞堂拜經堂叢書總目云：「尚書集解一百二十卷，未刻。」［嘉慶］大清一統志卷八十八、阮元儒林傳稿卷三、杜文燦（一八二三—一八八四）經學博采録卷十二、張之洞（一八三七—一九〇九）書目答問卷一經部、趙爾巽（一八四四—一九二七）清史稿列傳卷二百六十八儒林二皆云「尚書集解一百一十卷」，未計序目、釋文四卷在内。楊方達（生卒年不詳）武進學生臧先生家傳、盧文弨新修常州府志儒林傳、阮元武進臧布衣傳皆云「尚書集解一百二十四卷」，是將尚書集解一百二十卷與所附序目、釋文四卷合計在内。

臧鏞堂曾據臧琳遺稿將尚書集解整理補綴，本欲收入拜經堂叢書刊刻，但由於此書卷帙繁多，限於財力，未能實施。至道光間臧琳七世孫臧熙（生卒年不詳）時，此稿本仍珍藏於家。

道光二十四年（一八四四）春，山西靈石楊尚文（一八〇七—一八五六）出資，請歷史地理學家平定張穆（一八〇五—一八四九）主持輯刻連筠簃叢書。道光二十六年（一八四六）夏，張穆門人趙禄保（生卒年不詳）擬向臧熙借尚書集解而鈔録之，以其卷帙繁多，事乃不果。次年春，趙禄保至京師，將其從臧熙處鈔録的臧琳所撰尚書集解序交給張穆過目。張穆閻潛丘先生年譜（不分卷）載此事，云：

道光丙午夏，門人趙禄保書來，云：「玉琳先生尚書集解，更經在東補綴手録，定本高二尺許，約二百萬言。今尚存其家，惜無能刻之者。其七世孫熙，今設帳禄保家，擬借其書録之。」穆復書趣鈔數卷來，未知其能慰我寤思否也？九月二十六日。

越年春，禄保以公車至京，録其自序見示。㊀

南海桂文燦經學博采録卷十二亦載此事，云：

武進臧玉林秀才琳，博綜經史，深於小學，閉户著書，世無知者。所著經義雜記三十卷，久已刊行。惟所著尚書集解一百二十卷，定本高二尺許，約二百萬言，世無刊本。秀才七世孫熙珍藏之。張石洲明經之弟子趙孝廉禄保與熙相善。明經欲刊其書，入連筠簃叢刻，不果。道光丁未，孝廉以公車至京師，嘗録其自序相示。

臧琳所撰尚書集解稿本現已不知下落，今所能見者，惟有臧氏所作尚書集解序。其文如下：

琳不揣固陋，手自撰輯。上探伏、孔、馬遷之奥，中采許、馬、鄭、王之詣，下逮唐、宋、

㊀ 引自閻潛丘先生年譜「三十六年丁丑六十二歲」條，清道光二十七年（一八四七）壽陽祁寯藻刻本。

元、明之説，莫不條分縷析，依經附注，擷其精英，棄其瑕疵，閒下己意，亦不數見。蓋以前人之義已備，故一己之説不贅。惟文字異同之閒，有係聖經匪淺，而自唐儒陸、孔以來，多所依違，鮮能折衷。琳少學訓詁，頗解於斯，凡有所據，隨爲條證，欲少求益於前人所得之外，非忘其大者、遠者而議其小者、近者也。據孔氏正義之本，倣何氏論語之注，别以姓名，題爲集解。三易其稾，廿年而成。爲卷凡百有二十，附以序目、釋文四卷。若夫删繁訂失，是深有望於後之君子焉。康熙四十四年太歲己酉仲冬月，武進臧琳謹序。㊀

聯繫臧琳所撰經義雜記序，可知其尚書集解定稿較經義雜記晚兩年。康熙四十四年（一七〇五），臧琳五十六歲。再過八年，臧琳就去世了。

（三）困學鈔十八卷

困學鈔十八卷，乃臧琳早年讀書時所輯。其中有六藝論一卷，臧鏞堂收入拜經堂叢書，於嘉慶六年（一八〇一）刊刻行世。其後附臧鏞堂跋語云：「玉林先生困學鈔有六藝論一卷，輒采嚴核」，「我祖原編閒有漏略，竊爲補次。近人所輯，曾見二本，其體例似俱不如困學鈔之嚴核

㊀ 引自經學博采録卷十二，敬躋堂叢書本。軍案：張穆閻潛丘先生年譜「三十六年丁丑六十二歲」條亦載臧氏此序，惟「孔氏」二字作「穎達」爲異。經義雜記卷十四第十二條、卷二十第二條兩引皆作「孔氏正義」，未有云「穎達正義」者。

云」。可知拜經堂叢書所收六藝論一卷，是從臧琳困學鈔十八卷中析出，經過了臧鏞堂的補充和整理。拜經堂叢書三禮目録卷末附臧鏞堂刻六藝論三禮目録書後，云：

> 六藝論一卷，武進臧玉林先生輯。輯鄭學，自王伯厚始，後人踵爲之。若易注、若書注、若詩譜、若鄭志之屬，次第編集，粗有端緒。顧檢閱萬餘卷書，決擇或不精，仍不免脱誤。故知非壹意於此者，未善也。先生當康熙閒，潛心經訓，著述甚富，有困學鈔十八卷。此特其困學鈔中一斑耳，然已精審可寶，較之王伯厚氏有過之無不及矣。

對臧琳所輯六藝論作了中肯的評價。據此，我們也得以大致瞭解到困學鈔的編撰内容，應該是關於經書古注的輯鈔和整理。

清末丁丙（一八三二—一八九九）八千卷樓書目卷三經部著録「六藝論一卷」，注云：「漢鄭玄撰，國朝臧琳輯，許齋叢書本。」許齋叢書爲南陵徐乃昌（一八六九—一九四三）校刊，收書二十種，後由合肥蒯光典（一八五七—一九一一）補刊重印。其中第十種即臧琳所輯的六藝論一卷，徐氏改稱鄭氏六藝論；又將嘉慶二年（一七九七）臧鏞堂所作跋語附於其後，題名鄭氏六藝論跋，已非拜經堂叢書本之原貌。

（四）大學考異二卷

大學考異亦爲臧琳早年所撰。在經義雜記中，臧琳兩次提及此書，一處見於經義雜記卷十二第三條，云：「余昔撰大學考異。」另一處見於經義雜記卷二十四第一條，云：「余別有大學考異一卷。」

楊方達是與臧琳交往甚密的同里晚輩。康熙五十六年（一七一七）夏，楊方達撰寫武進學生臧先生家傳，其時臧琳已過世四年。在這篇傳文中，楊氏記録臧琳曾説：

> 禮記中，大學一篇本無經、傳可分，闕處當補誠意；關頭於學者最爲切要，所以成始而成終者，不當退移於後。以宋、元、明以來學者好爲改竄，因作大學考異二卷，而以漢注舊本爲得其真。

這是臧琳逝後，文獻中關於大學考異的最早記録。楊氏所記臧琳撰寫大學考異的緣由，與經義雜記卷二十四第一條吻合，而楊氏聞見大學考異爲「二卷」，則與經義雜記卷二十四第一條所云「一卷」不同。推測造成卷數差異的原因，或許有兩種可能：其一，經義雜記卷二十四第一條云「余別有大學考異一卷」，「一」字疑「二」之誤；其二，臧琳後來將早年所撰的大學考異一卷作了訂補，析分爲兩卷。由於大學考異未曾刊刻，目前稿本亦不知下落，其卷數究竟如何，已不可考。自楊方達以後，諸家傳記皆稱臧琳所撰大學考異爲「二卷」。

臧鏞堂拜經堂文集卷二有「書大學考異後」（丁未仲冬）條（續修四庫全書影印民國十九年宗氏石印本）。該文所記「丁未」，指乾隆五十二年（一七八七），其時臧鏞堂二十一歲。據此可知，至臧鏞堂成年時，大學考異仍保存完好，珍藏於家。

（五）其他著述

除了上述四種著作以外，臧琳還撰有水經注纂三卷、知人編三卷，今皆不知下落。另外，根據經義雜記卷二十三第二條云：「余嘗欲彙采此類遺文，撰鄭氏年譜。」可知臧琳曾有爲鄭玄（一二七—二〇〇）撰作年譜的構想，由於文獻無徵，不知他後來付諸實施了没有。

二、經義雜記的治經思想

從清初考據學的歷史進程來看，臧琳是繼顧炎武（一六一三—一六八二）、閻若璩之後的重要代表人物，但由於臧琳終生未仕，僻居鄉里，名聲不顯，故不爲時人所知。康熙四十二年（一七〇三），臧琳經義雜記三十卷定稿。他在自序中回顧説：

丁丑之歲，太原閻百詩先生來，常過從請質。先生見而歎賞，以爲學識出唐儒陸、孔之上。相與切磋疑義，爲之作序。平生知己，一人而已。

「丁丑之歲」，即康熙三十六年（一六九七）。其時，閻若璩已離開京師，僑居淮安府山陽縣（今江蘇省淮安市淮安區），常常「訪友數百里內，往來蘇杭，輕舟載書册酒茗，徜徉湖山煙水之閒」。㊀就地理位置而言，閻氏從山陰出發往來蘇杭之閒，武進乃必經之地，這爲二人相識創造了良好條件。此年六月，閻若璩作經義雜記序，激賞臧琳爲「隱德君子」，「洵可爲首出之士」。對臧琳而言，能與閻氏結交並相互切磋疑義，是值得珍惜和回味的經歷。「平生知己，一人而已」，也道出了臧琳治經三十年的孤寂與堅持。

臧琳在談到治經的方法時，説：

〔朱子〕謂「字畫、音韻不理會，却枉費了無限辭説，牽補而卒不得其（大）〔本〕義，亦甚害事」，尤爲名言。朱子真通儒也！故欲治經，必先自小學始。㊁

楊方達武進學生臧先生家傳亦云：

自有明三百年來，士人多限於制義，而不能自振。其爲詞章之學者，無論矣。爲義理之學者，或貌襲程、朱，自以爲多；或言不用六經，可以明心見性。此聖人之意不明於天下後世，六經幾何不爲糟粕也！先生始獨憂之，教門人後進以小學，必以爾雅、説文爲宗，曰：「不識字，何以讀書？不通詁訓，何以明經？」其論治經也，必以漢注、唐疏爲主，曰：「此其

㊀ 見張穆閻潛丘先生年譜「三十五年丙子六十一歲」條。
㊁ 見經義雜記卷五第六條。

本原也。本原未見，而遽授以後儒之傳注，非特理奥有不能驟領，亦懼爲其隘也。」楊氏所言，忠實地記録了臧琳的治經主張。臧琳明確提出「欲治經，必自小學始」。這一思想是乾嘉考據學的先聲，對乾嘉學者影響深遠。因此，經義雜記在乾嘉時期獲得大批學者的高度贊譽和推崇，不是偶然的。我們也可看到，清末張之洞在書目答問姓名略篇首云「由小學入經學者，其經學可信」，其精神内核與臧琳的治經思想也是一脈相承的。

三、經義雜記的治經成績

經義雜記三十卷實踐了臧琳的治經思想。經義雜記全書共五百一十七條，現將其引用書籍的情況統計如下：㊀

經部：（三十四種）

周易24　尚書30　毛詩109　詩考2　韓詩外傳7　周禮44　儀禮34　禮記101　大戴禮記4　春秋左傳123　春秋公羊傳60　春秋穀梁傳52　春秋繁露5　孝經18　經典釋文178　論語30　論語筆解5　孟子22　爾雅57　方言3　釋名16　廣雅6　羣經音辨8

㊀ 書名依四部分類法先後排列，其下數字表示該書在經義雜記中出現的條數。

左傳僖卅二年：「秦穆公召孟明、西乞、白乙，使出師於東門之外。蹇叔哭之，曰：『孟子！吾見師之出，而不見其入也！』」釋文：「孟子，本或作『孟兮』。」

案：杜注：「孟明，百里孟明視。」正義曰：「世族譜以百里孟明視爲百里奚之子，則姓百里，名視，字孟明也。」然則孟明已爲百里視之字，蹇叔老臣，何爲稱百里之子「孟子」乎？呼曰「孟兮」，蓋痛傷之詞，與上「蹇叔哭之」文正合。陸、孔俱定從「子」字。唐石經今作「孟子」，細驗其剜改之跡，原是「兮」字。

此條據釋文、正義，論「子」當作「兮」，是也。民國十五年（一九二六）皕忍堂景刊唐開成石經作「孟兮」，不誤。

臧琳在利用經典釋文辨正經傳文字衍誤的同時，對釋文中出現的錯誤也作了冷静的探討。如卷八第四條「遏河三日不流」，臧琳依據公羊傳、漢書皆無「遏」字，推斷穀梁傳及釋文「壅遏」之「遏」皆爲衍文，其説是也。韓詩外傳卷八載輦者曰「梁山崩，壅河顧三日不流」，論衡感虚篇載傳書言「梁山崩，壅河三日不流」，「壅」下皆無「遏」字，可以爲證。

（二）臧琳高度重視小學研究，並自覺地運用於經文校勘及經義理解。

「小學」指中國的傳統語言文字學，包括文字學、音韻學、訓詁學三個門類。臧琳云：「不識字，何以讀書？不通訓詁，何以明經？」（見楊方達武進學生臧先生家傳）他明確提出「欲治經，必自小學始」。這種治經思想在經義雜記中得到了貫徹和實施。臧琳自覺地將文字的形、音、義緊密聯繫起來，綜合互證，對經傳典籍的文字進行勘正，進而對經義作出準確的理解。

其一，利用文字學。如卷十五第十六條「遠哉搖搖」云：

左傳昭廿五年「鸜鵒之巢，遠哉遥遥」，五行志中上作「遠哉搖搖」。師古曰：「搖搖，不安之貌。」

案：「遥」爲俗字，當從漢志作「搖」。五經文字序云：「『逍遥』之類，説文漏略者，今得之於字林。」説文新附「逍遥」字，臣鉉等案：「詩只用『消搖』，此二字字林所加。」可證今詩黍離「中心搖搖」不作「遥遥」。白駒作「於焉逍遥」，非古也。

臧琳根據漢書五行志中之上及顏師古注，認爲左傳昭廿五年「遠哉遥遥」之「遥」、詩白駒「於焉逍遥」之「遥」皆當作「搖」，所言是也。阮元左傳注疏校勘記即引臧氏此文以爲説。

其二，利用音韻學。如卷二十四第十七條「自土漆沮」云：

詩緜：「緜緜瓜瓞，民之初生，自土沮漆。古公亶父，陶復陶穴，未有家室。」酈道元注水經漆水引詩「民之初生，自土漆沮」。黄省曾本依今詩改。顏師古注漢書地理志上曰：「詩云：『人之初生，自土漆沮。』齊詩作『自杜』。言公劉避狄，而來居杜與漆、沮之地。」

案：「民」字作「人」，或唐人避諱所改。其作「漆沮」而不作「沮漆」，則與水經注合，且并可見齊詩亦作「漆沮」。「漆沮」與「亶父」爲韻。常武「南仲大祖，大師皇父」同此。蓋因唐石經倒作「沮漆」，故今本傳、箋無不盡然。猶幸有酈、顏二家證引，得據以考正也。

臧琳依據酈氏水經注、顔氏漢書注引詩皆作「自土漆沮」，認爲詩緜本作「漆沮」，「沮」與「父」韻，是也。阮元毛詩注疏校勘記云：「正義本作『漆沮』。餘亦有作『沮漆』者，後人改之耳。」段玉裁六書音均表亦以詩緜「沮」與「父」韻，云：「從漢書、水經注作『漆沮』。」㊀

其三，利用訓詁學。如卷二十一第十八條「説文洌寒皃」云：

詩大東：「有洌氿泉。」傳：「洌，寒意也。」正義曰：「七月云：『二之日栗洌。』今七月誤作「栗烈」，當從此所引。是『洌』爲『寒氣也』。説文：『洌，寒貌。』故字從『冰』。」

案：今説文仌部無「洌」字，有「瀨」，云：「寒也。从仌，賴聲。」據孔氏所引，知唐初説文本有「洌」字。古「洌」、「瀨」聲同，詩思齊「烈假不瑕」，正義云：「鄭讀『烈假』爲『厲瘕』。」論語子張「未信則以爲厲己也」，釋文云：「厲，鄭讀爲『賴』。」説文蓋以「洌」爲正字，「瀨」爲重文，今本脱落，合始得之。李善注文選嘯賦，引字林「洌，寒貌」，本説文也。高唐賦注引作「洌，寒風也」，「風」字誤。唐石經「洌」字誤从「水」。毛傳「寒意也」，正義本作「寒氣也」。

李善注文選卷二十九古詩十九首，引毛詩七月亦作「二之日栗洌」。臧琳依據詩大東正義引七月、説文皆作「洌」，推知唐初説文本有「洌」字，其説可從。

（三）臧琳在引用説文治經的同時，對今本説文的脱訛現象頗爲關注。

㊀ 見説文解字注卷三十二六書音均表四，頁二十，清嘉慶二十年（一八一五）段氏經韻樓刻本。

臧琳特別重視説文，但並不盲從。他在引用説文的同時，也指出了今本説文中存在的脱訛現象。如卷二十五第二十一條「説文注脱文」云：

許氏説文，學者所取正以校他書之譌謬者，然不無脱誤。如玉篇艸部「藥」字注引説文云：「治疾病之艸總名。」乃今説文云「治病艸，似藥」，爲一艸之專名矣。又「艿」字注引説文云：「舊艸不芟、新艸又生曰艿。」案：論語「仍舊貫」鄭康成注：「仍，因也。」義正如此。乃今本云「艿，艸也」，竟似「艿」爲艸名矣。凡斯類甚多。如據玉篇、廣韻、集韻、韻會等書所引説文參校，一一補正之，有功於許書非淺也。

臧琳所言誠是。這也體現了他實事求是的治學精神。其後，段玉裁撰説文解字注，引用玉篇、廣韻、集韻、韻會等書參校和補訂説文，正可謂臧琳倡導之言的實踐者。

（四）臧琳客觀評價經古、今文，認爲二者不可偏執，須擇善而從。臧琳在卷二第十六條「論語古文今文」中明確指出：

凡六經古、今文，不可偏執。古文多假借，今文多正字；又往往古文得其真，今文或以形聲致誤，故必合考之方兩通。漢儒今文家不知古義，古文家鄙棄今學，皆過也。能參合古、今，擇善而從，可爲後學法守者，惟北海鄭君一人而已。

在對待經古、今文的立場問題上，臧琳主張「參合古、今，擇善而從」，無門户之見，這在當時既是難能可貴的，也是科學嚴謹的。

臧琳認爲：「古文多假借，今文多正字。」（見上條）在經義雜記中，臧琳多次申明這一觀點。如卷二十一第十四條「詩古文今文」云：

毛詩爲古文，齊、魯、韓爲今文。古文多假借，故作詁訓傳者以正字釋之。若今文，則經直作正字。

臧琳認爲：「古文多假借，豈可以偏旁拘之？」（見卷二十七第十二條）這一論斷是正確的。如卷七第六條「施弛古通」，臧琳認爲，詩江漢「矢其文德」，「矢」爲「施」之假借字，毛亨（生卒年不詳）不改經文，但於訓詁傳中以正字顯之。他進而指出，爾雅、禮記引詩作「弛」者，亦爲「施」之假借字；皇侃（四八八—五四五）改禮記作「施」，顏師古定本改詩傳作「弛」，皆因不明古文假借而致誤。

臧琳認爲：「古、今文不可偏主。」（見卷二十三第十七條）這一論斷也是正確的。如卷十二第十一條「頭脰字别」，臧琳充分肯定鄭玄打破經古、今文的界限，「參合古、今，擇善而從」的做法，指出鄭玄注儀禮士相見禮用古文，注士虞禮用今文，是「各得其當矣」。在經義雜記中，我們亦可看到，臧氏治經始終是繼承和發揚這一優良傳統的。

（五）臧琳明確表達了自己對先儒的評價，這些評價是結合先儒對經義的具體理解而作出的。

其一，評價毛亨。

臧琳是極度推崇毛亨的，如卷十第八條「行者有裹囊也」云：

三代人讀經，能知其大義。漢以來儒者，始沾沾於字句；間有曲通古人立言之意而不爲文辭所惑者，惟毛公一人而已。

卷三十第九條「淮夷蠻貊」云：

毛公先秦大儒，不容有誤。

臧琳所稱「毛公」，皆指毛亨。臧琳對毛亨的高度評價，是依據自身治經的長期實踐總結出來的，並非虛言或盲從。

又如卷二十三第十五條「毛傳文例最古」云：

十三經中，惟毛詩傳最古，而最完好。其詁訓能委曲順經，不拘章句。俗儒不知而私改者，唐以前已不免矣。

實事求是，訓詁舉大意，不拘於章句之學，是毛詩傳的特色，也是漢代古學派的治經方法。這種方法是科學嚴謹的，也是臧琳治經三十年所堅守的。聯繫宋元至清初盛行的空疏附會的治經風氣，我們就不難理解臧琳爲何要如此推崇毛亨了。

其二，評價鄭玄、王肅。

臧琳高度推崇鄭玄所取得的經學成就。在經義雜記中，臧琳多次表明自己對鄭玄的擁護和肯定。如卷十七第八條「鄭箋改字有本」云：

> 鄭康成箋毛詩，每云「某讀爲某」，「某讀若某」。後儒以此病其改字，不知鄭意在箋明傳義。有傳義隱約者，鄭或正其音，或辨其字，雖似改毛而實爲申毛；亦有鄭所不安，本三家詩或據他經傳改易者，要皆有本。後人所見淺鮮，又不能心知其意，而遽欲輕議先賢，此失之甚焉者。（下略。）
>
> 凡此，鄭雖改毛，然皆有根據，非同後人之臆見。今三家並亡，無由盡曉，姑以耳目所及鄭氏以前之經傳考之，可知鄭學之閎通矣。

在精研經傳的過程中，臧琳意識到鄭玄所作經注尚有錯誤。對此，臧琳並不諱言。卷十九第二十二條「儀禮古文」云：

> 鄭氏以今、古文參校，其取舍恐猶有未盡善者。安得好學深思之士，不爲章句之學者，更參訂之，豈必於鄭氏外一無發明乎？

所言誠是。這裏我們舉王引之（一七六六—一八三四）經傳釋詞論詩常棣「鄂不韡韡」之義爲例：

> 常棣曰：「鄂不韡韡。」傳云：「鄂，猶鄂鄂然，言外發也。韡韡，光明也。」則「不」字乃語詞。「鄂不韡韡」，猶言「天之沃沃」耳。箋云：「承華者曰鄂。『不』當爲『拊』。拊，鄂足。鄂

足得華之光明，則韡韡然盛。古聲『不』、『拊』同。」

案：詩咏草木之華，皆直美其華之色，無以鄂足言之者。且韡韡光明，華色則然；鄂足隱在華下，安所見其韡韡哉？鄭亦知鄂足不得言「韡韡」，乃爲之説云「鄂足得華之光明，則韡韡然盛」，迂回而難通矣。王肅述毛云：「不韡韡，言韡韡也。以興兄弟能内睦外禦，則(疆)[彊]盛而有光耀，若常棣之華發也。」斯言得之。㊀

此條毛亨、王肅（一九五—二五六）對常棣「鄂不韡韡」的理解是正確的，鄭玄的理解是錯誤的。然而瑕不掩瑜，這並不影響我們整體上對鄭玄所取得的經學成就的肯定。

對於王肅，臧琳是批判居多的，且言辭激憤，這與其推崇鄭玄形成了鮮明對照。如卷二十九第七條「維此王季」云：

鄭箋毛詩是「王季」，王肅好與鄭氏相難，故反據三家誤本，以改毛氏正經；使無識者見之，必謂肅本毛詩與三家及左傳合，鄭箋作「王季」爲誤矣。肅之伎倆心術，自唐以來無能知之者，我不得不痛切昌言之。

在臧琳看來，王肅篡改經傳，以與鄭玄相駁難，其「罪行」是不可饒恕的。

客觀而言，王肅注經雖有意與鄭玄作對，但畢竟他也崇奉賈逵、馬融的古學，其學説是有合

㊀ 見經傳釋詞卷十「不丕否」條，頁四，清道光二十七年（一八四七）錢熙祚翻刻本。

理因素的，不能一概抹殺。臧琳治經實事求是，自然也意識到了這一點。因此，在痛斥王肅「罪行」的同時，對其治經成績還是有所肯定的。如卷二十七第九條「香合香其」，臧琳認爲，禮記曲禮下「薌萁」二字本作「香其」。鄭玄注以「其」爲語辭，無實義；王肅以「其」爲「期」的假借字，訓爲「時」，與上文「合」字皆有實意。臧琳認爲鄭注非是，王説較爲合理，並特意補充云：「存此以見不偏袒於鄭氏。」又如卷二十七第三條「服杜解左之誤」，臧琳亦云：「此條從王肅。」臧琳這種求真務實的學風，是值得稱道的。孔子説：「君子不以言舉人，不以人廢言。」（論語衛靈公）臧琳是做到了。

其三，評價陸德明、孔穎達、顏師古。

在臧琳看來，唐儒所取得的經學成就整體上不如漢儒。就唐初學者陸德明、孔穎達、顏師古三人而言，臧琳認爲陸氏的經學造詣是最高的，孔氏次之，顏氏又次之。

陸德明的經學代表作是經典釋文三十卷。臧琳高度重視此書，對其學術價值有很深刻的認知。他在卷十九第一條「經典釋文」指出：

此書采漢、魏、晉、南北朝以來諸家詁訓，可謂博極羣書矣，非孔仲達專主一家之可擬也。於周易、尚書、毛詩、論語、爾雅、莊子，更爲賅博。治經者，此書不可一日少也。但陸氏所自言，未免多誤，非特音學不精，文字亦不大識。

臧琳充分肯定了經典釋文的學術成就，同時也指出了陸氏的不足。這種評價是符合實際的。

臧氏强調經典釋文對於治經具有極高價值，認爲「治經者，此書不可一日少也」。這對於三百年後的我們來説，仍有重要的借鑒意義。目前對經典釋文的研究較多局限於音切、異文角度，對其中藴含的漢魏六朝學者訓釋經義的成績重視不够，尚有待更深入的發掘和梳理。

孔穎達在經學上的最大成就是奉詔主持編撰五經正義。其中，周易用魏王弼、晉韓康伯注，尚書用漢孔安國傳，詩經用漢毛亨傳、鄭玄箋，禮記用鄭玄注，春秋左傳用晉杜預注。臧琳認爲，孔穎達治經專主一家，不如陸德明博洽融通，其造詣是在陸氏之下的。如卷二十七第二十一條「好是家嗇」云：

桑柔：「好是稼穡。」釋文：「家，王申毛音駕，謂耕稼也。鄭作『家』，謂居家也。下句『家穡惟寶』同。穡，本亦作『嗇』，音色。王申毛謂收穡也。鄭云：『吝嗇也。』尋鄭『家嗇』二字本皆無『禾』者，下『稼穡卒痒』始從『禾』。」（下略。）

正義云：「箋不言『「稼」當爲「家」』，則所授之本先作『家』字也。」則孔本已作「稼」矣，故引「王肅云：『當好知稼穡之艱難』」，又引「云：『能知稼穡之事，唯國寶也』」。孔以爲傳意當然，故釋傳用王肅説。然正義所用毛詩，則鄭箋本，非王肅本也。今反從肅説，以改鄭義，并易其經字，不審甚矣。

且釋文云「家，王申毛音駕」，疑肅雖以「家嗇」爲「稼穡」，尚未敢遽改經字，殆後人又因肅義而改耳。琳向謂孔氏學識往往出陸氏下，此條尤可證云。

臧琳對孔氏的批評是有道理的。皮錫瑞指出：「議孔疏之失者，曰彼此互異，曰曲徇注文，曰雜引讖緯。案：著書之例，注不駮經，疏不駮注。不取異義，專宗一家，曲徇注文，未足爲病；讖緯多存古義原本，今文雜引釋經，亦非巨謬。惟彼此互異，學者莫知所從，既失刊定之規，殊乖統一之義。」〔一〕所言亦允當。

當然，臧琳在批評孔氏的同時，對他所做出的成績還是充分肯定的，如卷十一第十條「以慰我心」云：「此條孔勝於陸。」同樣的評語亦見卷二十三第十條「出入周疏」、卷二十九第十三條「勿士銜枚」。

臧琳在卷三第十八條「唐儒陸孔傳」云：

唐儒陸德明、孔仲達徧通五經，學者日讀其書，不可不知其人。今録唐書本傳，俾學者景仰焉。（下略。）

陸氏之於玄恕也，服巴豆，僵偃壁下，遺利不復開口。孔氏之事太宗也，數以忠言進；事皇太子，箴諫其失，雖死不恨。較之漢儒北海鄭公、范陽盧公，何愧焉？出處大節凛然不苟，學者尤宜師法，不特釋文、正義二書爲千古模範也！後世有徇利貪榮、苟免無恥者，亦自命爲經生，斯陸、孔之罪人已！

〔一〕見經學歷史「經學統一時代」條，頁四十三，清光緒三十二年（一九〇六）思賢書局刻本。

由此可知，對於陸、孔二氏的人品，臧琳都是高度贊賞的。

在經義雜記中，臧琳對顔師古的評價，主要是結合師古漢書注中有關經義者而生發的。如卷三第十五條「魯詩周道郁夷」云：

> 詩四牡「四牡騑騑，周道倭遲」，毛詩作「倭遲」。「倭」者，委曲；「遲」者，遠也。故毛傳曰：「倭遲，歷遠之意。」韓詩作「威夷」。「威」，可畏也；「夷」，傷也。故薛君曰：「威夷，險也。」
>
> 漢書地理志「郁夷」下引詩「周道郁夷」，是以「郁夷」爲地名。「倭」、「威」、「郁」聲相近而義別。李善文選注十、又二十、又廿一、又五十六引韓詩皆作「威夷」，惟十八引作「倭夷」，然正文「臨迴江之威夷」仍是「威」字，則注作「倭」者，順毛詩所改。地理志作「郁夷」，既與韓、毛不同，藝文志謂「三家魯最爲近之」，則爲魯詩無疑矣。
>
> 顔師古見與毛氏不同，便以爲韓詩，不知韓詩有文選注、薛君章句可證也。不料唐人讀書已傅會若此。

臧琳對師古的批評是正確的。陳壽祺也指出：「顔注地理志，誤以『周道郁夷』爲韓詩，而不考韓詩實作『威夷』，則其它踳駮者，未可盡信也。」㊀又如卷二十八第十二條「好是家嗇」，臧琳亦以師

㊀ 見左海文集卷四上答許子錦論經義書，續修四庫全書影印清刻本。

古注非是。

綜上所述，臧琳治經以漢注、唐疏爲主，他對先儒的評價是結合具體經義的理解和辨析而得出，因此是令人信服的。錢大昕序經義雜記云：「先生之書，實事求是，别白精審，而未嘗馳騁其辭，輕詆先哲。斯真儒者之學，務實而不務名者。予是以重其書，而益重其人也。」錢氏所言是客觀公允的，也是對臧琳及其經義雜記的高度肯定。

四、經義雜記的流傳刊刻

清康熙四十二年（一七〇三），臧琳五十四歲，經義雜記已定稿。由於臧琳終生未仕，僻居鄉里，名聲不顯，故不爲學界所知。康熙五十二年（一七一三），臧琳逝世。其所撰著，生前皆未能刊行，稿本由子孫珍藏於家，世代相傳。

乾隆五十三年（一七八八），盧文弨主常州龍城書院（遺址在今江蘇省常州市局前街小學）講席。其時，臧琳玄孫臧鏞堂（字在東，又字東序。後更名庸，字用中，一字西成，又字拜經）二十二歲，往謁之，遂執經受學。㊀在盧氏門下，臧鏞堂得以獲交王鳴盛、錢大昕、段玉裁、劉台拱等

㊀ 臧鏞堂拜經堂文集卷三上王鳳喈光禄書。

當世鴻儒，從此開始了他一生的學術交遊活動。段玉裁向盧文弨稱贊云：「高足臧君學識遠超孫（星衍）、洪（亮吉）之上。」[一]也正是在此時，鏞堂以高祖臧琳所著經義雜記質於盧文弨，盧氏驚異之，於所撰經典釋文考證中多引其説。[二]

乾隆五十六年（一七九一），臧鏞堂完成校訂經義雜記。[三]五十八年（一七九三），王鳴盛、錢大昕、段玉裁、江聲四人爲經義雜記作序。由於盧文弨、王鳴盛、錢大昕、段玉裁等人的推尊獎譽，臧琳經義雜記受到學林的廣泛認知和重視。阮元記此事云：「當世通儒碩學，莫不心折此書；鉅都大邑研經好學之士，往往傳寫不倦。」[四]

乾隆六十年（一七九五），阮元督浙江學政。嘉慶二年（一七九七）正月，阮元設館杭州西湖孤山之麓，始修經籍籑詁，由丁杰董理其事。三年（一七九八）春，阮元移書常州，延請臧鏞堂協纂經籍籑詁。八月，經籍籑詁校訂告竣。[五]是年冬，鏞堂赴廣東南海，爲阮元校刻經籍籑詁。由於得到阮元的資助，嘉慶四年（一七九九）十月，臧鏞堂將經義雜記三十卷刊成於南海古藥洲，

[一] 拜經堂文集卷二刻詩經小學録序。
[二] 阮元臧拜經别傳，見臧鏞堂拜經堂文集卷首。
[三] 臧鏞堂拜經日記卷首識語，拜經堂叢書本。
[四] 阮元刻經義雜記題辭，見拜經堂叢書本經義雜記卷首。
[五] 臧鏞堂拜經堂文集卷二經籍籑詁後序。

堪稱精校精刻本，收入拜經堂叢書，得以流傳至今。

據臧鏞堂所撰經義雜記贈言校勘爵里姓氏，爲經義雜記贈言校勘者有三十二人，多數爲乾嘉時期的知名學者。拜經堂叢書本經義雜記三十卷中，除去臧琳的自注以外，還載録了十四人所撰案語，共計九十一條：盧文弨二條、江聲二條、王鳴盛一條、錢大昕八條、鄭環三條、段玉裁四條、許宗彦三條、丁杰一條、孫志祖一條、顧廣圻五條、顧述二條、袁廷檮一條、臧鏞堂三十九條、臧禮堂十九條。這十四人的案語皆由臧鏞堂彙集整理，以注文的形式附於經義雜記相應正文之下。其中，袁廷檮、臧鏞堂、臧禮堂三人所撰案語，皆冠以「謹案」二字；另十一人所撰案語，皆冠以「案」字。

臧鏞堂在粤所刊拜經堂叢書本經義雜記三十卷，是迄今所見最早、也是最完整的經義雜記刻本。嘉慶十六年（一八一一），鏞堂去世，年僅四十五歲。

其後，又有經義雜記十卷刻本，收入皇清經解第一九五至二〇四卷。

嘉慶二十二年（一八一七），阮元調任兩廣總督。二十五年（一八二〇），他在廣州城北粤秀山創立學海堂書院。道光五年（一八二五）八月，阮元組織人力在學海堂始刻皇清經解（亦名學海堂經解），由嚴杰任總編輯，吴石華爲監刻，學海堂諸生充任校對，孫成彦爲復校，阮元之子阮福總理收發書籍、催督刻工諸事。至道光六年（一八二六）六月，皇清經解已成書千卷，阮元奉調改任雲貴總督，輯刻之事託付給廣東督糧道夏修恕，編輯重任仍委之嚴杰。至道光九年（一八二九）九月，全書輯刻完畢，共收七十三家一百八十三種著作，凡一千四百卷，書版庋藏於學海堂側之文瀾閣。

咸豐七年（一八五七）九月，英軍攻粤，文瀾閣所藏皇清經解書版毁失過半。其中，經義雜記十卷書版亦大多毁損。咸豐十年（一八六〇），兩廣總督勞崇光等人捐資，聘請鄭獻甫、譚瑩、陳澧、孔廣鏞四人爲總校，補刻數百卷，增刻馮登府著作七種計八卷，並重校一過，改正訛誤若干，此即「咸豐庚申補刊本」。同治九年（一八七〇），廣東巡撫李福泰刊許鴻磐尚書劄記四卷，附諸皇清經解之後，是爲「同治庚午續刊本」。

就今所見咸豐庚申補刊皇清經解本經義雜記十卷而言，其卷一至卷六、卷七第一至二十八頁之書版皆爲補刻，書口有「庚申補刊」字樣；卷七第二十九至三十六頁、卷八至卷十之書版皆爲道光原刻。其中，道光原刻十卷書版的校勘者爲嘉應温心源一人，咸豐庚申補刊書版的校勘者有三人：順德馮佐勳，校卷一至卷三；南海陳韶，校卷四；漢軍陳良玉，校卷五至卷六。相較而言，咸豐庚申補刊本經過重新勘正，比道光原刻本更善。

對比拜經堂叢書本、皇清經解本經義雜記之内容，可知後者雖衹有十卷，但保留了三十卷本經義雜記五百一十七條中的四百五十七條，而删去了其餘無關經義者共六十條。這些删去的條目雖與經義無直接關係，卻反映了臧琳的治學心態、生活情趣、人物品評、文獻考訂等多方面内容，自有其學術價值。此外，拜經堂叢書本經義雜記卷首所載的臧鏞堂經義雜記贈言校勘爵里姓氏，書末所附的臧鏞堂編經義雜記敘録一卷、嚴元照經義雜記跋，皇清經解本經義雜記亦一併删去，祇在書末保留了閻若璩經義雜記序。由此可知，拜經堂叢書本經義雜記三十卷堪稱「全本」，而皇清經解本經義雜記十卷祇能稱作「節本」了。

就校勘經義雜記文本的學術水平而言，皇清經解本低於拜經堂叢書本。這可分爲兩種情形：其一，拜經堂叢書本不誤，皇清經解本誤改或誤脱者；其二，拜經堂叢書本有誤，皇清經解本改正者。前者數量頗多，達七十餘處；後者數量較少，祇有十餘處。由此可見，臧鏞堂的經學素養明顯高於皇清經解本經義雜記的四位校勘者，且鏞堂校勘經義雜記的態度更爲嚴謹。因此，「後出轉精」這樣的話語，是不能够用來評價皇清經解本經義雜記的。

經義雜記的版本系統並不複雜，目前可見的刻本祇有上述這兩種，即：拜經堂叢書本經義雜記三十卷，爲「全本」；皇清經解本經義雜記十卷，爲「節本」。之後石印或影印出版的各種經義雜記，是分别以這兩種刻本爲底本而來的。茲羅列如下：

其一，以拜經堂叢書本經義雜記三十卷爲底本者。

日本昭和十年（一九三五）東方文化學院京都研究所影印拜經堂叢書本。此本按照原刻尺寸影印，半頁十行，行二十一字，刷印精良，頗善。

二〇〇二年上海古籍出版社續修四庫全書拼縮影印北京大學圖書館藏拜經堂叢書本。此本分上下兩欄，將原刻四頁拼縮成一頁，字跡或斑駁脱落，有闕頁鈔補。

其二，以皇清經解本經義雜記十卷爲底本者。

清光緒十一年（一八八五）上海點石齋拼縮石印道光九年皇清經解本。此本分上中下三欄，欄三十三行，行二十四字。光緒十四年（一八八八）重印。

光緒十三年（一八八七）上海書局拼縮石印道光九年皇清經解本。此本依原刻行款一律直行，半頁二十八行，行六十字，書口有「丁亥石印」字樣，又稱「直行足本」。光緒十八年（一八九二）上海古香閣據上海書局本石印，書口易以「上海古香閣」字樣。

一九八八年上海書店拼縮影印咸豐十年（一八六〇）補刊皇清經解本。此本分上中下三欄，欄三十三行，行二十四字，較善。

二〇〇五年南京鳳凰出版社影印上海書局丁亥石印皇清經解本。此本將丁亥石印本擴至大十六開本影印，便於閱讀。

據此，可作經義雜記版本系統示意圖於左，俾學者考焉。

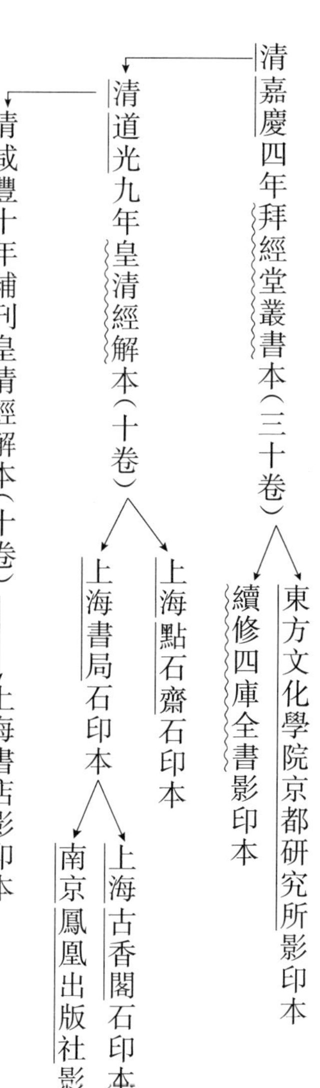

五、關於經義雜記校補

臧琳經義雜記重視小學，以漢儒經説爲宗而不墨守，援據典籍以正訛補闕，考證方法科學嚴密，對乾嘉考據學有深刻的影響，因此，受到乾嘉時期諸多學者的推崇和重視。

臧琳於經義雜記卷首云：「後之君子見此書者，能爲琳正定，是所厚望也夫！」今有感於茲，遂以清嘉慶四年拜經堂叢書本經義雜記三十卷爲底本，以咸豐十年補刊皇清經解本經義雜記十卷爲參校本，董理此書，名曰「經義雜記校補」。稱「校補」者，意謂全面校理原書，補臧琳之所未備。凡經義雜記所徵引文獻，皆逐一據善本檢覈；涉及疑難論題者，儘量吸收乾嘉以來學者的研究成果，匡謬正訛，補苴考訂，參酌眾説，申述己見，以案語形式予以辨析或揭明；力求實事求是，避免繁瑣引證，達意即止，附於原文之後。本書的出版，希望能爲讀者提供較可靠的經義雜記整理本，便於讀者瞭解和把握原書的重要學術價值及其所體現的嚴謹求真的治學精神。

限於學力，本書或尚有錯誤，懇請讀者諸君批評指正。

二〇一八年三月，歲次戊戌孟春，江夏後學梅軍撰於廣西大學寓所五硯齋

凡例

一、本書以清嘉慶四年拜經堂叢書本經義雜記三十卷爲底本，以咸豐十年補刊皇清經解本經義雜記十卷爲參校本（簡稱「清經解本」），據文義分段標點，以便觀覽。

二、底本所引用文獻，皆逐一檢覈原書。底本的避諱字逕改回本字，所引用漢書中的避諱字酌情保留。

三、尊重底本的用字習慣，酌情保留異體字。

四、底本載録臧鏞堂整理的各家所作案語共計九十一條，原以雙行小字注文繫於相應正文之下，今皆移至正文之後，並增標注文序號，以清眉目。

五、底本書末原附臧鏞堂編經義雜記敘録一卷及嚴元照所撰跋文，仍予保留。

六、凡底本誤、衍、倒之字，用圓括號「（　）」標出；改正或補入的字，用方括號「［　］」標出，並施加案語予以説明。

七、梅軍校補所作案語共計八百九十一條，皆冠以「軍案」二字，繫於相應正文之後。

八、書中引用周易六十四卦之卦名各標書名號，以便閱讀。三畫之卦名僅八，故不標書名號。各卦之卦題、爻題皆不標書名號。

九、附録經義雜記校補參考文獻，乃作校補時直接使用的文獻，無關者皆不録入。

十、附録經義雜記校補條目索引三種，以便讀者分别依四角號碼、漢語拼音、筆畫檢索經義雜記正文條目。

刻經義雜記題辭

經筵講官、南書房翰林、户部左侍郎兼署兵部左侍郎、前提督浙江學政阮元譔

經義雜記，武進臧玉林先生所著也。先生隱德君子，深入兩漢諸儒閫奥，研覃經訓，根究小學。嘉定錢莘楣少詹序之云：「先生之書，實事求是，别白精審，而未嘗馳騁其辭，輕詆先哲。余是以重其書，而益重其人。」金壇段若膺大令序之云：「發疑正讀，必中肯綮；精心孤詣，所到冰釋。至詩、禮二經，王肅私竄以難鄭者，尤推見至隱，覺悟羣疑。」是以當世通儒碩學，莫不心折此書；鉅都大邑研經好學之士，往往傳寫不倦。余獲交先生玄孫在東，亟爲料量刻資，於嘉慶己未秋，付梓南海。庶得家置一編，免於抄胥之役。將見海内承學之士有所稟程，藉先生之書以通漢、唐之業，於是乎在。前人自閻百詩徵士以下，序之者已詳。余爲掇其梗概，題辭卷端，以告學者焉。

經義雜記贈言校勘爵里姓氏

徵士太原閻百詩若璩
徵士元和惠定宇棟
舉人武進楊符蒼方達
國子監丞武進張伯倫綸
翰林學士餘姚盧召弓文弨
光禄寺卿嘉定王鳳喈鳴盛
詹事府少詹嘉定錢曉徵大昕
宫保、兩湖總督鎮洋畢纕蘅沅
户部侍郎儀徵阮伯元元
禮科給事中華亭王周謨顯曾
江南道御史仁和孫詒穀志祖

兵部主事德清許周生宗彥
内閣中書武進趙億孫懷玉
國子助教仁和宋左彝大樽
太常博士曲阜孔叢伯廣林
濰縣知縣武進莊葆琛述祖
巫山知縣金壇段若膺玉裁
寧波教授歸安丁小雅杰
丹徒訓導寶應劉端臨台拱
孝廉方正吴縣江叔澐聲
舉人武進鄭清如環
布衣武進張珊林琛
布衣吴縣鈕匪石樹玉
布衣武進顧子明述
監生吴縣袁又愷廷檮
監生錢塘何夢華元錫

監生甘泉林仲雲慰曾
生員江陰葉保堂廷甲
生員江寧王西林汝翰
生員武進丁道久履恒
生員元和顧千里廣圻
生員歸安嚴久能元照

經義雜記卷一

武進學生臧琳玉林

居平不揣固陋，考究諸經，深有取於漢人之説，以爲去古未遠也。爲諸生三十年，未嘗一日不讀經。偶有一得，隨筆記録；閒有他説，亦附益之。歲月既多，卷帙遂富。伏處草茅，不克遇當代名儒鉅師商搉是非、删裁蔽冒，深以不聞過爲憾。丁丑之歲，太原閻百詩先生來，常過從請質。先生見而歎賞，以爲學識出唐儒陸、孔之上。相與切磋疑義，爲之作序。平生知己，一人而已。後之君子見此書者，能爲琳正定，是所厚望也夫！

康熙四十二年孟春，琳識於豐玉堂。

1

正名

論語：「子路曰：『衞君待子而爲政，子將奚先？』子曰：『必也，正名乎！』」[一]集解：「馬融曰：『正百事之名也。』」儀禮聘禮疏引鄭注論語云：「古者曰『名』，今世曰『字』。」

案：馬、鄭説不同，亦各有所本。學者喜馬説之平易，便斥鄭爲迂遠；爲鄭學者，專主其説，又以馬解爲非，俱未嘗徧考也。

史記孔子世家云「是時，衛君輒父不得立，在外，諸侯數以爲讓。而孔子弟子多仕於衛。衛君欲得孔子爲政。子路曰：『衛君待子而爲政，子將奚先』」云云。又春秋繁露實性云：「孔子曰：『名不正，則言不順。』春秋别物之理，以正其名。名、物必各因其真其義也，真其情也，乃以爲名。名『霣石』則後其『五』，『退飛』則先其『六』，此皆其真也。聖人於言，無所苟而已矣。」又韓詩外傳卷五説魯君假馬于季孫，云：「孔子正『假馬』之(言)[名]，[二]而君臣之義定矣。論語曰：『必也，正名乎！』詩曰：『君子無易由言。』[言]名正也。」[三]此皆馬説所本也。

周禮外史「掌達書名于四方」，注：「古曰『名』，今曰『字』。使四方知書之文字，得能讀之。」又儀禮聘禮記「百名以上書於策，不及百名書於方」，注：「名，書文也，今謂之『字』。」又許氏説文解字序云：「今敘篆文，合以古籀。博采通人，至于小大，信而有證。稽譔其説，將以理羣類、解謬誤，曉學者、達神恉，分别部居，不相雜廁也。萬物咸覩，靡不兼載。厥誼不昭，爰明以諭。於其所不知，蓋闕如也。」觀許引「君子於其所不知」二句，是亦以「正名」爲正書字。[四]此皆鄭説所本也，固不當專主一解以爲是矣。朱子集注本史記，指衛輒拒父事言之，較馬説更切近。

〔一〕軍案：見論語子路篇。

〔二〕軍案：「言」當作「名」。劉向新序雜事五、皇侃論語義疏卷七皆作「故孔子正假馬之名」。許維遹韓詩外傳集釋卷五第三十四章引郝懿行云：「據皇疏所引，『之』下脱『名』字，『言』字本在末句『名正也』『名』字上，亦錯移在此。」今據改。

〔三〕軍案：「名」上當脱「言」字。許維遹韓詩外傳集釋云：「今本『言』字錯在上文，今據補。」

〔四〕文弨案：説文每部字下有不解者，多書「闕」字，即本論語「闕如」之意。

西宮災

春秋僖二十年：「五月乙巳，西宮災。」杜注：「西宮，公別宮也。」公羊傳：「『西宮』者何？小寢也。小寢則曷爲謂之『西宮』？有西宮，則有東宮矣。魯子曰以有西宮，亦知諸侯之有三宮也。西宮災，何以書？記異也。」何注：「『西宮』者，小寢內室，楚女所居也。禮，諸侯娶三國女。以楚女居西宮，知二國女於小寢內各有一宮也，故云爾。禮，夫人居中宮，少在前；右媵居西宮，左媵居東宮，少在後。是時，僖公爲齊所脅，以齊媵爲適，楚女廢在西宮而不見恤，悲愁怨曠之所生也。言『西宮』不繫『小寢』者，小寢，夫人所統，妾之所繫也。天意若曰：『楚女本當爲夫人，不當繫於齊女。』故經亦云爾。」

穀梁傳：「謂之『新宮』，則近爲禰宮。以謚言之，則如疏之然。以是爲閔宮也。」范解：「言閔公非僖公之父，故不言『新宮』也。」〔一〕

又漢書五行志上：「『西宮災。』穀梁曰爲：『愍公宮也，曰謚言之則若疏，故謂之「西宮」。』劉向曰爲：『釐立妾母爲夫人，曰入宗廟。故天災愍宮，若曰：「去其卑而親者，將害宗廟之正禮。」』董仲舒曰爲：『釐娶於楚，而齊媵之，脅公使立曰爲夫人。「西宮」者，小寢，夫人之居也。若曰：「妾何爲居此宮？」誅去之意也。曰天災之，故大之曰「西宮」也。』左氏曰爲：『「西宮」者，公宮也。〔二〕言「西」，知有東。東宮，太子所居。言「宮」，舉區皆災也。』」

案：杜注左氏謂「無傳」，則班志所引，當是解左氏者之言。如劉歆輩說，知「西宮災」不特一西宮也。公宮，爲國君所居，既不可斥言；東宮，太子宮，太子，國之本也，又不可言災，故舉「西宮」以概之。據董生說，知「西宮」即夫人所居。僖公爲齊所脅，以妾爲夫人而居此宮，故天災誅去之。乃何氏既用董義，而又采禮緯，爲「夫人居中，右媵居西，左媵居東」之説，以「西宮」爲楚女所居。然楚女無罪，何反焚其所居？又言楚女本當爲夫人，不當繫於齊女，故言「西宮」而不繫小寢，亦曲説也。范解穀梁，未能發明，當以劉子政説補之。三傳之學，惟穀梁最微，今所宜急治者也。

〔一〕軍案：僖二十年穀梁傳楊士勛疏云：「傳知之者，以若是禰宮，當言『新宮』，若是疏祖之宮，又須言謚，此在親、疏之閒，故知是閔宮也。」

〔二〕軍案：王先謙漢書補注卷二十七上五行志上云：「錢大昭曰：『左傳無此文，蓋左氏説。』沈欽韓曰：『此據漢法知之。竇嬰傳田蚡云：「程、李俱東西宮衞尉。」時程不識爲長樂衞尉，長樂，太后所居，曰東宮；李廣爲未央衞尉，帝所居，曰西宮。則「公宮」爲西宮，明矣。』」

3

宣謝火

春秋宣十六年：「夏，成周宣謝火。」杜注：「宣謝，講武屋。」正義引服虔云：「宣揚威武之處。」傳：「『夏，成周宣謝火』，人火之也。凡火，人火曰『火』，天火曰『災』。」公羊、穀梁經作「宣謝災」。公羊傳：「『成周』者何？東周也。『宣謝』者何？宣宮之謝也。何言乎『成周宣謝災』？樂器藏焉爾。外災不書，此何以書？新周也。」何注：「宣宮，周宣王之廟也。至此不毀者，有中興之功。樂器，宣王中興所作樂器。新周，故分別有災，不與宋同也。孔子以春秋當新王，上黜杞，下新周而故宋。因天災中興之樂器，示周不復興，故繫『宣謝』於『成周』，使若國文，黜而新之，從爲王者後記災也。」

穀梁傳：「周災不志也。其曰『宣謝』，何也？以樂器之所藏目之也。」范解：「宣謝，宣王之謝。移風易俗，莫善於樂，是故貴其器。」釋曰：「徐邈所據本云『周災至』，注云：『重王室也。』今遍檢范本，並有『不』字，則不得解與徐同。」

又漢書五行志上：「『宣榭災。』舊本作「火」，今據顏注校正。『榭』者，所吕臧樂器；『宣』，其名也。董仲舒、劉向吕爲：『十五年，王札子殺召伯、毛伯，天子不能誅。天戒若曰：「不能行政令，何吕禮樂爲而臧之？」』左氏經曰：『成周宣榭火。』『榭』者，講武之坐屋。」

案：左氏以「宣謝」爲講武之屋，服、杜注皆本漢書。服謂「宣揚威武」，更得命名之意。「火」爲人火，見守戒之無人，而武功之廢弛也。公、穀以「宣謝」爲藏樂器之所，董、劉義同。故漢志云「『謝』者，所吕臧樂器；『宣』，其名也」。蓋樂以宣節陰陽，故名「宣謝」。說文宀部：「宣，天子宣室也。从宀，亘聲。」徐鍇曰：「風回轉，所以宣陰陽也。」漢書賈誼傳：「坐宣室。」何氏不得其解，而以爲宣王，并以樂器爲宣王中興所作，既違公羊本文，復乖左、穀之義矣。

又公羊言「新周」，核之董、劉説，則以天意以樂器空存，無補實政，故災之，而望周之重新；聖人書之，所以承天意也。乃何氏謂「孔子以春秋當新王，繫『宣謝』於『成周』，使若國文，黜而新之」，此言更爲誣矣。

穀梁「周災不志也」，當從徐本作「周災至，志也」，謂以災來告，遂志之。徐注云「重王室也」，得之。范本作「不」字，非是。

4

納卵蒜

夏小正：「十有二月，納卵蒜。『卵蒜』也者，本如卵者也。『納』者何也？納之君也。」徧考經傳，祭品皆用韭，不用蒜。夏小正「納卵蒜」疑當爲「納韭卵」。〔一〕「正月，囿有見韭」，記韭之初生也。「十二月，納韭卵」，記農人收子，納之有司，以昭祭事。王彪之賦曰：「蒲、韭冬藏。」〔二〕謂「『卵蒜』者，本如卵。『納』者，納之君」，夫卵蒜納之君，將何用此語？蓋漢以後人附會。

〔一〕軍案：爾雅釋草釋文云：「蒜，説文云『葷菜也』，一本云『菜之美者，雲夢之葷菜』。」今本説文艸部云：「蒜，葷菜也。」段注説文兩存之，引夏小正「納卵蒜」，云：「經之『卵蒜』，今之『小蒜』也。凡物之小者偁『卵』。」

〔二〕軍案：齊民要術卷三種韭第二十二注云：「王彪之關中賦曰『蒲、韭冬藏』也。」繆啟愉齊民要術校釋卷三云：「卷十竹引有王彪之的另一篇賦文是閩中賦。隋書、新舊唐書書目志均著録有王彪之集二十卷，今亡佚。王彪之，東晉人，晉簡文帝時任尚書僕射，晉書有傳，未至關中。『關中』未知是否『閩中』之誤。」

5

古文尚書釋文

周顯德中，二年二月，詔刻序録、易、書、周禮、儀禮四經釋文，皆田敏、尹拙、聶崇義校勘。自是相繼校勘禮記、三傳、毛詩音，並拙等校勘。建隆三年，判監崔頌等上新校禮記釋文。開寶五年，判監陳鄂與姜融等四人校孝經、論語、爾雅釋文，上之。三月，李昉、知制誥李穆、扈蒙校定尚書釋文。德明釋文用古文尚書，命判監周惟簡與陳鄂重修定，詔並刻板頒行。咸平二年十月十六日，直講孫奭請摹印古文尚書音義，與新定釋文並行，從之。是書，周顯德六年，田敏等校勘，郭忠恕覆定古文，并書刻板。景德二年二月甲辰，命孫奭、杜鎬校定莊子釋文。上見玉海藝文。

案：釋文敘録云：「枚頤奏上孔傳古文尚書，〔一〕後范甯變爲今文集注。今以孔氏爲正。」其目載「孔安國古文尚書傳十三卷」。據此，知尚書釋文本用古文，周顯德六年，田敏等校勘，郭忠恕覆定者是也。但世間已有范氏所變今文尚書。釋文及隋、唐志皆「十卷」。故宋開寶命周惟簡等重修，刻板頒行，則改古文爲今文，非陸氏原本矣。及咸平二年，孫奭復請摹印古文釋文，與新定釋文並行，猶今、古並存。今所行尚書釋文，皆是今字，則爲周惟簡等改定之本，而非孫奭等復請摹印之本矣。夫兩本並行，而一存一没，非因人情喜新厭舊之故歟？是可慨也。

〔一〕軍案：「枚頤」，當從釋文序録作「枚賾」。盧文弨經典釋文考證引段玉裁說，謂此處「賾」字當從舜典釋文作「頤」。黄焯經典釋文彙校卷一云：「唐寫本尚書音義舜典下作『梅賾』，『賾』即『賾』之變體；宋本釋文及注疏並譌作『頤』。段說不可從。」

6

昭六年鄭災

漢書五行志上：「左氏傳昭公六年：『六月丙戌，鄭災。』是春三月，鄭人鑄刑書。士文伯曰：「火見，鄭其火乎？火未出而作火㠯鑄刑器，臧傳作「藏」，俗字。爭辟焉。〔一〕火而傳作「如」，古通。象之，不火何爲？」」說曰：『火星出於周五月，而鄭㠯三月作火鑄鼎，刻刑辟書，㠯爲民約，是爲「刑器」、「爭辟」。故火星出，與五行之火爭明爲災，其象然也。』」

案：所引「說曰」，乃西漢說左氏者之言。春秋正義引服虔云：「鑄鼎藏爭辟，故今出火，與五行之火爭明，故爲災在器，故稱『藏』也。」即本西漢舊解。杜注云：「象，類也。同氣相求，火未出而用火，相感而致災。」與兩漢義乖，其說非是。

〔一〕軍案：師古曰：「著刑於鼎，故稱『刑器』。法設下爭，故云『爭辟』。」

7

昭九年陳災

春秋昭九年：「夏四月，陳災。」杜注：「陳既已滅，降爲楚縣，而書『陳災』者，猶晉之梁山、沙鹿崩，不書『晉災』，害繫於所災所害。」正義曰：「公羊、穀梁經皆作『陳火』。公羊傳曰：『陳已滅矣，其言「陳火」何？存陳也。』穀梁傳曰：『國曰「災」，邑曰「火」。火不志，此何以志？閔陳而存之也。』賈、服取彼爲說，言愍陳不與楚，故存陳而書之，言陳尚爲國也。杜以左氏無此義，故辨而異之。」

案：公羊何注云：「陳已滅，復火者，死灰復燃之象也。楚爲無道，託討賊行義，陳臣子辟門虚心待之，而滅其國若是，則天存之者，悲之也。」穀梁范注云：「陳已滅矣，猶書『火』者，不與楚滅也。」

又漢書五行志上：「『陳火。』董仲舒曰爲：『陳夏徵舒殺君，楚嚴王託欲爲陳討賊，陳國闢門而待之，至因滅陳。陳臣子尤毒恨甚，極陰生陽，故致火災。』劉向曰爲：『先是，陳侯弟招殺陳太子偃師，皆外事，不因其宫館者，略之也。八年十月壬午，楚師滅陳，春秋不與蠻夷滅中國，故復書「陳火」也。』左氏經曰『陳災』。傳曰：『鄭裨竈曰：「五年，陳將復封，封五十二年而遂亡。」子産問其故，對曰：「陳，水屬也。火，水妃也，而楚所相也。今火出而火陳，逐楚而建陳也。妃曰五成，舊本譌「陳」，據傳改正。故曰『五年』。歲五及鶉火，而後陳卒亡，楚克有之，天之道也。」』説曰：『顓頊曰水王，陳其族也。今兹歲在星紀，後五年在大梁。大梁，昴也。金爲水宗，得其宗而昌，故曰「五年，陳將復封」。楚之先爲火正，故曰「楚所相也」。天曰一生水，地曰二生火，天曰三生木，地曰四生金，天曰五生土。五位皆曰五而合，而陰陽易位，故曰「妃曰五成」。然則水之大數六，火七，木八，金九，土十。故水曰天一爲火二牡，木曰天三爲土十牡，土曰天五爲水六牡，火曰天七爲金四牡，金曰天九爲木八牡。陽奇爲牡，陰耦爲妃。故曰「水，火之牡也；火，水妃也」。於易，坎爲水、爲中男，離爲火、爲中女，蓋取諸此也。自大梁四歲而及鶉火，四周四十八歲，凡五及鶉火，五十二年而陳卒亡。火盛水衰，故曰「天之道也」。哀公十七年七月己卯，楚滅陳。』」

案：所引左氏說，乃秦、漢以來舊誼，當與伏生書大傳、毛公詩傳等觀，不第足以補正杜注而已。董、劉說公、穀，推所以致災之由，一自遠者言之，一自近者言之。

考宣公十一年陳亂，陳臣子痛國之亂，而望楚之救也，故開門延楚，乃乘其亂而滅之。陳之臣子痛益深矣。幸聽叔時之言，復封陳庶，爲善補過者。而又鄉取一人焉以歸，謂之夏州，則與滅陳國而虜其民人無異。陳之臣子懷羞愧憤恨之心，欲快意於楚者，非一日矣。今復爲之滅，是以陰毒之氣蓄之久而發之烈也。此董生遠推意也。

劉子政說穀梁，以招殺太子偃師，事在昭八年。故天降之災。楚已滅陳，而復書陳者，不與蠻夷滅中國也。案：宣十一年「楚子入陳」，傳：「『入』者，内弗受也。曰『入』，惡入者也。何用『弗受』也？不使夷狄爲中國也。」〔一〕義本此。故賈、服解左傳，范注穀梁，無不盡同。獨杜氏好爲異例，輕改舊說，非也。

〔一〕軍案：見宣十一年穀梁傳。

8

蒼兕主舟楫官

史記齊太公世家：「武王即位。九年，欲修文王業，東伐以觀諸侯集否。師行，師尚父左杖黃鉞，右把白旄以誓，曰：『蒼兕，蒼兕！總爾衆庶，與爾舟楫，後至者斬！』遂至盟津。」索隱曰：「蒼兕，本或作『蒼雉』。馬融曰：『蒼兕，主舟楫官名。』又王充云：『蒼兕，水獸，九頭。』今誓衆，令急濟，故言『蒼兕』以懼之。此文上下並今文太誓。」

案：郭氏山海經序曰：「鈞天之庭，豈伶人之所躡？無航之津，豈蒼兕之所涉？」「蒼兕」與「伶人」相對，是郭氏亦同馬説，謂無涯之水，非世間主舟楫官所能涉也。蓋「蒼兕」本水獸，善覆舟，故以此名官，欲使居是官者盡其職，常以蒼兕爲警也。論衡是應篇云：「尚父威衆，欲令急渡；不急渡，蒼兕害汝。」此蓋今文家説，失「呼而令之」之旨矣。

9

尚書泰誓有三

書序正義引馬融云：「太誓後得，案其文，似若淺露。又云：『八百諸侯，不召自來，不期同時，不謀同辭。』及『火復于上，至于王屋，流爲鵰，五至，以穀俱來』。舉火神怪，得無在子所不語中乎？又春秋引太誓曰：『民之所欲，天必從之。』國語引太誓曰：『朕夢協朕卜，襲于休祥，戎商必克。』孟子引太誓曰：『我武惟揚，侵于之疆，取彼凶殘。我伐用張，于湯有光。』孫卿引太誓曰：『獨夫受。』禮記引太誓曰：『予克受，非予武，惟朕文考無罪；受克予，非朕文考有罪，惟予小子無良。』今文太誓皆無此語。吾見書傳多矣，所引太誓而不在太誓者甚多，弗復悉記，略舉五事以明之，亦可知矣。」又引鄭康成書論云「民閒得泰誓」，劉向別録曰「武帝末，民有得泰誓于壁内者，獻之。與博士，使讀説之，數月皆起，傳以教人」。泰誓正義引王肅書序云：「泰誓近得，非其本經。」

又孟子滕文公下引太誓，趙注云：「太誓，古尚書百二十篇之時太誓也。今之尚書太誓篇，後得以充學，故不與古太誓同。諸傳記引太誓，皆古太誓也。」

據趙、馬之説，知記傳、孟、荀所引，皆未焚書前之尚書，所謂「古太誓」。此一也。史記周本紀云：「武王上祭于畢，東觀兵，至于盟津。爲文王木主，載以車，中軍。武王自稱『太子發』，言奉文王以伐，不敢自專。乃告司馬、司徒、司空、諸節：『齊栗，信哉！予無知，以先祖有德臣，小子受先功，畢立賞罰，以定其功！』遂興師。師尚父號曰：『總爾衆庶，與爾舟楫，後至者斬！』武王渡河，中流，白魚躍入王舟中，武王俯取以祭。既渡，有火自上復于下，至于王屋，流爲烏，其色赤，其聲魄云。」集解引馬、鄭之言。索隱曰：「皆見周書及今文泰誓。」齊世家亦載斯事，索隱引馬融説以爲今文泰誓。

漢書禮樂志：「書序：『殷紂斷棄先祖之樂，迺作淫聲，用變亂正聲，吕説婦人。』」師古曰：「今文周書泰誓之辭也。」郊祀志：「大誓曰：『正稽古立功立事，可吕永年，丕天之大律。』」師古曰：「今文泰誓，周書也。」「立功立事」二句，刑法志又引之。〔一〕董仲舒傳：「書曰：『白魚入于王舟。有火復于王屋，流爲烏。周公曰：「復哉，復哉！」』」師古曰：「今文泰誓之辭也。」平當傳：「書云：『正稽古建功立事，可吕永年，傳於亡窮。』」師古曰：「今文泰誓。」谷永傳：「書曰：『迺用婦人之言，自絶于天。師古曰：「今文泰誓。」四方之逋逃多罪，是宗是長，是信是使。』」師古曰：「亦泰誓。」白虎通爵篇：「天子之子稱『太子』。尚書曰：『太子發升于舟。』」

周禮大祝注：「書曰：『王動色變。』」賈疏：「大誓云：『周公曰：「都！懋哉！予聞古先哲王之格言以下，大子發拜手稽首。」』」又今文大誓，〔二〕得火烏之瑞，『使上附以周公書，報誥於王，王動色變』。」

藝文類聚十六引尚書曰：「惟四月，太子發上祭于畢，下至于盟津之上，乃告司馬、司徒、司空。」又曰：「太子發升于舟，中流，白魚入于舟，王跪取出，俟以燎羣公，咸曰：『休

哉！』」〔三〕

説文攴部：「孜，汲汲也。周書曰：『孜孜無怠。』」水部：「涘，水涯也。周書曰：『王出涘。』」手部：「搯，捾也。周書曰：『師乃搯。』『搯』者，拔兵刃㠯習擊刺。」〔四〕此俱漢初壁内別出之太誓，即馬氏所稱「其文似若淺露，神怪在子所不語」者。然兩漢大儒皆見之，馬、鄭、王肅爲古文學者，皆爲之注。此二也。

至東晉臧彦，始授梅賾古文尚書，内又有泰誓三篇。自唐以來，立於學官，即今日所誦讀者。此三也。

〔一〕禮堂謹案：後漢書班彪傳下：「汪汪乎，丕天之大律。」李注：「今文尚書泰誓篇曰：『立功立事，可以永年，丕天之大律。』鄭玄注云：『丕，大也。律，法也。』」

〔二〕軍案：賈疏無「又」字。

〔三〕鏞堂謹案：後漢書王霸傳：「雖武王白魚之應，無㠯加此。」李注：「今文尚書曰：『武王度盟津，白魚躍入王舟。』」又文苑杜篤傳：「蓋夫燔魚剸蛇，莫之方斯。」注：「尚書今文泰誓篇曰：『太子發升舟，中流，白魚入於王舟，王跪取出，以燎羣公，咸曰：「休哉！」』鄭玄注云：『燔魚以祭，變禮也。』」○軍案：臧鏞堂引王霸傳「㠯」當從後漢書作「以」，清經解本亦誤。

〔四〕軍案：説文段注改「拔」作「㨨」，云：「『㨨』，各本作『拔』，詩清人釋文引作『抽』，今據正。此釋大誓『搯』字之義，以明與訓『捾』之『搯』不同也。凡説文既説字義，而引經又釋其義者，皆以明説經與説字不同。如：『圛』訓『回行』，商書之『曰圛』則訓『圛者，升雲半有半無』；『堲』訓『以土增大道』，唐書之『朕堲讒説殄行』則訓『堲，疾惡也』；『莧』訓『火不明』，周書之『布重莧席』則訓『織蒻席也』。此亦同此例。『搯』本訓『捾』，而大誓之『搯』訓『抽兵刃以習擊刺』。『搯』與『抽』同，於六書爲叚借，故必箸之。」

10

雉門及兩觀災

春秋定二年：「夏五月壬辰，雉門及兩觀災。」左氏無傳。何注公羊云：「此本子家駒諫昭公所當先去以自正者，昭公不從其言，卒爲季氏所逐。定公繼其後，宜去其所以失之者，故災亦云爾。立雉門、兩觀不書者，僭天子不可言，雖在春秋中猶不書。」穀梁傳：「先言『雉門』，(親親)[尊尊]也。」〔一〕范氏但論書法先後，不能發明其義。〔二〕楊疏引劉向云：「雉門，天子之門。而今過魯制，故致天災也。」

漢書五行志上：「董仲舒、劉向㠯爲：〔三〕『此皆奢僭過度者也。先是，季氏逐昭公，昭公死于外。定公即位，既不能誅季氏，又用其邪説，淫於女樂，而退孔子。〔四〕天戒若曰：「去高顯而奢僭者。」一曰：「門闕，號令所由出也。今舍大聖而縱有辠，亡㠯出號令矣。」〔二〕」

案：劉子政、何邵公皆以魯雉門爲僭天子，與漢志所載董、劉説正合，是公、穀義同也。范武子集解最爲空疏，宜據舊義補正之。

〔一〕軍案：「親親」，當從定二年穀梁傳作「尊尊」，今據改。

〔二〕軍案：鍾文烝春秋穀梁經傳補注卷二十三云：「注三引鄭嗣，以存異説，范意則與何休同也。」又引劉勰文心雕龍宗經篇云：「春秋辯理，一字見義，『五石』、『六鷁』，以詳略成文；『雉門』、『兩觀』，以先後顯旨；其婉章志晦，諒以邃矣。尚書則覽文如詭，而尋理即暢；春秋則觀辭立曉，而訪義方隱。此聖（人）〔文〕之殊致，表裏之異體者也。」

〔三〕軍案：「㠯」，清經解本譌作「而」。

〔四〕軍案：師古曰：「齊人歸女樂，季桓子勸定公受之，君臣相與觀之，廢朝禮三日，孔子乃行。」

11

古文籀篆變遷

説文序云：「周禮，八歲入小學，保（民）〔氏〕教國子，〔一〕先㠯六書：一曰指事，二曰象形，三曰形聲，四曰會意，五曰轉注，六曰假借。及宣王太史籀著大篆十五篇，與古文或異。至孔子書六經，左丘明述春秋傳，皆(以)[㠯]古文。」〔二〕

案此，可知保氏所掌以教國子者爲古文。及史籀變其書，則有與古文異者。故孔子與左氏書經、傳，皆用保氏古文。今考許書，古文「人」作「大」，象形，籀文別造「刀」字；古文「亦」作「亦」，象人形，籀文改爲「大」字，別造「亦」字以爲「亦」：雖同一象形，而籀文不及矣。此聖人去取之意歟？然說文所載皆小篆，即籀文亦未易多得也。

〔一〕軍案：「民」，當從說文序作「氏」，清經解本改正，今據改。

〔二〕軍案：「以」，今從說文序改作「㠯」，清經解本亦誤。

12 亳社災

春秋哀四年：「六月辛丑，亳社災。」左氏無傳。公羊經作「蒲社」，傳：「『蒲社』者何？亡國之社也。」何注：「『蒲社』者，先世之亡國，在魯竟。戒社者，先王所以威示教戒諸侯，使事上也。『災』者，象諸侯背天子。是後，宋事彊吴，齊、晉前驅，滕、薛俠轂，魯、衛驂乘。故天去戒社，若曰『王教滅絕』云爾。」

穀梁傳：「『亳社』者，亳之社也。亳，亡國也。亡國之社，以爲廟屏戒也。」范解：「殷都于亳，武王克紂，而班列其社于諸侯，以爲亡國之戒。劉向曰：『災亳社，戒人君縱恣，不能警戒之象。』」范又云：「立亳之社於廟之外，以爲屏蔽，取其不得通天，人君瞻之而致戒心。」

漢書五行志上：「董仲舒、劉向㠯爲：『亡國之社，所㠯爲戒也。〔一〕天戒若曰：「國將危亡，不用戒矣。」春秋火災，屢於定、哀之閒，不用聖人而縱驕臣，將㠯亡國，不明甚也。一曰：「天生孔子，非爲定、哀也。蓋失禮不明，火災應之，自然象也。」』」

案：公、穀及董、劉義皆以「亳社」爲殷社，杜注左傳同。故云「亡國之社」。先王立之，俾諸侯以亡爲戒。今天災之，因人君不能爲戒，而國將亡也。乃何氏見公羊作「蒲」，而以爲「先世之亡國」；疏又云「『蒲』者，古國之名，天子滅之，以封伯禽」。

考禮記郊特牲「薄社北牖」，注：「薄社，殷之社。殷始都薄。」釋文：「薄，本又作『亳』。」書序：「將遷其君於蒲姑。」釋文：「蒲，如字，徐又扶各反，馬本作『薄』。」〔二〕史記周本紀作「遷其君薄姑」。是「薄」、「蒲」、「亳」三字古通。書釋文「蒲，如字」，非是，當從徐仙民「扶各反」。

何氏墨守公羊，未考左氏、穀梁之經，不知「蒲」爲「亳」字之聲借。其誤一也。又云

「戒社者，先王所以威示教戒諸侯，使事上」，此與立社爲使民戰栗之説無異，而反失警戒危亡之意。其誤二也。又歷指宋、齊、晉、滕、薛、魯、衛之聽命於吴，天以爲王教滅絶，故災之。案經、傳及先儒皆無此義。其誤三也。范注穀梁此條，最得經、傳意。

〔一〕軍案：師古曰：「存其社者，欲使君常思敬慎、懼危亡也。」

〔二〕軍案：見尚書音義蔡仲之命。

13

唐人亲榛無别

説文木部：「亲，果實如小栗。从木，辛聲。春秋傳曰：『女摯不過亲、栗。』」又：「榛，木也。从木，秦聲。一曰菆也。」則二字義别。

詩鳲鳩「其子在榛」，釋文：「榛，側巾反，木名也；又仕巾反，字林云：『木叢生也。』字林『榛木』之字從『辛』、『木』，云：『似梓，實如小栗，音莊巾反。』」又禮記曲禮下「婦人之摯椇、榛」，釋文：「榛，側巾反，木名。字林云：『仕巾反，木叢生「生」字本脱，今據鳲鳩釋文引補。也。』古本又作『亲』，音壯巾反，字林舊脱「字林」二字，今從鳲鳩釋文校補。云：『似梓，實如小栗也。』」

據兩釋文，知字林「榛」，仕巾反，云「木叢生也」；「亲」，壯巾反，云「似梓，實如小栗也」，與説文同。詩釋文當引字林「木叢生」，禮記釋文當引字林「實如小栗」；乃於一字下並引兩文，且云「字林『榛木』字從『辛』、『木』」，則大誤矣。

經傳如曲禮「婦人之摯椇、榛」，鄭注：「榛，實似栗而小。」左傳莊廿四年「女贄不過榛、栗」，杜注：「榛，小栗。」字皆當从「木」、「辛」，不與詩鳲鳩「其子在榛」、旱麓「榛楛濟濟」同。箋云：「山之足，林木茂盛。」釋文引字林云「木叢生」，是也。正義引周語韋注云「榛似栗而小」，誤。乃今禮記、左傳皆作「榛」，是因聲近亂之。然觀説文「亲」下引春秋傳，禮記釋文「榛」下載古本，知經傳中始未嘗混也。

玉篇：「亲，側詵切，實似小栗。」「榛，仕銀切，木叢生。」亦與説文、字林同。而於「亲」下又載「榛」字，云「同上」，此蓋後人增入，非顧野王原本也。〔一〕

〔一〕禮堂謹案：九經字樣木部：「亲、榛，音臻，實如小栗。傳曰：『女贄不過亲、栗。』上説文、下經典相承隸變。」是唐玄度以爲一字也。

14 祖廟明堂異處

左傳文二年：「勇則害上，不登於明堂。」杜注：「明堂，祖廟也。」正義曰：「鄭玄以爲明堂在國之陽，與祖廟別處。左氏舊説及賈逵、盧植、蔡邕、服虔等皆以祖廟與明堂爲一，故杜同之。」

案：以祖廟、明堂爲一，乃先儒之誤者，當從鄭説爲二。杜從左氏舊説，非是。袁準正論曾辨之，見詩靈臺正義。

經義雜記卷二

武進學生臧琳玉林

1

十幹字象人

梁劉昭注續漢志引月令章句云：「大撓探五行之情，占斗綱所建，於是始作甲乙以名日，謂之『幹』。」〔一〕

案：說文載「十幹」字首，取象陰陽之義，即蔡氏所謂「探五行之情」也。後載一說，謂取象於人，如：「甲象人頭。」「乙承甲，象人頸。」「丙承乙，象人肩。」「丁承丙，象人心。」「戊承丁，象人脅。」「己承戊，象人腹。」「庚承己，象人臍。」「辛承庚，象人股。」「壬承辛，象人脛。脛任體也。」「癸承壬，象人足。」此易所謂「近取諸身」也。

〔一〕軍案：見後漢書律曆志上「記稱大橈作甲子」劉昭注。

2

王禹樂記

漢書藝文志「樂家」:「王禹記二十四篇。武帝時,河閒獻王好儒,與毛生等共采周官及諸子言樂事者,以作樂記,獻八佾之舞,與制氏不相遠。其内史丞王定傳之,以授常山王禹。禹,成帝時爲謁者,數言其義,獻二十四卷記。劉向校書,得樂記二十三篇,與禹不同,其道寖以益微。」

案:食貨志:「樂語有五均。」鄧展曰:「樂語,樂元語,河閒獻王所傳,道五均事。」臣瓚曰:「其文云:『天子取諸侯之(士)[土]吕立五均,〔一〕則市無二賈,四民常均,彊者不得困弱,富者不得要貧,則公家有餘,恩及小民矣。』」又白虎通禮樂篇:「樂元語曰:『受命而六樂,樂先王之樂,明有法也。與其所自作,明有制;與四夷之樂,明德廣及之也。故南夷之樂曰兜,西夷之樂曰禁,北夷之樂曰昧,東夷之樂曰離。合歡之樂儛於堂,四夷之樂陳於右,先王所以得順命重始也。』」又曰:「東夷之樂持矛舞,助時生也。南夷之樂持羽舞,助時養也。西夷之樂持戟舞,助時煞也。北夷之樂持干舞,助時藏也。」蓋皆王禹記文,即河閒獻王所傳者。

據班志，知劉向校書得今樂記，禹所傳者遂寖以微矣。

（一）軍案：王先謙漢書補注卷二十四下云：「官本注『士』作『土』，是。」今據改。又，沈欽韓漢書疏證卷十七云：「樂語，白虎通引之。按周書大聚解：『市有五均，早暮如一。送行逆來，振乏救窮。』樂語又本於周書也。」

3

石言于晉

漢書五行志上：「若迺貪欲恣睢，務立威勝，不重民命，則金失其性。蓋工冶鑄金鐵，金鐵冰滯涸堅，不成者衆，及爲變怪，是爲『金不從革』。左氏傳曰：『昭公八年春，石言於晉。晉平公問於師曠，對曰：「石不能言，神傳無「神」字。案：杜注：「謂有精神馮依石而言。」則作注時本有「神」字，今本脱耳。或馮焉。『作事不時，怨讟動於民，則有非言之物而言。』今宮室崇侈，民力彫盡，怨讟並興，傳「作」。莫信傳「保」。案：當依師古訓爲「保」。一讀爲「申」，非是。漢書所載左傳，即劉歆等所據古文。今杜本作「保」，是以詁訓代經也。其性。師古曰：「信，猶『保』也。性，生也。」案：師古注當有所本。杜氏以「性」爲「性命」，非也。石之言，不亦宜乎？」於是，晉侯方築虒祁之宮。叔向曰：「君子之言，信而有徵。」』劉歆曰爲：『金、石同類，〔一〕是爲「金不從革」，失其性也。』劉向以爲：『石白色爲主，屬白祥。』」

〔一〕軍案：王先謙漢書補注卷二十七上云：「葉德輝曰：『白虎通五行云：「金，少陰。」又云：「金者，陰嗇杀。」公羊僖十六年傳：「隕石于宋五。」何休注：「石者，陰德之專者也。」據此，則金、石性皆主陰，故劉歆以爲同類也。』」

4 夏小正蓄藥

夏小正：「五月，蓄蘭。」傳：「爲沐浴也。」唐徐堅初學記歲時部「採艾懸於户上」，注引玉燭寶典云：「以禳毒氣。」又引荆楚歲時記曰：「宗則字文度，常以五月五日採艾，用灸有驗，是日競採雜藥。夏小正此月當作「日」。蓄藥，以蠲除毒氣。」據上文所引書，知引夏小正「蓄藥」字非誤，蓋古本也。諸書説五月五日採藥者甚多，今作「蓄蘭」，徐氏所引同。

案：楚辭「浴蘭湯兮沐芳蕙」，今本蓋出此。然小正所記皆要事，若言爲沐浴蓄之，淺矣。當從歲時記所引，作「蓄藥，以蠲除毒氣」，方有關燮理陰陽之事。〔一〕此傳蓋非原文，後人見誤本如此，因附會之也。

〔一〕鏞堂謹案：禮記月令「孟夏之月，聚蓄百藥」，注云：「蕃廡之時，毒氣盛。」周禮醫師：「聚毒藥以供醫事。」○軍案：月令「蓄」作「畜」，是。釋文云：「畜，丑六反，又許六反。」

5

莊十一年宋大水

春秋莊十一年：「秋，宋大水。」左傳：「秋，宋大水，公使弔焉。」杜注：「公使弔之，故書。」公羊傳：「外災不書，此何以書？及我也。」何注：「時魯亦有水災，書魯則宋災不見，兩舉則煩文不省，故詭例書外以見内也。先是，二國比興兵相敗，百姓同怨，而俱災，故明天人相與，起應之際甚可畏之。」穀梁傳：「外災不書，此何以書？王者之後也。」五行志上：〔一〕「董仲舒㠯爲：『時魯、宋比年爲乘丘、鄑之戰，〔二〕百姓愁怨，陰氣盛，故二國俱水。』劉向㠯爲：『時宋愍公驕慢，睹災不改。明年，與其臣宋萬博戲，婦人在側，矜而罵萬，萬殺公之應。』」

案：三傳義不同：左氏以宋來告災，公使弔之，故書。公羊傳以有「及我」之文，故董生謂兩國俱水。何氏本之，言爲比興兵而百姓怨之應，亦同。穀梁言宋爲王者之後，故書。故劉子政言宋愍驕慢之應。義不同，而各得本傳意也。

〔一〕軍案：見漢書五行志上。

〔二〕軍案：師古曰：「比年，頻年也。莊十年，公敗宋師于乘丘。十一年，公敗宋師于鄑。乘丘、鄑，魯地。」

6

有渰淒淒

詩大田：「有渰萋萋。」釋文：「渰，本又作『弇』，漢書作『黤』。」呂氏春秋務本作「晻」。〔一〕正義曰：「毛傳：『渰，雲興貌。』定本集注云：『渰，陰雲貌。』」

案：説文水部：「淒，雲雨起也。从水，妻聲。詩曰：『有渰淒淒。』」則「渰」正字訓爲「雲起」，與孔本毛傳合。又説文廾部：「弇，蓋也。从廾，从合。」是作「弇」亦通。陸引漢書作「黤」，今食貨志作「渰」。案：説文黑部：「黤，青黑也。从黑，奄聲。」蓋天將雨，則黑雲興於上。定本集注、毛傳作「陰雲貌」，義與漢書、説文同。顔氏家訓引毛傳亦作「陰雲」。高注呂氏春秋、顔注漢書，莫不盡然。高注本或作「陰雨」者，誤。正義作「興雲」，理雖通，而未得其真也。

又「萋萋」當從呂氏春秋、兩漢書後漢左雄傳。作「淒淒」，與説文所引同。玉篇水部、廣韻五十琰、初學記一、白氏六帖二皆然。開成石經从「艸」，今釋文、正義同誤也。

〔一〕軍案：「晻」，吕氏春秋務本篇作「晻」。高注云：「晻，陰雨也。」許維遹吕氏春秋集釋卷十三云：「注『晻，陰雨也。陰陽和，時雨』，王念孫校本改作『晻，陰雨也。陰陽和，風雨時』。」陳奇猷吕氏春秋新校釋卷十三云：「蔣維喬等曰：『「晻」，張本作「渰」。「晻」乃「渰」之假借，古通用。』又案：王改是。詩大田毛傳『渰，雲興貌』，鄭箋云『古者陰陽和，風雨時，其來祈祈然而不暴疾』，與王改正合，是漢代經師之説如此。但此『晻』字似不當訓爲『陰雲』，當依説文訓『不明』爲宜。興雲下雨，故天色不明。」

7 竇攸辨豹文鼠

釋獸：「鼠屬：豹文鼮鼠。」郭注：「鼠文彩如豹者。漢武帝時，得此鼠，孝廉郎終軍知之，賜絹百匹。」

案：廣韻、藝文類聚、太平御覽並引竇氏家傳云：「竇攸治爾雅，舉孝廉爲郎。世祖與百寮大會靈臺，得鼠，身如豹文，熒熒光澤。世祖異之，以問羣臣，莫能知者。唯攸對曰：『鼮鼠也。』詔問：『何以知之？』攸對曰：『見爾雅。』詔案秘書，如攸言，賜帛百匹。

詔諸侯子弟從攸受爾雅。」〔一〕李善注文選任彦昇爲蕭揚州作薦士表，引摯虞三輔決録注亦同。

又水經注穀水云：「靈臺，漢光武所築，高六丈，方二十步。世祖嘗宴於此臺，得鼮鼠於臺上。」

案：漢書終軍傳無辨豹鼠事，諸書皆言竇攸；而郭氏屬之終軍，葢傳聞之誤。玉篇承襲其説。又説文鼠部云：「鼨，豹文鼠也。」〔二〕則讀「鼨鼠豹文」爲句，「鼮鼠」屬下，與此異。

〔一〕軍案：見廣韻下平十五青「鼮」字條、藝文類聚卷九十五獸部下、太平御覽卷九百十一獸部二十三。

〔二〕軍案：段注云：「唐書盧若虚傳云：『時有獲異鼠者，豹首虎臆，大如拳。職方辛怡諫謂之「鼮鼠」而賦之。若虚曰：「非也。此許慎所謂『鼨鼠』，豹文而形小。」一坐盡驚。』玉裁謂：他人讀爾雅皆『豹文鼮鼠』爲句，終軍、竇攸、辛怡諫从之；許讀爾雅『鼨鼠豹文』爲句，盧若虚从之，其是非訖難定也。許有『鼨』無『鼮』，疑爾雅六字爲一物。」桂馥説文義證卷三十鼠部云：「鼨、鼮皆有斑彩，鼨小鼮大，鼮即鼨鼠。」郝懿行爾雅義疏卷下之六釋獸云：「唐人説『豹鼠』者，仍主許氏，而違郭義。或者鼨、鼮二鼠皆具豹文，故可通歟？

余幼從家塾旁見異鼠，青質而黑班，頭形如兔，尾短似鼸，亦具黑文，小於拳，未知於此二鼠當誰屬也。」

8

公穀不具四時

初學記文部引劉歆七略曰：「春秋兩家，文或具四時，或不。於古文，无事不必具四時。」

案：「春秋兩家」謂今文公羊、穀梁也。「古文」謂左氏也。「或不」當句，「不」讀爲「否」。「不必具四時」，「不」衍字也，謂公、穀之經或有不具四時，左氏雖無事必具也。隱六年「秋七月」，杜注云：「雖無事而書首月，具四時以成歲。他皆放此。」是也。漢書藝文志云：「劉向以中古文易經校施、孟、梁丘經，或脱去「無咎」、「悔亡」，唯費氏經與古文同。」春秋之脱四時，猶易之脱「无咎」、「悔亡」也，惟古文無脱。斯東漢以來儒者咸好古學歟？

9 養以之福

左傳成十三年：「能者養之以福，不能者敗以取禍。」杜注：「養威儀以致福。」

案：漢書五行志[中]上引左傳作「能者養㠯之福」，〔一〕師古曰：「之，往也。能養生者，則定禮義威儀，自致於福；不能者，則喪之以取禍亂。」據此，知左傳本作「養以之福」，杜作注時猶未誤，故與師古義同。當據注及漢書乙正。隸釋酸棗令劉熊碑「養□之福」，此亦用左傳語，所缺必是「以」字。

〔一〕軍案：「志」下「中」字原缺，文見漢書五行志中之上，今據補。

10 匪儌匪傲

左傳成十四年引詩「彼交匪傲」，杜注：「彼之交於事而不惰傲。」

案：漢書五行志(上)中[上]引傳作「匪儌匪傲」，〔一〕應劭曰：「言在位者不儌訐、不倨傲也。」師古曰：「儌，謂儌倖也。」

又左傳襄廿七年：「公孫段賦桑扈，趙孟曰：『「匪交匪敖」，福將焉往？』」荀子勸學引詩「匪交匪紓」，今采菽作「彼交匪紓」。小旻「如匪行邁謀」，杜注左傳云：「匪，彼也。」是「匪」與「彼」音相近，故轉「匪」爲「彼」。古書亦往往互異。

論語「惡徼以爲智者」，釋文云：「徼，鄭本作『絞』。」是「徼」、「絞」古通。毛詩作「交」，葢「絞」之省借，故漢書作「儌」。毛公兩詩皆無傳；鄭箋依字訓爲「交接」，恐非。

漢志所載左傳爲古文；今本出之杜氏，未足深信。夫同一左傳同引一詩，何容相異？況襄廿七年趙孟引詩亦作「匪」不作「彼」，與漢書正同，尤爲明證乎！今本葢是杜從鄭箋所改。漢志「匪儌」當從應仲援説爲「不儌訐」，與鄭本論語義合。師古改爲「儌倖」，非是。

荀子云：「故未可與言而言謂之傲，可與言而不言謂之隱，不見顔色而言謂之瞽。故君子不傲不隱不瞽，謹順其身。詩曰：『匪交匪紓，天子所予。』此之謂也。」〔二〕審其文義，「交」亦「絞」之省借。「未可與言而言」，近於「絞」矣，故謂之「傲」；「可與言而不言」，近於「紓」矣，故謂之「隱」。楊注不審荀子本文，止據今本毛詩，便云「『匪交』當爲『彼交』」，失荀子引詩之旨矣。

〔一〕軍案：「上中」二字當乙。文見漢書五行志中之上。

〔二〕軍案：見荀子勸學篇。

11

單子其死乎

左傳昭十一年：「叔向曰：『單子其將死乎！』」五行志(上)中[上]作「單子其死虖」，古「乎」字。無「將」字，〔一〕似益得「乎」字之神，有之，意反索然。

〔一〕軍案：「上中」二字原倒，文見漢書五行志中之上，今據乙。

12

子貢本作贛

論語學而：「子貢曰：『夫子温良恭儉，讓以得之。』」隸釋載石經殘碑「貢」作「贛」，〔一〕下篇有「子貢」字者並同。〔二〕

案：説文貝部：「貢，獻功也。从貝，工聲。」「贛，賜也。从貝，竷省聲。」是「貢」、「贛」不同。依説文，當爲「贛」。「贛」即「贛」之譌體。子貢名賜，故字子贛；作「貢」者，字之省借耳。今禮記樂記「子贛見師乙而問焉」，祭義「子贛問曰：『子之言祭』」，尚存古本，餘則

多爲後人改易矣。〔三〕左傳定十五年「春，邾隱公來朝，子貢觀焉」，杜本亦作省借字。五行志中上載古文左傳作「子贛」。〔四〕

又，爾雅釋詁：「賚、貢、錫、畀、予、貺，賜也。」郭注：「皆賜與也。」釋文：「貢，字或作『贛』。」是爾雅古本亦作正字，然陸德明已不能定其是非而識所歸矣。邢疏引左傳「爾貢包茅不入」爲證，誤解「贛賜」之「贛」爲「貢獻」之「貢」，〔五〕則無足責也。

〔一〕軍案：見洪适隸釋卷十四石經論語殘碑。

〔二〕文弨案：「子禽問於子貢曰」，釋文：「子貢，本亦作『贛』，音同。」

〔三〕鏞堂謹案：檀弓下「仲尼之畜狗死，使子貢埋之」，釋文：「子貢，本亦作『贛』，音同。」

〔四〕軍案：見漢書五行志中之上。

〔五〕軍案：此句兩「贛」字，清經解本皆改作「贛」，非。臧氏此承說文、古本左傳及爾雅而言也。

13

隱九年震電

春秋隱九年：「三月癸酉，大雨震電。」左傳：「春王三月，『癸酉，大雨霖以震』，書始也。凡雨，自三日以往爲霖，平地尺爲大雪。」杜注：「此解經書『霖』也。而經無『霖』字，經誤。」正義曰：「傳發凡以解經。若經無『霖』字，則傳無由發，故知經誤。然則經當如傳言『大雨霖以震』，不當云『大雨震電』，是經脱『霖以』二字而妄加『電』也。」

案：公、穀經並作「大雨震電」。何注云：「震雷電者，陽氣也。有聲名曰雷，無聲名曰電。大雨震電，陽氣大失其節。」穀梁傳：「震，雷也。電，霆也。」

又五行志［中］上：〔一〕「劉歆曰：『春分後一日，始震電之時也。』劉向曰：『雷電未可㠯發也。大雨水而雷電，是陽不閉陰。』」

歷考兩漢儒春秋傳義，知經本作「震電」，非誤。左氏傳當讀「『大雨霖，句。以震』，書始也」。句。劉歆云「始震電之時也」，本此。傳以「霖」解經「大雨」，以「凡雨，三日以往爲霖」自解「霖」字，傳文每有此例。杜氏誤讀作「『大雨霖以震』，句。書始也」，句。遂謂「癸酉，始雨日」，傳解經書「霖」，經無「霖」字爲誤矣。

〔一〕軍案：「志」下「中」字原脱，文見漢書五行志中之上，今據補。

14

衣以尨服

五行志中上：「左氏傳慤傳作「閔」。公二年：『狐突歎曰：「今命㠯今傳作「以」。案：

説文：「㔾，巳也。」「㠯，用也。从反『巳』。」時卒，閟其事也；應劭曰：「卒，盡也。閟，閉也。謂十二月盡時也。」案：杜注本此。衣㠯尨服，遠其躬也；佩㠯金玦，棄其衷也。』後四年，申生㠯讒自殺。近服妖也。」

案：「命以時卒」三句皆用「以」字，與上文「公衣之偏衣，佩之金玦」二「之」字相對。今本作「衣之尨服」，蓋誤。

15

鼷鼠食郊牛角

春秋成七年：「春，王正月，鼷鼠食郊牛角。改卜牛，鼷鼠又食其角，乃免牛。」左氏、公羊無傳。徐疏引異義：「公羊説云：『鼷鼠初食牛角，咎在有司。又食，咎在人君，取已有災而不云改更者。』」穀梁傳：「過有司也。郊牛日，展斛角而知傷，展道盡矣，其所以備災之道不盡也。改卜牛，鼷鼠又食其角，非人之所能也，所以免有司之過也。」

五行志中上：「劉向㠯爲：『不敬而僃霿之所致也。〔一〕昔周公制禮樂，成周道，故成王命魯郊祀天地，㠯尊周公。至成公時，三家始顓政，魯將從此衰。天愍周公之德，痛其將有敗亡之戒，故於郊祭而見戒云。鼠，小蟲，性盜竊；鼷，又其小者也。牛，大畜，祭天尊物也；角，兵象，在上君威也。小小鼷鼠，食至尊之牛角，象季氏乃陪臣盜竊之人，將執國命以傷君威而害周公之祀也。改卜牛，鼷鼠又食其角，天重語之也。成公怠慢昏亂，遂君臣更執于晉。〔二〕至于襄公，晉爲溴梁之會，〔三〕天下大夫皆奪君政。〔四〕其後，三家逐昭公，卒死于外，幾絶周公之祀。」董仲舒以爲：「鼷鼠食郊牛，皆養牲不謹也。」

案：何注公羊云：「京房易傳曰：『祭天不慎，鼷鼠食郊牛角。』『又食』者，重録魯不覺寤。」即本董義。又云「角生上指，逆之象」，則於義無取。劉子政以「角，兵象，在上君威也」，食角爲傷君威，得之。據徐疏引異義「公羊説」，知公羊無傳，説者本穀梁言之。劉子政之義，尤爲深切著明。

〔一〕軍案：沈家本諸史瑣言卷六漢書三云：「傋霿，愚蒙也。其字説文人部『佝』下作『佝務』，段注改『務』爲『瞀』；子部『㝅』下作『㝅瞀』。楚辭九辯作『怐愗』，玉篇引作『佝愗』。人部、心部作『怐愗』。荀子儒效作『溝瞀』。此志上文『霿恒風若』，注應劭作『瞉瞀』。廣韵五十候作『㲉瞀』，又作『瞉瞀』，其音則作『寇茂』也。山海經郭注又作『㝅瞀』。」

〔二〕軍案：師古曰：「更，互也。十年秋，公如晉，晉人以公爲貳於楚，故止公，至十一年三月乃得歸。十六年秋，公會晉侯於沙隨，晉受叔孫僑如之譖而止公。是年九月，又信僑如之譖，執季孫行父，舍之於苕丘，十二月乃得歸。故云『君臣更執』也。更音工衡反。」

〔三〕軍案：師古曰：「襄十六年，晉平公會諸侯于溴梁。『溴梁』者，溴水之梁也。溴水出河内軹縣東南，至温入河。」

〔四〕軍案：師古曰：「溴梁之會，諸侯皆在，而魯叔孫豹、晉荀偃、宋向戌、衛甯殖、鄭公孫蠆、小邾之大夫盟，是奪其君政也。」

16 論語古文今文

釋文序録云：「張禹受魯論於夏侯建，又從庸生、王吉受齊論，擇善而從，號曰張侯論，最後，而行於漢世。禹以論授成帝。後漢包咸、周氏並爲章句，列於學官。鄭玄就魯論張、包、周之篇章，考之齊、古，爲之注焉。魏吏部尚書何晏，集孔安國、包咸、周氏、馬融、鄭玄、陳羣、王肅、周生烈之説，并下己意，爲集解，正始中上之，盛行於世。」

據此，則張侯論語已不全爲魯論。厥後，包、周所注列於學官，皆是本也。鄭康成就包、周之本，以齊論、古論校正之，凡五十事。則鄭本論語又參合古、魯、齊三書定之，非張、包、周之舊矣。何晏所集七家内，孔安國、馬融蓋純乎古文，餘則三家並有。

然鄭君校從古論，有注以識别，使後人可考。何晏就三家本，以意爲之，自序稱「集諸家之美，有不安者頗爲改易」，故采孔、馬之注則改包、周之本，用包、周之説又易孔、馬之經，自成一家，不今不古，甚可慨也。

今據何氏以前書，略爲分別之。漢石經殘碑，此張侯魯論也。史記孔子世家、仲尼弟子列傳及許氏説文，皆古論也。石經見洪氏隸釋，茲不贅列。

古論語「傳不習乎」，魯論語「專不習乎」。釋文。下凡見釋文者，皆不注所本。古論語「未若貧而樂道」，仲尼弟子傳。魯論語「未若貧而樂」。〔一〕

古論語「而衆星共之」，魯論語「而衆星拱之」。古論語「有酒食，先生饌」，魯論語「有酒食，先生餕」。〔二〕

古論語「哀公問社於宰我」，魯論語「哀公問主於宰我」。古論語「縱之純如也」，孔子世家。魯論語「從之純如也」。〔三〕

古論語「無適也」，魯論語「無敵也」。〔四〕

古論語「可使治其賦也」，魯論語「可使治其傅也」。古論語「夫子之言天道與性命，弗可得聞也已」，孔子世家。魯論語「夫子之言性與天道，不可得而聞已矣」。漢書眭兩夏侯京翼李傳贊。古論語「未知，焉得仁」，魯論語「未智，焉得仁」。漢書古今人表、論衡問孔、中論智行。下句同。古論語「崔子弑(其)[齊]君」，〔五〕魯論語「高子弑(其)[齊]君」。古論

語「吾不知所以裁之」，孔子世家。魯論語「不知所以裁之」。〔六〕

古論語「命也夫！斯人也而有斯疾，命也夫」，仲尼弟子傳。魯論語「命矣夫！斯人也而有斯疾也！斯人也而有斯疾也」。古論語「文質彬彬」，魯論語「文質份份」。説文人部。〔七〕古論語「夫子矢之曰：『予所否者』」，魯論語「夫子矢之曰：『予所鄙者』」。論衡問孔。〔八〕

古論語「子之燕居」，魯論語「子之宴居」。古論語「吾未嘗無誨焉」，魯論語「吾未嘗無悔焉」。古論語「假我數年」，孔子世家。魯論語「加我數年」。古論語「五十以學易，可以無大過矣」，魯論語「五十以學，亦可以無大過矣」。古論語「其爲人也，學道不倦，誨人不厭，發憤忘食，樂以忘憂」，孔子世家。魯論語「其爲人也，發憤忘食，樂以忘憂」。古論語「多見而識之，知之次也」，魯論語「多見而志之，知之次也」。白虎通禮樂。古論語「揖巫馬旗而進之」，仲尼弟子傳。魯論語「揖巫馬期而進之」。古論語「正唯弟子不能學也」，魯論語「誠唯弟子不能學也」。古論語「君子坦蕩蕩」，魯論語「君子坦湯湯」。〔九〕

古論語「民無得而稱焉」，魯論語「民無德而稱焉」。釋文、後漢書丁鴻傳論。古論語「巍巍乎！舜、禹之有天下也，而不與焉」，魯論語「巍巍乎！舜、禹之有天下也，而不預焉」。白虎通聖人。〔一〇〕

古論語「空空如也」，魯論語「悾悾如也」。古論語「弁衣裳者」，魯論語「絻衣裳者」。

古論語「夫子循循然善誘人」，魯論語「夫子恂恂然善誘人」。後漢書張壹傳、趙岐孟子章指。古論語「沽之哉！我待賈者也」，魯論語「賈之哉！我待價者也」。白虎通商賈。〔一一〕

古論語「孔子於鄉黨，恂恂如也」，魯論語「孔子於鄉黨，逡逡如也」。孔子世家索隱、隸釋山陽太守祝睦後碑。古論語「辯辯言，唯謹爾」，魯論語「便便言，唯謹爾」。古論語「朝，與上大夫言，誾誾如也；與下大夫言，侃侃如也」，孔子世家。魯論語「朝，與下大夫言，侃侃如也；與上大夫言，誾誾如也」。古論語「執圭，鞠躬如也」，魯論語「執圭，鞠窮如也」。儀禮聘禮注。古論語「上如揖，下如授」，魯論語「上如揖，趨如授」。古論語「不使勝食既」，說文皀部。魯論語「不使勝食氣」。古論語「雖疏食菜羹，瓜祭，必齊如也」，魯論語「雖疏食菜羹，必祭，必齊如也」。古論語「鄉人儺」，魯論語「鄉人獻」。古論語「君賜生」，魯論語「君賜牲」。古論語「見弁者」，魯論語「見絻者」。古論語「朋友死，無所歸，曰：『於我殯』」，魯論語「朋友無所歸，生於我乎館，死於我乎殯」。白虎通三綱六紀。古論語「車中不内顧」，魯論語「車中内顧」。〔一二〕

古論語「德行：顏淵、閔子騫、冉伯牛、仲弓。政事：冉有、季路。言語：宰我、子貢。文學：子游、子夏」，仲尼弟子傳。魯論語「德行：顏淵、閔子騫、冉伯牛、仲弓。言語：宰我、子貢。政事：冉有、季路。文學：子游、子夏」。古論語「南容三復白珪」，仲尼弟子傳。

魯論語「南容三復白圭」。古論語「仍舊貫」，魯論語「仁舊貫」。古論語「師也辟，參也魯，柴也愚，由也喭」，魯論語「柴也愚，參也魯，師也辟，由也喭」。古論語「無吾以也」，魯論語「無吾已也」。〔一三〕古論語「因之以饑饉」，魯論語「因之以飢饉」。古論語「詠而饋」，魯論語「詠而歸」。古論語「吾與黰也」，說文：「黰，雖皙而黑也。从黑，箴聲。古人名黰，字（子）皙。」〔一四〕仲尼弟子傳作「箴」字，是省文。魯論語「吾與點也」。〔一五〕

古論語「仲弓問政」，仲尼弟子傳。魯論語「仲弓問仁」。古論語「片言可以折獄者」，魯論語「片言可以制獄者」。廣雅一釋詁：「制，折也。」〔一六〕

古論語「子之迂也」，魯論語「子之于也」。古論語「夫君子爲之必可名，言之必可行」，孔子世家。魯論語「故君子名之必可言也，言之必可行也」。古論語「吾黨有直躬者」，魯論語「吾黨有直弓者」。古論語「硜硜然小人哉」，魯論語「悻悻然小人哉」。孟子公孫丑下注。古論語「朋友切切節節，兄弟熙熙」，毛詩伐木傳。魯論語「朋友切切偲偲，兄弟怡怡」。〔一七〕

古論語「子貢方人」，魯論語「子貢謗人」。古論語「有荷臾而過孔氏之門者」，說文艸部。魯論語「有荷蕢而過孔氏之門者」。古論語「高宗諒陰三年」，魯論語「高宗諒闇三年」。鄭注本。又公羊傳文九年注。〔一八〕

古論語「在陳絶糧」，魯論語「在陳絶粻」。古論語「小人窮斯爁矣」，説文女部。魯論語「小人窮斯濫矣」。古論語「工欲善其事，必先利其器」，魯論語「工欲善其事，必先厲其器」。漢書梅福傳。古論語「好行小慧」，魯論語「好行小惠」。〔一九〕

古論語「友諞佞」，説文言部。魯論語「友便佞」。古論語「言未及之而言，謂之躁」，魯論語「言未及之而言，謂之傲」。古論語「邦君之妻」，魯論語「國君之妻」。白虎通嫁娶兩引。古論語「邦人稱之曰『君夫人』」，魯論語「國人稱之曰『君夫人』」。白虎通爵，又嫁娶。〔二〇〕

古論語「饋孔子豚」，魯論語「歸孔子豚」。古論語「涅而不緇」，魯論語「泥而不滓」。史記屈原賈生傳「皭然泥而不滓者也」，後漢書隗囂傳「賢者泥而不滓」。又隸釋費鳳别碑「涅而不滓」，隸續廷尉仲定碑「泥而不宰」。〔二一〕古論語「苟患失之，無所不至矣」，魯論語「苟患失之，亡所不至」。漢書朱雲傳。古論語「古之矜也廉」，魯論語「古之矜也貶」。古論語「天何言哉！天何言哉」，魯論語「夫何言哉！夫何言哉」。古論語「夫三年之喪，天下之通義也」，仲尼弟子傳。魯論語「夫三年之喪，天下之通喪也」。古論語「惡果敢而窒者」，魯論語「惡果敢而室者」。古論語「惡徼以爲知者」，魯論語「惡絞以爲知者」。〔二二〕

古論語「齊人饋女樂」，魯論語「齊人歸女樂」。古論語「往者不可諫兮，來者猶可追也」，孔子世家。「也」亦當作「兮」。魯論語「往者不可諫也，來者猶可追也」。今本無二「也」，漢石經有。古論語「已而！已而！今之從政者殆而」，魯論語「期斯已矣，今之從政者殆」。古論語「悠悠者，天下皆是也」，史記孔子世家、文選晉紀總論注。魯論語「滔滔者，天下皆是也」。古論語「朱張」，魯論語「侏張」。古論語「行中清」，孔子世家。魯論語「身中清」。古論語「廢中權」，魯論語「發中權」。〔二三〕

古論語「百工居肆，以成其事」，魯論語「百工居肆，以致其事」。白虎通辟雍。古論語「君子之道，焉可誣也」，魯論語「君子之道，焉可憮也」。漢書薛宣傳。古論語「陳子禽問子貢曰：『仲尼焉學』」，仲尼弟子傳。魯論語「衛公孫朝問於子貢曰：『仲尼焉學』」。〔二四〕

古論語「敢昭告于皇皇后帝」，魯論語「敢昭告于皇天上帝」。白虎通三軍。〔二五〕

古論語有「孔子曰：『不知命，無以爲君子也；不知禮，無以立也；不知言，無以知人也』」，魯論語無此章。

魯論語衛靈公有「子曰：『父在，觀其志；父没，觀其行』」，古論語無此章。

凡六經古、今文，不可偏執。古文多假借，今文多正字；又往往古文得其真，今文或以形聲致誤，故必合考之方兩通。漢儒今文家不知古義，古文家鄙棄今學，皆過也。能參合古、今，擇善而從，可爲後學法守者，惟北海鄭君一人而已。

〔一〕軍案：以上見論語學而第一。

〔二〕軍案：以上見論語爲政第二。

〔三〕軍案：以上見論語八佾第三。

〔四〕軍案：以上見論語里仁第四。

〔五〕軍案：「其君」當作「齊君」，下同。

〔六〕軍案：以上見論語公冶長第五。

〔七〕廣圻案：説文是古論語，當互易。○軍案：顧説是也。

〔八〕軍案：以上見論語雍也第六。

〔九〕軍案：以上見論語述而第七。

〔一〇〕軍案：以上見論語泰伯第八。

〔一一〕軍案：以上見論語子罕第九。

〔一二〕軍案：以上見論語鄉黨第十。

〔一三〕軍案：二「無」字當作「毋」。論語先進釋文云：「毋，音無。」是陸德明所見本作「毋」。又，黄焯經典釋文彙校云：「皇本、正平本作『無』。」

〔一四〕軍案：「子」字當衍，説文所無，今據删。段注云：「仲尼弟子列傳：『曾蒧字皙』，『奚容箴字子皙』，又『狄黑字皙』。『蒧』、『箴』皆『黬』之省。論語曾皙名點，則同音叚借字也。」

〔一五〕軍案：以上見論語先進第十一。

〔一六〕軍案：以上見論語顏淵第十二。

〔一七〕軍案：以上見論語子路第十三。

〔一八〕軍案：以上見論語憲問第十四。

〔一九〕軍案：以上見論語衛靈公第十五。

〔二〇〕軍案：以上見論語季氏第十六。

〔二一〕禮堂謹案：文選東方朔畫贊云：「涅而無滓。」○廣圻案：「泥而不宰」，見婁機字源。今隷續有録無書。○軍案：「泥而不宰」之「宰」，清經解本誤作「滓」。

〔二二〕軍案：以上見論語陽貨第十七。

〔二三〕軍案：以上見論語微子第十八。

〔二四〕軍案：以上見論語子張第十九。

〔二五〕軍案：以上見論語堯曰第二十。

經義雜記卷三

武進學生臧琳玉林

1 韋昭論奕

「子曰：『飽食終日，無所用心，難矣哉！不有博奕者乎？爲之，猶賢乎已。』」〔一〕集解：「馬融曰：『爲其無所據樂，善生淫慾也。』」則博奕乃飽食無事之徒所以自遣者，有業之人即不當爲此，況學者乎？其足以虚歲月，而損神智匪淺。三國志韋昭傳稱：「蔡穎在東宫，性好博奕，太子和以爲無益，命曜論之。」〔二〕今録以爲子弟之戒云。

蓋聞君子恥當年而功不立，疾没世而名不稱，故曰「學如不及，猶恐失之」。〔三〕是以古之志士，悼年齒之流邁，而懼名稱之不立也，故勉精厲操，晨興夜寐，不遑寧息，經之以歲月，累之以日力，若甯越之勤、董生之篤，漸漬德義之淵，棲遲道藝之域。且以西伯之聖、姬公之才，猶有日昃待旦之勞，故能隆興周道，垂名億載，況在臣庶，而可以已乎？歷觀古今立功名之士，皆有累積殊異之迹，勞身苦體，契闊勤思，平居不墮其業，窮困不易其素。是以卜式立志於耕牧，而黄霸受道於囹圄，終有榮顯之福，以成不朽之名。故山甫勤於夙夜，而吴漢不離公門，豈有游惰哉？

今世之人，多不務經術，好翫博奕，廢事棄業，忘寢與食，窮日盡明，繼以脂燭。當其臨局交爭，雌雄未決，專精鋭意，心勞文選作「神迷」，上「勞身」又作「勞神」，字複。體倦，人事曠而不脩，賓旅闕而不接，雖有太牢之饌，韶、夏之樂，不暇存也。至或賭及衣物，徙棊易行，廉恥之意弛，而忿戾之色發。然其所志不出一枰之上，所務不過方罫之閒，勝敵無封爵之賞，獲地無兼土之實。技非六藝，用非經國；立身者不階其術，徵選者不由其道。求之於戰陣，則非孫、吴之倫也；考之於道藝，則非孔氏之門也。以變詐爲務，則非忠信之事也；以劫殺爲名，則非仁者之意也。而空妨日廢業，終無補益。是何異設木而擊之，置石而投之哉？且君子之居室也，勤身以致養；其在朝也，竭命以納忠；臨事且猶旰食，而何文選有「暇」字。今案：無之是。博奕之足耽？夫然，故孝友之行立，貞純之名彰也。顔氏家訓雜藝論博奕云：「王肅、葛洪、陶侃之徒，不許目觀手執。」此並勤篤之志也。

〔一〕軍案：見論語陽貨篇。

〔二〕軍案：三國志卷六十五韋曜傳裴松之注云：「曜本名昭，史爲晉諱，改之。」文選卷五十二載韋弘嗣博弈論，文辭略異。

〔三〕軍案：「疾没世而名不稱」，見論語衛靈公篇。「學如」至「失之」，見論語泰伯篇。

2

如翬斯飛

説文羽部：「翬，大飛也。从羽，軍聲。一曰：『伊、雒而南，雉五采皆備曰翬。』詩曰：『如翬斯飛。』臣鉉等曰：『當从『揮』省。』」〔一〕寫本徐鍇説文引詩作「有翬斯飛」。九經字樣羽部云：「翬，音輝，從軍聲。詩曰：『有翬斯飛。』」

案：字樣本之説文，刊於石壁，不容有誤。疑徐楚金本爲是，然今毛詩皆同大徐本。又鄭箋云：「伊、洛而南，素質五色皆備成章曰翬。此章四『如』者，皆謂廉隅之正、形貌之顯也。翬者，鳥之奇異者也，故以成之焉。」則鄭本亦作「如翬」，「有」爲誤字無疑。學者不可以字樣、通釋相同，遂謂作「有」爲是。鼎臣以「翬」音如「揮」，因云「當从『揮』省」，不知古音本同，即「揮」亦从「軍」聲也。

〔一〕軍案：「臣鉉等曰：『當从『揮』省」」八字原作大字經文，今依臧氏行文例，改作小字注文。

3

釋獸注脱文

後漢書馬融傳注引爾雅「蜼卬鼻而長尾」，又引郭璞注「以尾塞鼻」，下有「零陵、南康人呼之音餘，建平人呼之音『相贈遺』之『遺』也，又音余救反，皆土俗輕重不同耳」。

案：宋以來本，皆無此文。郭注釋獸，每以零陵、南康等方土爲證，且注中具有音切。俗人以其非要删之，古音遂不可知矣。或以此類爲郭氏音義之文，恐非。

4

其助上帝寵之

晉出尚書泰誓：「天佑下民，作之君，作之師，惟其克相上帝，寵綏四方。有罪無罪，予曷敢有越厥志？」孔傳：「天佑助下民，爲立君以政之，立師以教之，當能助天寵安天下。越，遠也。言己志欲爲民除惡，是與否不敢違其志。」

案：孟子梁惠王下引「書曰：『天降下民，作之君，作之師，惟曰其助上帝寵之。四方有罪無罪，惟我在，天下曷敢有越厥志』」，趙注：「書，尚書逸篇也。言天生下民，爲作君，爲作師，以助天光寵之也。四方善惡皆在己，所謂『在予一人』，天下何敢有越其志者也？」則孟子所引，爲尚書逸篇，趙注亦未言所屬。今見於泰誓，不知其何本也。又首言天生民而立之君、師，尚屬開端語，下文「其助上帝寵之」，甫言君、師代天治民意。古文改「寵之」爲「寵綏」，合下「四方」爲句，故改「生降」爲「佑助」義，以上下配合；然刪「惟我在」三字，又改「天下」爲「予」，則意氣索然，不見武王自任之勇矣。且趙注讀「四方有罪無罪」爲句，與孟子釋書意「一人衡行於天下」句正合。今以「四方」屬上，亦誤也。或云：「書詞至『武王恥之』止。」非也。趙注亦斷「天下曷敢有越厥志」住。

5

唐試士法

李林甫大唐六典載試士法至詳悉，持此以取人，可得力學之士，空疏者無僥倖之獲。初時，吏部員外郎掌天下貢舉之職。開元二十四年，敕以爲權輕，專令禮部侍郎一人知貢舉。茲録其正文及原注，并附采吏部員外郎職注以備考，可想見有唐取士之式云。

禮部尚書、侍郎之職，掌天下禮儀、祠祭、燕饗、貢舉之政令。凡舉試之制，每歲仲冬，率與計偕。其科有六：一曰秀才，試方略策伍條。此科取人稍峻，貞觀已後遂絶。

二曰明經，三曰進士，四曰明法，五曰書，六曰筭。

凡正經有九：禮記、左氏春秋爲大經，毛詩、周禮、儀禮爲中經，周易、尚書、公羊春秋、穀梁春秋爲小經。通二經者，一大一小，若兩中經。通三經者，大、小、中各一。通五經者，大經並通。其孝經、論語、老子並須兼習。

凡明經，先帖經，然後口試并荅策，取粗有文（性）［理］者爲通。〔一〕舊制，諸明經試每經十帖，孝經二帖，論語八帖，老子兼注五帖，每帖三言，通六已上，然後試策十條，通七，即爲高第。開元二十五年勑，諸明經先帖經，通五已上，然後口試，每經通問大義十條，通六已上，并荅時務策三道。　案：吏部員外郎職注云：「周禮、左氏、禮記各四條，餘經各三條，孝經、論語共三條，皆録經文及注意爲問，其荅者須辨明義理，然後爲通。通十爲上上，通八爲上中，通七爲上下，通六爲中上。其通三經者，全通爲上上，通十爲上中，通九爲上下，通八爲中上，通七及二經通五爲不第。」

凡進士，先帖經，然後試雜文及策，文取華實兼舉，策須義理愜當者爲通。舊例，帖一小經并注，通六已上，帖老子兼注，通三已上，然後試雜文兩道、時務策五條。開元二十五年，依明經帖一大經，通四已上，餘如舊。　案：吏部員外郎職注云：「若事義有滯、詞句不倫者爲下。其經、策全通爲甲，策通四、帖通六已上爲乙，已下爲不第。」

凡明法，試律、令，取識達義理、問無疑滯者爲通。所試律、令，凡每部試十帖。策試十條：律七條，令三條。　案：吏部員外郎職注云：「粗知綱例、未究指歸者爲不通。全通者爲甲，通八已上爲乙，已下爲不第。」

凡明書，試説文、字林，取通訓詁、兼會雜體者爲通。　説文六帖，字林四帖，兼口試不限條數。　案：吏部員外郎職注云：「諸試書學生帖試通訖，先口試，不限條數，疑則問之，並通，然後試策。」

凡明筭，試九章、海島、孫子、五曹、張丘建、夏侯陽、周髀、五經、綴術、緝古，取明數造術、辨明術理者爲通。　九章三帖，五經等七部各一帖，綴術六帖，緝古四帖，録大義本條爲問。　案：吏部員外郎職注云：「記遺三等數讀令精熟，試十得九爲第。其試綴術、緝古者，綴術七條，緝古三條。諸及第人並録奏，仍關送吏部。書、筭於從九品下敘排。」

凡此六科，求人之本，必取精究理實而升爲第。其有博綜兼學，須加甄奬，不得限以常科。　開元二十五年勑，明經、進士中，除所試外，明經有兼明五經已上，每經帖十通五已上，口問大義十條，疏義精通，通五已上；進士有兼通一史，試策及口問各十條，通六已上，須加甄奬，所司録名奏聞。其進士唱及第訖，[二]具所試雜文及（第）［策］，[三]送中書門下詳覆。其明經口問，仍須對同舉人考試。其試弘文、崇文生，自依常式。

其弘文、崇文館學生，雖同明經、進士，以其資廕全高，試取粗通文義。　弘、崇生習一大經一小經、兩中經者，習史記者，漢書者，東觀記者，[四]三國志者，皆須讀文精熟，言音典正，策試十道，取粗解注義，經通六，史通三。其試時務策者，皆須識文體，不失問目意，試五得三。皆兼帖孝經、論語，共十條。

太廟齋郎亦試兩經，文義粗通，然後補授，考滿簡試。其郊社齋郎簡試，亦如太廟齋郎。案：吏部員外郎職云：「應簡齋郎，準貢舉例帖試。」注：「太常解申禮部勘責，十月内送考功，帖論語及一大經，及第者奏聞。」

其國子監大成十員，取明經及第人聰明灼然者，試日誦千言，并口試，仍策所習業，十條通七，然後補充，各授散官，依(邑)[色]令於學内習業，〔五〕**以通四經爲限。**其禄俸、賜會(准)[準]非伎術直例給。〔六〕業成者於吏部簡試，孝經、論語共試八條，餘經各試八條，閒日一試，灼然明練精熟爲通。口試十通九、策試十通七爲第。所加經者，禮記、左傳、毛詩、周禮各[加]兩階，〔七〕餘經各加一階。及第者放選，優與處分；不第者，〔八〕三年一簡，九年業不成者，解退，依常選例。業未成、年未滿者，不得別選及充餘使。若經事故，應敘日，還令覆上。其先及第人欲加經、及官人請試經者，皆(准)[準]此。

〔一〕軍案：「性」當作「理」。唐六典卷四「禮部尚書」條陳仲夫校勘記云：「『理』字原本作『性』，嘉靖、廣雅二本亦然，據通典選舉三歷代制下改。」今據改。

〔二〕軍案：陳仲夫校勘記云：「通典選舉三歷代制下無『及』字。」

〔三〕軍案：「第」當作「策」。陳仲夫校勘記云：「『策』字原本訛作『第』，嘉靖、廣雅二本亦然，據通典選舉三歷代制下改。」今據改。

〔四〕軍案：陳仲夫校勘記「觀」下補「漢」字，云：「『漢』字原本無，嘉靖、廣雅二本亦然，據卷二『考功員外郎掌天下貢舉之職』條原注增。」無「漢」字亦可通，不必增補。

〔五〕軍案：「邑」當作「色」。陳仲夫校勘記云：「『色』字原本訛作『邑』，嘉靖、廣雅二本亦然，據卷二『考功員外郎掌天下貢舉之職』條正文改。舊唐書職官志作『舊』。」今據改。

〔六〕軍案：「準」原作「准」，據唐六典卷四「禮部尚書」條原注改，下「皆準此」同。玉篇冫部云：「准，俗『準』字。」

〔七〕軍案：「兩」上當補「加」字。陳仲夫校勘記云：「『加』字原本無，嘉靖、廣雅二本亦然，據卷二『考功員外郎掌天下貢舉之職』條原注增。」今據改。

〔八〕軍案：陳仲夫校勘記云：「據卷二『考功員外郎掌天下貢舉之職』條原注，『者』下疑當有『依舊任』三字。」

6

承天龍也

易師九二象：「承天寵也。」釋文：「寵，如字。鄭云『光耀也』。王肅作『龍』，云『寵也』。」

案：「龍」爲古「寵」字。詩蓼蕭「爲龍爲光」，傳：「龍，寵也。」箋云：「爲寵爲光，言天子恩澤光耀，被及己也。」

左傳昭十二年：「夏，宋華定來聘，通嗣君也。享之，爲賦蓼蕭，弗知，又不荅賦。昭子曰：『必亡。宴語之不懷，寵光之不宣。』」杜注：「詩曰：『爲龍爲光。』欲以寵光賓也。」焦氏易林亦云：「蓼蕭露瀼，君子寵光。」又詩長發「何天之龍」，傳：「龍，和也。」箋云：「『龍』當爲『寵』。寵，榮名之謂。」考大戴禮記衞將軍文子引詩作「何天之寵」，足證箋義有本。而俗人議鄭好改經者，誤也。〔一〕

家語弟子行引詩曰「荷天子之龍」，「龍」亦當是古文「寵」。王肅注：「龍，和也。」不依傳、記及詩箋，獨用長發傳者，有心與鄭立異也。然則此經「承天寵也」，古易當爲「天龍」。鄭以「光耀」解之，蓋云「『龍』當爲『寵』」，後人遂依注改經。如繫辭上言「天下之至動而不可亂也」，鄭本作「至頤」，云：「『頤』當爲『動』」，而衆家本遂皆爲「動」。見釋文。王肅訓「龍」爲「寵」，無「當作『寵』」之文，故尚仍原本。其實鄭經亦當與王肅同也。

〔一〕鏞堂謹案：廣雅釋言：「龍，寵也。」

7

劉向校書

文選魏都賦注引風俗通曰：「按劉向别録：『讎校：一人讀書，校其上下，得繆誤，爲校；一人持本，一人讀書，若怨家相對，爲讎。』」

案：今人校書，皆一人校其上下。據風俗通，知劉子政用二人對校。蓋一人並看兩本，恐有漏略，故一人讀書，一人持本，視聽兩用，庶可無失。然猶慮有音同文異者，故必一人先校。此校與讎之不同，然闕一不可也。

又張景陽雜詩十首注引風俗通曰：「劉向爲孝成皇帝典校書籍，皆先書竹，爲易刊定，可繕寫者以上素也。今東觀書，竹、素也。」此亦當本劉氏别録。西漢無紙，故先書於竹簡，有誤者用書刀刊削之；釋名釋兵云：「書刀，給書簡策有所刊削之刀也。」〔一〕及讎校已定，則繕寫於縑素：此劉氏校書之式例也。

〔一〕軍案：「策」，明嘉靖翻宋本釋名作「扎」。任繼昉釋名匯校云：「蔡天祐刊本、施惟誠刻本、古今逸史本、疏證本、吴志忠校本作『札』。」

8 直方大

元熊朋來經説云：「或問：『坤六二爻辭「直方大」，鄭氏古易云：「坤爻辭『履霜』、『直方』、『含章』、『括囊』、『黄裳』、『玄黄』協韻，故象傳、文言皆不釋『大』字。」疑「大」字衍。』曰：『坤爻辭皆以第二字爲韻，此「可貞」、「元吉」之類爾。』曰：『乾稱「大」，坤稱「至」，乾大生，坤廣生，坤何以言「大」乎？六二之爻辭言「大」，六三、用六之小象又言「大」，何也？』曰：『易中凡言「大」者，皆陽也。陰變陽，則聖人喜而識之。』」

案：熊説足却「或問」之妄矣。周易集解「直方大」載荀爽説云：「『大』者，陽也。二應五，五下動之則應陽出，直布陽於四方。」與熊氏義同。荀字慈明，潁川人，與馬融、鄭衆、康成並傳費氏易，有易注十卷，可證漢易本有「大」字。鄭庠易古音之言，未足據。

9 贈婦往反詩

文選陸士龍爲顧彦先贈婦二首，李善曰：「集亦云『爲彦先』。然此二篇並是婦荅，而云『贈婦』，誤也。」

案：玉臺新詠卷三作「陸雲爲顧彦先贈婦往反四首」，弟一首是贈婦，弟二是婦荅，弟三是贈婦，弟四是婦荅，故題曰「贈婦往反」。今昭明但選婦荅二首，而刪題中「往反」字，故吕向、李善皆以爲誤。今録其贈婦二首，讀選者可爽然矣。

其一云：

我在三川陽，子居五湖陰。山海一何曠？譬彼飛與沈。目想清惠姿，耳存淑媚音。獨寐多遠念，寤言撫空衿。彼美同懷子，非爾誰爲心？

其二云：

翩翩飛蓬征，郁郁寒木榮。一作「水縈」，非。遊止固殊性，浮沈豈一情？隆愛結在昔，信誓貫三靈。秉心金石固，豈從時俗傾？美目逝不顧，纖腰徒盈盈。何用結中款，仰指北辰星。

又婦荅「雅步擢纖腰」當從新詠作「嫋纖腰」。「佳麗良可美」新詠作「可羨」，亦是也。

10

荒虚也

釋詁：「漮，虚也。」釋文：「漮，郭云：『本或作「荒」。』『荒』亦丘墟之空無。」

案：詩召旻「我居圉卒荒」，箋云：「荒，虛也。國中至邊境，以此故盡空虛。」正義曰：「『荒，虛』，釋詁文。某氏曰：『周禮云：「野荒民散則削之。」』唯某氏之本有「荒」字耳，諸家爾雅則無之。要周禮『野荒』必是『虛』之義也。」據此，則郭氏所云「或作『荒』」者，即指「某氏本」；鄭康成所據亦同。又易泰九二「包荒」，釋文引鄭注云「虛也」，說文禾部云「穅，虛無食也」：是「荒」之爲「虛」，古義也。〔一〕

〔一〕軍案：說文「穅」字段注云：「爾雅：『果不孰爲荒。』周禮疏曰：『疏、穀皆不孰爲大荒。』按：『荒年』字當作『穅』，『荒』行而『穅』廢矣。」○段氏所引周禮疏，見天官大宰職「以九職任萬民」疏。

11

早起

自古聖賢及有志士，無不早起。蓋早起則心體清明，讀書易於領悟，爲一切事亦易成就。故相士之道，觀其早起、晏起，而成、敗可決矣。今録困學紀聞一則，〔一〕以勸晏起者云。

成湯、周公皆坐以待旦。康王晚朝，宣王晏起，則關雎作諷，姜后請愆。〔二〕況朝而受業，爲士之職。書曰：「夙夜浚明有家。」〔三〕孝經言卿大夫之孝，引詩云「夙夜匪懈」，〔四〕言士之孝，引詩云「夙興夜寐」。〔五〕讒鼎之銘曰「昧旦丕顯，後世猶怠」，叔向所以戒也。〔六〕「三晨晏起，一朝科頭」，管幼安所以懼也。〔七〕「在家常早起」，杜子美所謂「質朴古人風」者也。〔八〕「雞鳴咸盥櫛，問訊謹暄凉」，朱子之詔童蒙也。〔九〕「觀起之蚤晏，知家之興廢」，吕子之訓門人也。〔一〇〕「起不待鳴雞」，陸務觀示兒之詩也。〔一一〕「雞鳴率家人同起，不可早晏無常」，葉少藴與子之書也。〔一二〕雞鳴而起，決擇於善利之閒，爲舜而已矣。

〔一〕軍案：見王應麟困學紀聞卷二十雜識。

〔二〕軍案：范曄後漢書卷十上皇后紀第十上云：「康王晚朝，關雎作諷；宣后晏起，姜氏請愆。」是爲王氏紀聞所本。「關雎作諷」事，李賢注云：「前書音義曰：『后夫人雞鳴佩玉去君所。周康王后不然，故詩人歎而傷之。』見魯詩。」「姜后請愆」事，見列女傳卷二賢明傳周宣姜后。

〔三〕軍案：見尚書皋陶謨篇。

〔四〕軍案：見孝經卿大夫章。

〔五〕軍案：見孝經士章。

〔六〕軍案：見昭三年左傳。

〔七〕軍案：見太平御覽卷三百六十四人事部五引吴苑。

〔八〕軍案：見杜甫杜工部集卷十五近體詩吾宗。

〔九〕軍案：見朱熹晦庵集卷四齋居感興二十首之十八。

〔一〇〕軍案：見吕祖謙麗澤論説集録卷十門人所記雜説二。

〔一一〕軍案：見陸游劍南詩稿卷五十七示兒。

〔一二〕軍案：不詳所出。

12

漢儒明哲保身

後漢書盧植傳：「董卓至，陵虐朝廷，乃大會百官於朝堂，議欲廢立。羣僚無敢言，植獨抗議不同。卓怒罷會，將誅植。植已老病求歸，懼不免禍，乃詭道從轘轅出。卓果使人追之，到懷，不及。遂隱于(山)[上]谷，〔一〕不交人事。」世説新語文學載：「鄭康成在馬融門下，業成辭歸。既而融有『禮樂皆東』之歎，恐玄擅名，而心忌焉。玄亦疑有追，乃坐橋下，在水上據屐。融果轉式逐之，告左右曰：『玄在土下、水上而據木，此必死矣！』遂罷追，玄竟以得免。」

夫董卓以刳肝斮趾之殘忍，而欲快志於忠賢，不足爲異。季長海内大儒，博通古學，而亦效盜賊之爲，行之於高第弟子，斯可怪矣！卒之，卓既授首車中，母妻男女盡焉族滅。融亦不保令名，後之學者羞稱之。或疑融事不實，〔二〕要非無因也。嗟夫！使盧、鄭二子不早爲之備，致宵小得遂其奸謀，殊非「明哲保身」之義矣！

〔一〕軍案：「山谷」，後漢書盧植傳作「上谷」，今據改。

〔二〕軍案：世說新語文學篇劉孝標注云：「馬融海内大儒，被服仁義，鄭玄名列門人，親傳其業，何猜忌而行鴆毒乎？委巷之言，賊夫人之子。」

13

雞鳴讒人也

太平御覽九百四十四引「韓詩曰：『雞鳴，讒本或作「説」，誤。人也。〔匪雞則鳴，蒼蠅之聲。〕』薛君曰：『（蒼蠅之聲）雞遠鳴，蠅聲相似也。』」〔一〕

據韓詩序及薛君説，知雞鳴爲刺讒詩。小雅青蠅曰：「營營青蠅，止于樊。豈弟君子，無信讒言。」彼乃直言，此爲婉諷。若曰：「雞既鳴，則朝既盈，相因之勢然也。然今者匪雞鳴也，乃蒼蠅聲也，可遂以爲雞鳴哉？」此聞其似而以爲然，詩人欲其審聽也。次章言「匪東方則明，月出之光」，此見其似而以爲然，詩人欲其審視也。三章「蟲飛薨薨」，言小人衆多也；「夢夢」，亂也。小人衆多則亂矣，我甘與子同處此亂國哉？我且欲歸矣，子庶乎無予憎而興讒矣！首二章見詩人敏心慧口，譬近指遠；卒章見其去就之義明，而詞氣又婉而不迫，太公之澤深矣。

〔一〕軍案：宋本太平御覽卷九百四十四蟲豸部一蠅引韓詩序「讒人也」下有「匪雞則鳴，蒼蠅之聲」八字。此處上四字誤脱，下四字誤入注文「薛君曰」下。今據改。

14

放勳乃殂落

孟子萬章上：「堯典曰：『二十有八載，放勛乃徂落，百姓如喪考妣。三年，四海遏密八音。』」趙注：「放勛，堯名。」春秋繁露煖燠孰多篇：〔一〕「尚書曰：『二十有八載，放勳乃殂落，〔二〕百姓如喪考妣。四海之内，閼密八音三年。』」説文歺部：「殂，往死也。从歺，且聲。虞書曰：『放勛乃殂落。』」〔三〕此可證尚書本作「放勳」。

釋文引馬融注以放勳爲堯名，孟子滕文公上「放勳曰：『勞之來之』」注「放勳，堯號也」，此古義也。孔傳於篇首解「放勳」爲「放上世之功化」，其解難施於此，故改經作

「帝」，以遂其背古之心，而未計及尚有孟子、春秋繁露、説文等可覆案也。

「遏」當從董子作「閼」。説文辵部云：「遏，微止也。从辵，曷聲。」門部云：「閼，遮攤也。从門，於聲。」

又孟子、董子引書皆作「三年」，孔傳本改「年」爲「載」，欲合釋天之文，顯與孟子、董子相違矣。

〔一〕軍案：「燠」當作「凊」。春秋繁露此篇首云：「天之道，出陽爲煖以生之，出陰爲清以成之。」蘇輿義證云：「『暖清』二字又見爲人者天等篇。」「煖」、「暖」同。

〔二〕軍案：蘇輿義證云：「『勳』或作『勛』，則字異耳。『殂』或作『徂』。釋名：『徂落，徂祚也，福祚殞落也。』『徂』亦『往』也，言往去落也。」爾雅釋詁正義引李巡云：『殂落，堯死之稱。』説文歺部引虞書無『落』字，蓋古文。」

〔三〕軍案：「放」、「落」二字當衍，説文所無。段注云：「『虞書』當作『唐書』。『勛乃殂』，二徐本皆如是，宋本説文及洪邁所引皆可證。至集韻、類篇乃增『放』字，至李仁甫乃增之曰『放勛乃殂落』，或用改大徐本，此皆不信古之過也。堯典曰『二十有八載，放勳乃殂落』，見孟子、春秋繁露、皇甫謐帝王世紀，所引皆如是。此作『勛乃殂』，據力部『勳』者小篆，『勛』者古文『勳』，則許所偁，真壁中文也，而無『放』、『落』二字。蓋孟子、董子所偁者，今文尚書也；許所偁者，古文尚書也。『放勛』何以但言『勛』也？或言『放勛』，或言『勛』，一也，葢當世臣民所偁不一也。『殂落』何以但言『殂』也？云『殂』則已足矣，不必言『殂落』也。師古注王莽傳引虞書『放勳乃殂』，則唐初尚書尚有無『落』字者。」

15

魯詩周道郁夷

詩四牡「四牡騑騑，周道倭遲」，毛詩作「倭遲」。「倭」者，委曲；「遲」者，遠也。故毛傳曰：「『倭遲，歷遠之意。』」韓詩作「威夷」。「威」，可畏也；「夷」，傷也。故薛君曰：「威夷，險也。」

漢書地理志「郁夷」下引詩「周道郁夷」，是以「郁夷」爲地名。「倭」、「威」、「郁」聲相近而義別。李善文選注十、又二十、又廿一、又五十六引韓詩皆作「威夷」，惟十八引作「倭夷」，然正文「臨迴江之威夷」仍是「威」字，則注作「倭」者，順毛詩所改。地理志作「郁夷」，既與韓、毛不同，藝文志謂「三家魯最爲近之」，則爲魯詩無疑矣。

顔師古見與毛氏不同，便以爲韓詩，不知韓詩有文選注、薛君章句可證也。不料唐人讀書已傳會若此。

16

韓詩外傳格言

韓詩外傳云：「君子有主善之心，而無勝人之色；德足以君天下，而無驕肆之容；行足以及後世，而不以一言非人之不善。故曰：君子盛德而卑，虚己以受人；旁行不流，應物而不窮。雖在下位，民願戴之。雖欲無尊，得乎哉？」〔一〕

又：「子曰：『不學而好思，雖知不廣矣。學而慢其身，雖學不尊矣。不以誠立，雖立不久矣。誠未著而好言，雖言不信矣。美材也，而不聞君子之道，隱小物以害大物者，災必及身矣。』詩曰：『其何能淑？載胥及溺。』」〔二〕

官怠於有成，病加於小愈，禍生於懈惰，孝衰於妻子，察此四者，慎終如始。易曰：「小狐汔濟，濡其尾。」〔三〕詩曰：「靡不有初，鮮克有終。」〔四〕琳嘗一日三復斯言以自警。

〔一〕軍案：見韓詩外傳卷二第十七章。

〔二〕軍案：見韓詩外傳卷六第九章。

〔三〕軍案：見周易未濟卦辭。

〔四〕軍案：見毛詩大雅蕩篇。

17

説文言性善

説文心部云：「情，人之陰气，有欲者。从心，青聲。性，人之陽气，性善者也。从心，生聲。」

自孔子後，言性者紛紛矣。以性爲善者，獨孟子、韓子。而許氏亦與之同，其見豈不出諸子上哉？要知説文之書，非許叔重自撰，乃記集三代以來遺文，故其詮解，亦俱自古相傳舊義。如説「性」字，以爲「性善」，倘無所本，安能特信孟子，確然不惑？學者識得此，其餘可堅信矣！

白虎通情性云「性者，陽之施；情者，陰之化」，又引鉤命決云「陽氣者仁，陰氣者貪。故情有利欲，性有仁也」，〔一〕亦近理。

〔一〕軍案：陳立白虎通疏證卷八性情云：「大戴禮子張問入官云『達諸民之情』，注：『情，謂喜、怒、愛、惡之屬。情者，人之欲。』又云『不可不知民之性』，注：『性，爲仁、義、禮、智之等。性者，生之質。』漢書董仲舒傳亦云：『情者，人之欲也。』是情陰故欲，性陽故仁也。」

18

唐儒陸孔傳

唐儒陸德明、孔仲達徧通五經，學者日讀其書，不可不知其人。今録唐書本傳，〔一〕俾學者景仰焉。

陸元朗字德明，以字行，蘇州吴人。善名理言，受學於周弘正。陳太建中，後主爲太子，集名儒入講承光殿，德明始冠，與下坐。國子祭酒徐孝克敷經，倚貴縱辯，衆多下之，獨德明申荅，屢奪其説，舉坐咨賞。解褐始典國左常侍。陳亡，歸鄉閈。隋煬帝擢祕書學士。大業閒，廣召明經士，四方踵至。於是德明與魯達、孔褒共會門下省相酬難，莫能詘。遷國子助教。越王侗署爲司業，入殿中授經。王世充僭號，封子玄恕爲漢王，以德明爲師，即其廬行束脩禮。德明恥之，服巴豆劑，僵偃東壁下。玄恕入拜牀垂，德明對之遺利，不復開口，遂移病成皐。

世充平，秦王辟爲文學館學士，以經授中山王承乾，補太學博士。高祖已釋奠，召博士徐文遠、浮屠慧乘、道士劉進喜各講經，德明隨方立義，徧析其要。帝大喜曰：「三人者誠辯，然德明一舉輒蔽，可謂賢矣！」賜帛五十匹，遷國子博士，封吴縣男。卒。

論撰甚多，傳于世。後太宗閱其書，嘉德明博辯，以布帛二百段賜其家。

子敦信，麟德中，繇左侍極檢校右相，累封嘉興縣子，以老疾致仕，終大司成。

孔穎達字仲達，冀州衡水人。八歲就學，誦記日千餘言，〔二〕闇記三禮義宗。及長，明服氏春秋傳、鄭氏尚書、詩、禮記、王氏易；善屬文，通步曆。嘗造同郡劉焯，焯名重海内，初不之禮，及請質所疑，遂大畏服。

隋大業初，舉明經高第，授河内郡博士。煬帝召天下儒官集東都，詔國子祕書學士與論議，穎達爲冠，又年最少，老師宿儒恥出其下，陰遣客刺之，匿楊玄感家得免。補太學助教。隋亂，避地虎牢。

太宗平洛，授文學館學士，遷國子博士。貞觀初，封曲阜縣男，轉給事中。時帝新即位，穎達數以忠言進。帝問：「孔子稱『以能問於不能，以多問於寡，有若無，實若虛』，何謂也？」對曰：「此聖人教人謙耳。己雖能，仍就不能之人以（資）［咨］所未能；〔三〕己雖多，仍就寡少之人更資其多。内有道，外若無；中雖實，容若虛。非特匹夫，君德亦然。故易稱『蒙以養正』，『明夷以莅眾』。若其據尊極之位，衒聰耀明，侍才以肆，則上下不通，君臣道乖。自古滅亡，莫不由此。」帝稱善。除國子司業。歲餘，以太子右庶子兼司業。與諸儒議曆及明堂事，多從其説。以論撰勞，加散騎常侍，爵爲子。

皇太子令穎達撰孝經章句，因文以盡箴諷。帝知數爭太子失，賜黄金一斤、絹四匹。久之，拜祭酒，侍講東宫。帝幸太學觀釋菜，命穎達講經；畢，上釋奠頌，有詔褒美。後太子稍不法，穎達爭不已，乳夫人曰：「太子既長，不宜數面折之。」對曰：「蒙國厚恩，雖死不恨。」剴切愈至。後致仕，卒，陪葬昭陵，贈太常卿，謚曰憲。

初，穎達與顔師古、司馬才章、王恭、王琰受詔撰五經義訓，凡百餘篇，號義贊，詔改爲正義云。雖包貫異家爲詳博，然其中不能無謬宂，博士馬嘉運駁正其失，至相譏詆。有詔更令裁定，功未就。永徽二年，詔中書門下與國子三館博士、弘文館學士考正之，於是尚書左僕射于志寧、右僕射張行成、侍中高季輔就加增損，書始布下。

穎達子志，終司業。志子惠元，力學寡言，又爲司業，（累）擢〔累〕太子諭德。〔四〕三世司業，時人美之。

王恭者，滑州白馬人。少篤學，教授鄉閭，弟子數百人。貞觀初，召拜太學博士，講三禮，別爲義證，甚精博。蓋文懿、文達皆當時大儒，每講徧舉先儒義，而必暢恭所説。

馬嘉運，魏州繁水人。少爲沙門，還治儒學，長論議。貞觀初，累除越王東（閤）[閤]祭酒。〔五〕退隱白鹿山，諸方來受業至千人。十一年，召拜太學博士、弘文館學士。以孔穎達正義繁釀，故掎摭其疵，當世諸儒服其精。高宗爲太子，引爲崇賢館學士，數與洗馬秦暐侍講宮中，終國子博士。

案：陸氏之於玄恕也，服巴豆，偃偃壁下，遺利不復開口。孔氏之事太宗也，數以忠言進；事皇太子，箴諫其失，雖死不恨。較之漢儒北海鄭公、范陽盧公，何愧焉？出處大節凜然不苟，學者尤宜師法，不特釋文、正義二書爲千古模範也！後世有徇利貪榮、苟免無恥者，亦自命爲經生，斯陸、孔之罪人已！

〔一〕軍案：見新唐書卷一百九十八儒學上。

〔二〕軍案：「誦記日」，舊唐書卷七十三列傳第二十三孔穎達傳作「日誦」。

〔三〕軍案：「資」，今從新唐書卷一百九十八儒學上孔穎達傳作「咨」，疑此涉下文「資」字而誤。

〔四〕軍案：「累擢」，今從新唐書卷一百九十八儒學上孔穎達傳乙作「擢累」。

〔五〕軍案：「閤」，今從新唐書卷一百九十八儒學上孔穎達傳作「閤」。

經義雜記卷四

武進學生臧琳玉林

1

騋牡驪牝玄

爾雅釋畜「騋牝驪牡」，釋文云：「孫注改上『騋牝』爲『牡』，讀與郭異。」

案：鄭注夏官廋人引「爾雅曰：『騋：牡驪，牝玄』」，則鄭本爾雅亦上「騋牝」爲「牡」。孫與鄭合，非私改也。周禮釋文云：「牡驪，絶句。牝玄，絶句。郭璞義異鄭。」葢郭氏爾雅作「騋牝，驪牡」，不與鄭、孫本「騋：牡驪，牝玄」同，故云「義異鄭」。

又釋獸「麋：牡麔，牝麎」、「鹿：牡麚，牝麀」、「麕：牡麌，牝麜」、「狼：牡貛，牝狼」，皆「牡」在「牝」上，陰陽先後之義也。檀弓注引「爾雅曰：『騋：牝驪，牡玄』」，此注必近人依郭氏爾雅竄改，當以廋人注爲正。正義曰：「或爾雅釋詩云『騋牝』，郭璞注『玄駒，小馬』，稍異鄭也。」據正義，知禮記注本作「騋牡」，不作「騋牝」矣。幸有二禮注、疏及釋文，

尚得見鄭、孫爾雅真本也。〔一〕

〔一〕軍案：黄焯經典釋文彙校卷三十爾雅音義下釋畜第十九亦云：「竊謂爾雅此文及其句讀，當依周禮廋人注作『騋逗牝驪句牝玄句』。賈疏謂騋中所有，牡則驪色，牝則玄色，義極明白。」又引黄侃云：「以釋獸諸言『牝牡』先『牡』後『牝』之例求之，鄭義爲長，故孫炎改從鄭也。至説文『騋』下引『詩曰：「詩」者，「爾雅」之誤，與引釋訓「不竢不來」誤作「詩曰」同。「騋牝驪牡」』，此『牝』、『牡』二字互譌。檀弓注引『爾雅曰：「騋：牝驪，牡玄」』，亦『牝』、『牡』字互誤。孔廣森曰：『駕四馬當用牡。詩言「比物四驪」、「四驪濟濟」，以此知「牡驪」不誤。』此説甚諦。」〇參看本書卷五「騋牝驪牝」條。

2

孔子字仲屔

史記孔子世家云：「顏氏女禱於尼丘，得孔子。生而首上圩頂，故因名曰丘，字仲尼。」索隱曰：「圩音烏。頂音鼎。圩頂，言頂上窳也。故孔子頂如反宇。『反宇』者，若屋宇之反，中低而四傍高也。」

案：説文丠部：「屔，反頂受水丠。从丠，泥省聲。」古人名、字相配。孔子名丘字仲尼，則「尼」當爲「**屔**」。爾雅釋丘「水潦所止，泥丘」，郭注「頂上污下者」，亦當用説文丠部字。釋文云：「泥，依字作『尼』，又作『埿』。」考説文水部：「泥水出北地郁郅北蠻中。从水，尼聲。」則从「水」者非。尸部：「尼，從後近之。从尸，匕聲。」爾雅釋詁：「即，尼也。」書正義引孫炎注云：「尼者，近也。」〔一〕郭注：「尼者，近也。尸子曰：『悦尼而來遠。』」〔二〕則「尼」乃「昵近」字，與「**屔**」亦異。若作「埿」，爲説文土部所無，乃俗字。

劉熙釋名云：「水潦所止曰『泥丘』。其止汙水留不去成泥也。」首句雖本爾雅，然不釋「圩頂受水」之義，而但言「汙水成泥」，與爾雅、説文異解，蓋已不識此字矣。

〔一〕軍案：見尚書高宗肜日正義。

〔二〕軍案：見爾雅釋詁「即，尼也」郭注。

3

誤讀釋山文

爾雅釋山：「小山岌大山，峘。」郭注：「岌，謂高過。」釋文：「峘，胡官反，一音袁。埤蒼云：『峘，大山。』又音恒。」案：説文馬部：「騀，馬行相及也。从馬，从及。讀若爾雅『小山騀大山，峘』。」則許讀爾雅以六字爲句。郭注謂「高過」，與許氏「馬行相及」訓亦合。蓋「岌」者,「及」也;「峘」者,「恒」也。以小山而及於大山,爲「長」可知矣。「恒」,「長」也。釋文「峘,音恒」者,是;「胡官反,音袁」,非也。〔一〕埤蒼云:「峘,大山。」則張氏讀爾雅以「小山,岌」爲句,「大山,峘」爲句矣。

又「大山宮小山,霍」,郭注:「宮,謂圍繞之。禮記曰『君爲廬宮之』,是也。」酈道元注水經廬江水曰:「巖上有宮殿故基者三,以次而上,最上者極於山峰。山下又有神廟,號曰『宮亭廟』。胡彭湖亦有『宮亭』之稱焉。余案:爾雅云:『大山曰宮。』『宮』之爲名,蓋起於此,不必一由三宮也。」是酈氏讀爾雅以「大山,宮」爲句,「小山,霍」爲句矣。卷末禹貢山水澤地所在「霍山」下引「爾雅云:『大山宮小山[爲]霍』」,〔二〕似不誤。

又「小山別大山,鮮」,郭注:「不相連。」釋文:「鮮,息淺反。李云:『大山少,故曰鮮。』或作『嶰』。又音仙。」詩皇矣「度其鮮原」,傳:「小山別大山曰鮮。」正義引孫炎曰:「別,不相連也。」公劉「陟則在巘」,傳:「巘,小山別於大山也。」蓋毛意「鮮」、「巘」爲一字,故皇矣同爾雅作「鮮」,公劉作「巘」。呂氏春秋及周禮注「獻羔開冰」,禮記月令作「鮮羔開冰」,鄭康成以爲聲之誤。正義引釋山「重甗,隒」及西京賦「陵重甗」釋之,謂「與皇矣『小山曰鮮』義別」,此過爲區別,失毛旨矣。李善注吳都賦「嶰澗闃」下引「爾雅曰:『小山別大山曰嶰。』古買切」,又注長笛賦「嶰壑澮㟷」下引「爾雅曰:『小山別大山曰嶰』」。「解」與

「鮮」古書往往互異。案：孫、郭皆云「不相連」，似作「嶰」爲是。陸云「或作『嶰』」，「嶰」蓋「嶰」之譌。李云「大山少，故曰鮮」，是以「小山，別」爲句，「大山，鮮」爲句矣。其訓「鮮」爲「少」，則經必作「鮮」，蓋所傳本異也。郭氏以毛公、許君、孫氏讀爲據，而不從李巡、張揖、酈元等，其識較他差勝矣。

〔一〕禮堂謹案：「峘」字當以「胡官反，一音袁」爲正，「音恒」者非。說文「恒」作「恆」，从二、从心、从舟；「峘」字說文所無，篆書當从山、从亘，形、聲各異。如「峘」可音「恒」，豈「垣」、「桓」等字皆可讀作「恒」乎？蓋唐時俗書「恆」作「恒」，偏旁與「峘」相混，故「峘」亦音「恒」也。廣韻二十六桓：「峘，爾雅云：『小山岌大山曰峘。』胡官切，又户登切。」是陸法言讀爾雅以六字爲句，一音「户登切」則失之矣。

〔二〕軍案：武英殿聚珍版叢書本水經注引爾雅「霍」上有「爲」字，今據補。戴震校云：「『爲』，近刻作『曰』。」

4

荷芙蕖葉

釋草：「荷，芙蕖。其莖『茄』，其葉『蕸』，其本『蔤』，其華『菡萏』，其實『蓮』，其根

『藕』。」釋文：「其葉『蕸』，字或作『葭』，音遐，又音加。衆家並無此句，唯郭有。然郭本中或復脱此一句，亦並闕讀。」

案：説文艸部：「菡，菡藺也。藺，菡藺，芙蓉。華未發爲『菡藺』，已發爲『芙蓉』。（一）蓮，芙蕖之實也。茄，芙蕖莖。荷，芙蕖葉。蔤，芙蕖本。蕅，芙蕖根。」據説文，亦無「其葉『蕸』」句。「荷」字注云「芙蕖葉」，則其葉即名「荷」，已見首句。

詩澤陂「有蒲與荷」，傳：「荷，芙蕖也。」正義曰：「荷之爲葉，極美好。」孔氏以「荷」爲芙蕖之葉，與説文同。初學記廿七寶器部引作「其葉荷」，雖亦妄增，較之「蕸」字，尚爲近是。是可知衆家本皆無此句，郭注本亦無矣。詩正義引爾雅與今本同有，非古義也。高誘注淮南子説山云：「荷，夫渠也。其莖曰『茄』，其本曰『蔤』，其根曰『蕅』，其花曰『夫容』，其秀曰『菡萏』，其實曰『蓮』。」亦無「其葉『蕸』」句。

又詩正義曰：「李巡曰：『皆分别蓮莖、葉、華、實之名。菡萏，蓮華也；的，蓮實也；薏，中心也。』郭璞曰：『蔤，莖下白蒻在泥中者。今江東人呼『荷華』爲『芙蓉』。北方人便以『藕』爲『荷』，亦以『蓮』爲『荷』。蜀人以『藕』爲『茄』。或用其母爲華名，或用根子爲母葉號。此皆名相錯習，俗傳誤失其正體者也。』」

案：李注又見山有扶蘇正義。或疑據云「皆分别蓮莖、葉、華、實之名」，則李本亦有

「其葉」句；不知李所云「葉」，即説文所謂「荷」爲「芙蕖葉」也。詩正義所引郭注，今本皆闕。邢氏襲此以作爾雅正義，此注具見疏中。則郭注之脱落，在作疏前矣。然邢氏不爲補録，何邪？

〔一〕軍案：廣雅釋草云：「菡萏，芙蓉也。」王念孫疏證云：「説文云：『菡萏，芙蓉。華未發爲「菡萏」，已發爲「芙蓉」。』御覽引毛詩義疏云：『芙蕖華未發爲「菡萏」，已發爲「(扶)〔芙〕蕖」。』是『菡萏』與『芙蓉』有別。故易林訟之困云：『菡萏未華。』楚詞招魂云：『芙蓉始發。』明未發爲『菡萏』，已發爲『芙蓉』也。但『菡萏』、『芙蓉』散文亦通。爾雅云：『荷，芙蕖。其華「菡萏」。』陳風澤陂篇『有蒲菡萏』，傳云：『菡萏，荷華也。』則即以『菡萏』爲『芙蓉』也。」○王氏引毛詩義疏「扶」當作「芙」，見太平御覽卷九百九十九百卉部六「芙蕖」條。

5

葯芆荄根

釋草「葯，芆」，郭注：「今江東呼藕紹緒如指、空中可啖者爲『芆』，『芆』疑衍一「芆」字。即此類。」又「荄，根」，郭注：「別二名。俗呼韭根爲『荄』。」

考説文艸部：「荄，艸根也。荺，茇也。茅，根也。茇，艸根也。」廣雅釋草：「杜、⿱艹骹、茇、荄、株，根也。」案：爾雅有「茭」無「茇」，説文有「茇」無「茭」。案：説文別有「茭」字，解云：「乾芻。」合之二雅，無訓「根」之「茭」耳。然則「茭」即「茇」之異文，其義同爲「根」也。廣雅無「荺」，「⿱艹骹」即「茭」字。説文每字皆訓爲「根」，廣雅總釋爲「根」，則爾雅「荺、茭、荄、根」者，别四名也，不當分爲二，郭氏誤也。

6

攫橐含華荂也

釋草「攫橐含」，郭注：「未詳。」又「華，荂也」，郭注：「今江東呼『華』爲『荂』。」案：郭氏分此爲二節，以「攫橐含」爲未詳，蓋疑是草名耳。琳以此當六字爲一節，猶上之「蕍、芛、葟、華，榮」與「荺、茭、荄，根」也。「攫」疑當讀爲「葩」。説文艸部：「葩，蕚也。从艸，皅聲。」又橐部：「橐，囊也。从橐省，石聲。」蓋言華之裏橐未開也。又：「马，嘾也。艸木之蕚未發函然，象形。讀若『含』。」始知爾雅「含」本作「马」，象華之马而未放。以「马」與「含」聲同，故讀若「含」，而義則不同。後人習用同聲者，非正字也。説文口部：「含，嗛也。」「嗛，口有所銜也。」又：「蕚，榮也。从艸、从咢。」又：「咢，艸木咢也。从乑，亏聲。荂，雩或从艸、从夸。」學者能以說文之書校六經之字，則無不通，即微文奥義，鮮不達矣。

7 易逸象注

宋朱震子發撰周易集傳十一卷。今本題爲漢上易傳。其說卦傳有曰：「秦、漢之際，易亡說卦。孝宣帝時，河内女子發屋，得說卦古文。至後漢荀爽集解，〔一〕又得八卦逸象三十有一。集解：『坎爲狐。子夏傳曰：「坎，稱小狐。」孟喜曰：「坎，穴也。狐穴居。」王肅曰：「坎爲水、爲險、爲隱伏。物之在險，穴居隱伏，往來水間者，狐也。」』子夏時坎爲『狐』，孟喜、王肅止隨傳解釋，不見全書，葢秦、漢之際亡之矣。」

案：荀爽九家逸象，具陸氏釋文：「坎後有八」，六爲狐；「兑後有二」，一爲常。〔二〕陸氏引舊注云「常，西方神也」，餘不詳。唐李氏集解於未濟「小狐汔濟」引虞翻曰「艮爲小狐」，又曰「艮爲尾狐，獸之長尾者也」；引干寶曰「坎爲狐」，又曰「狐，野獸之妖者」；而無子夏、孟喜、王肅之言。據朱氏此條，則宋時猶存古義也；然九家中有馬、鄭、虞翻，無子夏、孟喜、王肅。

〔一〕軍案：經典釋文序録載「荀爽九家集注十卷」，陸氏云：「不知何人所集。稱『荀爽』者，以爲主故也。其序有荀爽、京房、馬融、鄭玄、宋衷、虞翻、陸績、姚信、翟子玄。子玄不詳何人，爲易義。注内文有張氏、朱氏，竝不詳何人。」

〔二〕軍案：見周易説卦釋文。

8　民生幾何

左傳襄卅一年：「孝伯曰：『人生幾何，誰能無偷？朝不及夕，將安用樹？』」五行志中上作「民生幾何」，又「無」作「毋」，「安」作「焉」，〔一〕皆古通。釋文云：「民生幾何，本或作『民生無幾何』。」

案：陸本與漢志正同，當從之。本或作「無幾何」，「無」，衍文也。今注疏本釋文作「人生幾何」，當是後人私改。

〔一〕軍案：見漢書五行志中之上。

9 遠績功

左傳昭元年：「天王使劉定公勞趙孟於潁，館於雒汭。劉子曰：『美哉禹功，明德遠矣！微禹，吾其魚乎！吾與子弁冕端委，以治民臨諸侯，禹之力也。子盍亦遠績禹功，而大庇民乎？』」釋文云：「亦遠績功，本或作『亦遠績禹功』。」

據此，知本作「亦遠績功」，「禹」爲衍文。「遠績功」與「大庇民」相對。爾雅釋詁「績，功也」，又「績，成也」。此「績」字當訓「成」。正義云：「績，亦功也，重其言耳。」非是。「遠績功」猶云「成遠功」也。故下趙孟辭曰：「老夫罪戾是懼，焉能恤遠？」言不能成遠功也。杜云「勸趙孟使纂禹功」者，因上文歎禹功，此又云「子盍亦遠績功」，正文雖不云「禹」，明是使纂禹功。無識者或援注以增「禹」字。然正文如有「禹」字，杜可無庸注矣。

或據漢志有「禹」，〔一〕以證此亦當同。不知漢志云「周使劉定公勞晉趙孟，因曰：『子弁冕已臨諸侯，盍亦遠績禹功，而大庇民乎』」，無上又「美哉禹功」云云，而特言「遠績功」，則文意不明，故以義增「禹」，此仍當以本書爲主。注疏本改釋文云「亦遠績禹功，本或作『亦遠績功』」，誤甚。

〔一〕軍案：見漢書五行志中之上。

10

王僚季子庶兄

左傳昭廿七年：「吴公子光告鱄設諸曰：『我，王嗣也。』」杜注：「光，吴王諸樊子也，故曰『我，王嗣』。」正義引服虔云：「夷昧生光，而廢之。僚者，夷昧之庶兄。夷昧卒，僚代立，故光曰『我，王嗣也』。」案：史記吴太伯世家、吴越春秋「王僚使公子光」傳、何注公羊襄廿九年傳皆以光爲諸樊子，此杜所據也。春秋正義及史記集解、索隱並引世本云「夷昧生光」，此服所據也。

春秋正義又曰：「班固云：『司馬遷采世本爲史記。』而今之世本，與遷言不同。世本多誤，不足依憑，〔一〕故杜以史記爲正。［光］言『王嗣』者，〔二〕言己是世適之長孫也。」考諸樊兄弟四人，最後王者夷昧，則光云「我，王嗣」，似當爲夷昧子。然史記云「光父先立」，〔三〕公羊傳云「從先君之命，則國宜之季子；不從先君之命，則我宜立」，〔四〕則爲王嗣者，又宜是諸樊之子。史記以餘昧之子爲僚，服虔以僚爲夷昧之庶兄。或據史記，譏服氏亂父子兄弟之序。

然考公羊傳云「謁也，餘祭也，夷昧也，與季子同母者四」，後云「僚者，長庶也，即之」。〔五〕然則謁等四人爲同嫡母所生，僚年長於四人，但庶妾所生耳，與服義正合。〔六〕故何注云：「緣兄弟相繼而即位，所以不書僚篡者，緣季子之心，惡以己之是揚兄之非，故爲之諱。」〔七〕是何氏亦以僚爲季子兄也。又季子曰「爾殺吾兄，吾又殺爾，是父子兄弟相殺」，〔八〕則季子口中明言僚爲兄矣。故何注云：「『兄弟相殺』者，謂闔閭爲季子殺僚。」是也。案：以光而弑僚，是子殺父矣；今季子爲僚報讎而殺光，是父又殺子也，故云「父子相殺」。服氏既依世本，又據公羊，不得以爲非也。

〔一〕軍案：「憑」，宋本春秋正義作「馮」。阮元校勘記云：「閩本、監本、毛本『馮』作『憑』。」

〔二〕軍案：「言」上左傳昭二十七年正義有「光」字，今據補。

〔三〕軍案：見史記吳太伯世家。

〔四〕軍案：見公羊傳襄二十九年。

〔五〕軍案：見公羊傳襄二十九年。

〔六〕環案：公羊所云「長庶」，言僚爲夷昧長子，以諸樊兄弟四人之子論之，特庶子中之長焉者耳，非如光之爲王嫡嗣也。

〔七〕軍案：見公羊傳襄二十九年何注。

〔八〕軍案：見公羊傳襄二十九年。

11

夫讀如扶

禮記曲禮下：「諸侯曰『夫人』。」注：「『夫』之言『扶』。」

案：釋名釋親屬：「『諸侯之妃曰『夫人』。夫，扶也，扶助其君也。」獨斷上：「諸侯之妃曰『夫人』。『夫』之言『扶』也。」白虎通爵篇：「『大夫』之爲言，大扶進人者也。故傳曰：『進賢達能，謂之「大夫」也。』」禮記王制正義引作「大夫者達人，謂扶達於人」。又三綱六紀云：「『夫婦』者何謂也？夫者，扶也，以道扶接也。」嫁娶作「夫者，扶也，扶以人道者也」。又嫁娶云：「國君之妻稱曰『夫人』何？明當扶進夫人，謂非妾也。」高注淮南子亦以「夫」爲「扶」。〔一〕意林載風俗通云：「夫者，膚也，言其智膚敏宏教也。故曰『丈夫』。」今人讀「夫」若「膚」，同此。然古「膚」與「扶」亦聲相近，故「膚寸而合」或作「扶寸而合」。〔二〕

〔一〕禮堂謹案：大戴禮記本命云：「丈夫，丈者，長也；夫者，扶也。」又廣雅釋親：「夫，扶也。」

〔二〕禮堂謹案：公羊傳僖卅一年：「膚寸而合。」廣韻十虞：「扶，公羊傳云：『扶寸而合。』注云：『側手曰扶，案指曰寸。』」今公羊傳、注皆作「膚」。

12

畏死

白虎通喪服云：「有不弔三[何]？〔一〕爲人臣子，常懷恐懼，深思遠慮，志在全身。今乃畏、厭、溺死，用爲不義，故不弔也。檀弓曰『不弔三：畏、厭、溺』也。畏者，兵死也。禮曾子記曰『大辱加於身，支體毀傷，即君不臣，士不交，祭不得爲昭穆之尸，食不得饗昭穆之牲，死不得葬昭穆之域』也。」

鄭注禮記檀弓：「死而不弔者三，謂輕身忘孝也。畏，人或時以非罪攻己，不能有以說之死之者。孔子畏於匡。」又杜氏通典八十三凶禮引「盧植曰：『畏者，兵(死)[刃]所殺也。』〔二〕王肅曰：『犯法獄死謂之畏』」。

案：盧子幹之義，正根據班氏「兵死」之說。鄭氏謂「非罪攻己而死」，與班、盧義同。又引「孔子畏於匡」，以證經之「畏」字不謂孔子猝遇匡人之難爲輕身忘孝也。若如所難，則肅謂「犯法獄死謂之畏」，夫不有非其罪而在縲紲之中者乎？欲異於鄭，實乖舊義矣！

通典引王肅聖證論難鄭。

〔一〕軍案：「三」下白虎通喪服篇有「何」字，今據補。

〔二〕軍案：「死」，今從通典作「刃」。此涉上下文「兵死」而誤。

13 乘我乘驕

詩株林：「乘我乘駒。」傳：「大夫乘駒。」箋云：「馬六尺以下曰駒。」釋文：「乘驕，音駒。沈云：『或作「駒」字，是後人改之。皇皇者華篇内同。』」又皇皇者華「我馬維駒」，釋文：「維駒，音俱，本亦作『驕』。」

據株林釋文引沈重説，釋文序録：「吴興沈重撰詩音義。」陸每引之。知株林、皇皇者華並作「驕」；其作「駒」者，出後人所改。疑是不知古音者謂「駒」與「株」、「濡」韻，因改之。正義並作「駒」，誤矣。陸氏於株林從沈作「驕」，於皇皇者華所見本亦作「驕」，而反定從「駒」，何遊移無定也？

案：説文馬部云：「馬高六尺爲驕。从馬，喬聲。詩曰：『我馬維驕。』一曰野馬。」則沈説當矣。鄭箋與説文合，尤可爲本作「驕」之證。〔一〕又説文：「馬二歲曰駒，三歲曰駣。」則二詩作「駒」，非也。

〔一〕鏞堂謹案：公羊傳隱元年注云：「天子馬曰龍，高七尺以上。諸侯曰馬，高六尺以上。卿、大夫、士曰駒，高五尺以上。」與説文及毛、鄭略同，當出古傳記。「駒」必「驕」之譌。徐疏引詩「皎皎白駒」，則唐時本已誤矣。

14

駫駫牡馬

詩駉：「駉駉牡馬。」釋文：「駉，古熒反。説文作『驍』，又作『駫』，同。」案：當作「又作『驍』，説文作『駫』，同」。説文馬部云：「驍，良馬也。从馬，堯聲。」「駫，馬盛肥也。从馬，光聲。詩曰：『四牡駫駫。』」又：「駉，牧馬苑也。从馬，冋聲。詩曰：『在駉之野。』」案：毛傳：「駉駉，良馬腹幹肥張也。」與説文「駫，馬盛肥」義合。據釋文云「駉，説文作『駫』」，則説文當於「駫」下引詩「駫駫牡馬」，「駉」或爲重文。今引「四牡駫駫」及引「在駉之野」，皆非是，蓋唐人李陽冰等竄改。今試辨之。〔一〕

毛詩「在坰之野」，傳：「坰，遠野也。邑外曰郊，郊外曰野，野外曰林，林外曰坰。」説文冂部：「邑外謂之郊，郊外謂之野，野外謂之林，林外謂之冂。象遠界也。冋，古文冂。从口，象國邑。坰，(冂)[冋]或从土。」〔二〕則説文義與毛傳同。此當本諸先秦古書，故無異説。「冂」字既有重文，「冋」、「坰」安得又爲「牧馬苑」？特造「駉」字，與冂部文乖，當非原本。毛詩「駉馬」字，説文當本作「駫」，重文「駉」。或「駫」、「駉」異字別訓，「駉」爲「牡馬」，後誤作「牧馬」而加「苑」字，并改引詩以實之，誤遂不可解矣。

宋王伯厚詩考以説文「騯」字下引詩「四牡騯騯」，遂并此「四牡駫駫」，皆作烝民「四牡彭彭」之異文，誤也。玉篇：「驍，古幺切，勇急捷也，良馬也。」又：「駫，古熒切，馬肥壯盛皃。駉，同上，又牧馬苑也。騯，百庚、步庚二切。騯騯，馬行皃。今作『彭』。」可證「駫」、「駉」同文；「騯」即「彭」字之異，與「駫」不同；「驍」與「駉」異字異訓。詩釋文謂「駉，又作『驍』」者，誤。〔三〕

〔一〕大昕案：説文馬部引詩「在駉之野」，則許君時毛詩是「駉」字，故篇名用之。若論六書之本，（只）〔祇〕當作「冋」，从「土」、从「馬」皆經師增益，以其在遠野而加「土」旁，以其牧馬於此而加「馬」旁，非有異義也。詩既以「駉」名篇，故許君兼收二文。説文中一字而兩三收者甚多，非李陽冰輩所能竄入。「駫」、「驍」二字，説文異訓，恐非重文。陸德明所云「又作『駫』」者，謂毛詩別本，非必謂説文也。○軍案：錢大昕案語「只」當作「祇」。

〔二〕軍案：「冂」當從説文作「冋」。

〔三〕軍案：段注説文「駫」字云：「各本作『四牡駫駫』。陸氏德明所見作『駫駫牡馬』。按：即魯頌之『駉駉牡馬』也。『駉駉牡馬』，古本作『牧馬』。傳言『牧之坰野』，自當是『牧』字。

詩釋文曰：『駉，古熒反。說文作「驍」，又作「駫」，同。』『作驍又』三字當删，云『說文作「駫」，同』。玉篇亦曰：『駫，古熒切。駉，同。』則知說文作『駫駫牧馬』。以今攷之，實則毛詩作『駫駫』，許偁『駫駫』，而後人訛亂作『駉駉』。陸所見說文不誤，今本說文則誤甚耳。毛傳曰：『駫駫，良馬腹幹肥張也。』許言『肥盛』，即『腹幹肥張』。」

15

若可弔也

左傳昭八年：「叔弓如晉，賀虒祁也。游吉相鄭伯以如晉，亦賀虒祁也。史趙見子大叔，曰：『甚哉，其相蒙也！可弔也，而又賀之。』子大叔曰：『若何弔也？其非唯我賀，將天下實賀。』」釋文：「若何弔也，本或作『若可弔也』。」

案：作「若何弔也」，語甚模糊，疑作「可」字是。其讀當：「若可弔也，句。其非唯我；句。賀，讀。將天下實賀。句。」史趙言「可弔」，故子大叔言：「若可弔，則非特我弔；若可賀，則天下皆賀。」明己亦隨眾而已，非有異於人也。〔一〕

〔一〕軍案：楊伯峻春秋左傳注云：「蓋謂非但我賀，諸侯皆將來賀，我如何不賀而弔？一則自解，一則微言。臧琳雜記誤讀『我』字句斷，俞樾平議、于鬯校書皆云當作『若可弔也』，俱未得確解。」

16

嬰母能言

禮記曲禮：「鸚鵡能言，〔一〕不離飛鳥。」釋文：「嬰，本或作『鸚』，厄耕反。母，本或作『鵡』，同音武，諸葛恪茂后反。」

案：說文鳥部：「鸚，鸚䳇，能言鳥也。从鳥，嬰聲。䳇，鸚䳇也。从鳥，母聲。」然則「鸚鵡」字本作「鸚䳇」，古又省作「嬰母」。「䳇」从「母」，不从「毋」。諸葛恪「茂后反」，則讀若「每」。「母」與「每」同聲。禮記當從諸葛音，說文當爲「母聲」。陸德明「音武」，徐鉉載唐韻「文甫切」，是以爲从「毋聲」矣。此葢因作「鵡」致誤。「鵡」俗字，說文所無。〔二〕

〔一〕軍案：「鵡」，清經解本據說文改作「䳇」，非。自唐石經以下，版刻禮記各本皆作「鵡」。臧氏所見禮記亦祇作「鵡」。阮元校勘記云：「鸚鵡能言，閩、監、毛本同，石經同，岳本同，嘉靖本同。釋文出『嬰母』，云：『本或作「鸚鵡」。』正義本作『鸚鵡』。」

〔二〕軍案：段注說文「䳇」字云：「按：裴松之引江表傳曰，恪呼殿前鳥爲『白頭翁』，張昭欲使恪復求『白頭母』，恪亦以『鳥名鸚母，未有鸚父』相難。此陸氏所謂『茂后反』也。據此，知彼時作『母』、作『鵡』，不作『䳇』。至唐武后時，狄仁傑對云：『「䳇」者，陛下之姓；起二子，則兩翼振矣。』其字、其音皆與三國時不同。此古今語言文字變移之證也。釋文當云『母，本或作「鵡」，古茂后反；今作「䳇」，音武』，乃合。李善注文選云『䳇，一作「鵡」，莫口反』，較明析。大徐用唐韻『文甫切』，亦『䳇』音，非『鵡』音也。」○段注所載裴松之引文，見三國志卷六十四吴書諸葛恪傳裴注；狄仁傑語，見資治通鑑卷二百六唐紀則天順聖皇后中之下「聖曆元年」條；文選注，見文選卷十三禰衡鸚䳇賦李善注。

17

不同杝

曲禮：「男女不雜坐，不同椸枷。」釋文：「同杝，羊支反，衣架也。枷，本又作『架』，徐音稼，古本無此字。」

案：注云：「椸，可以枷衣者。」然則經無「枷」字矣。今內則亦有「枷」字，疑誤衍。鄭箋鵲巢云：「鵲之作巢，冬至架之，至春乃成。」記注「枷」字與詩箋意同，並是運動之言，非實指器物之名也。釋器「竿謂之箷」，亦單稱「箷」。郭注云「衣架」，與鄭合。

據徐音，知此字晉以來已衍，古本無此字，陸當據徐語云然耳。說文有「杝」無「椸」，當從釋文作「杝」。徐鉉新附云：「椸，衣架也。从木，施聲。」不知古本借作「杝」也。內則釋文：「同杝，本又作『椸』。」

18

漢以爲池

左傳僖四年：「楚屈完曰：『楚國方城以爲城，漢水以爲池。』」釋文作「漢以爲池」，云：「本或作『漢水以爲池』，『水』衍字。」

案：杜注云：「方城山在南陽葉縣南。漢水出武都，至江夏南入江。」則「方城」者，山名；「漢」者，水名。傳文「漢」不云「水」，猶「方城」不言「山」也。

19

孟兮

左傳僖卅二年：「秦穆公召孟明、西乞、白乙，使出師於東門之外。蹇叔哭之，曰：『孟子！吾見師之出，而不見其入也！』」釋文：「孟子，本或作『孟兮』。」

案：杜注：「孟明，百里孟明視。」正義曰：「世族譜以百里孟明視爲百里奚之子，則姓百里，名視，字孟明也。」然則孟明已爲百里視之字，蹇叔老臣，何爲稱百里之子「孟子」

乎？呼曰「孟兮」，葢痛傷之詞，與上「蹇叔哭之」文正合。陸、孔俱定從「子」字。唐石經今作「孟子」，細驗其剜改之跡，原是「兮」字。

20　王充性書

後漢書王充傳：「充年漸七十，志力衰耗，乃造性書十六篇，裁節嗜慾，頤神自守。」案：充所著論衡八十五篇，今本無缺；而性書失傳，隋、唐志亦無著録。論衡末有自紀，云：「章和二年，罷州家居。年漸七十，作養性之書十六篇。養氣自守，適食則酒，〔一〕閉明塞聰，愛精自保，適輔服藥引導，以上疑用十六篇之目。〔二〕庶冀性命可延，斯須不老。既晚無還，垂書示後。惟人性命，長短有期，人亦蟲物，生死一時。年歷但記，孰使留之？猶入黄泉，消爲土灰。上自黄、唐，下臻秦、漢而來，折衷以聖道，析理於通材，如衡之平，如鑑之開，幼老、生死、古今，罔不詳該。命以不延，吁歎悲哉！」〔三〕讀此可想見其書之彷彿。

〔一〕軍案：劉盼遂論衡集解云：「『則』當爲『節』，聲之誤也。古『則』與『即』同聲通用，『節』從『即』聲。」

〔二〕軍案：黄暉論衡校釋云：「此文云『養氣自守』，文心雕龍養氣篇云『王充著述，制養氣之篇』，似足爲臧説旁證。」

〔三〕軍案：劉盼遂論衡集解云：「『上自黄、唐』迄『罔不該詳』八句，蓋論衡自贊，與此處上下文語氣不貫，疑係錯簡闌入者，應删去，而系以『命以不延』二語，與上『消爲土灰』之語相接。自『惟人性命』起，至此十句，乃仲任自撰絶命之辭，其病榻綿綴垂死命筆之狀，蓋可想見。賢者自矜惜其作品，真性命以之哉。仲任絶筆之後二十年，汝南許沖表上其父許慎所著説文解字。表云：『慎以文字未定，未奏上。今慎已病，遣臣齎詣闕。』段玉裁注云：『古人著書，不自謂是。未死以前，不自謂成。許書雖綱舉目張，而文字實繁，聞疑稱疑，不無待於更正。逮病且死，則自謂不能復致力，而命子奏上矣。』盼遂沖年，肄業太原，讀説文至此，未嘗不反袂沾袍。迄今，老淚又爲仲任隕矣。」〇劉盼遂引説文段注，「許」下增「書」字，「倆」改作「稱」，「不能」下增「復」字。

21

大室屋壞

春秋文十三年：「大室屋壞。」杜注：「大廟之室。」正義曰：「左氏先師及賈、服等皆以爲大廟之室也。」公羊經作「世室」，傳曰：「久不脩也。」〔一〕何注：「簡忽久，不以時脩治，至令壞敗，故譏之。言『屋』者，重宗廟，詳録之。」穀梁傳：「譏不脩也。爲社稷之主，而先君之廟壞，極稱之，志不敬也。」

又五行志中上：〔二〕「先是，冬，釐公薨，十六月迺作主。〔三〕後六月，又吉禘於大廟而致釐公。〔四〕春秋譏之，經曰：『大事於大廟，躋釐公。』左氏説曰：『大廟，周公之廟，饗有禮義者也；祀，國之大事也。惡其亂國之大事於大廟，故言「大事」也。躋，登也。登釐公於愍公上，逆祀也。釐雖愍之庶兄，嘗爲愍臣，臣子一例，不得在愍上。又未三年而吉禘，前後亂賢父聖祖之大禮，内爲貌不恭而狂，外爲言不從而僭。故是歲自十二月不雨，至于秋七月。後年若是者三，而大室屋壞矣。前堂曰大廟，中央曰大室；屋，其上重屋尊高者也。象魯自是陵夷，將墮周公之祀也。』穀梁、公羊經曰『世室』，魯公伯禽之廟也。周公稱『大廟』，魯公稱『世室』。『大事』者，祫祭也。『躋釐公』者，先禰後祖也。」

案：漢志所載左氏説，乃西漢儒解左傳之文，足以補正杜注。彼云「惡其亂國之大事於大廟，故言『大事』」，則書「大事」者，因以見譏。今杜云「大事，禘也」，〔五〕似爲「禘」之常稱矣。志云「穀梁、公羊經曰『世室』」，案穀梁同左氏作「太室」，傳曰「太室，猶世室也」，足以明之。或劉子政所據穀梁經作「世室」，與范本不同。又謂「先禰後祖」者，左氏傳曰「子雖齊聖，不先父食」，〔六〕杜注「臣繼君，猶子繼父」，是也。

〔一〕軍案：「脩」，清經解本改作「修」，下「脩治」、「不脩」同。此皆不當改，臧氏所引傳、注原作「脩」。段注說文彡部「修」字云：「『修』者，治也，引伸爲凡治之偁。經典多假肉部之『脩』。」注肉部「脩」字亦云：「經傳多假『脩』爲『修治』字。」其說是也。

〔二〕軍案：見漢書五行志中之上。

〔三〕軍案：師古曰：「主，廟主也。僖公三十三年十二月薨，至文二年二月迺作主，閒有一閏，故十六月也。」

〔四〕軍案：師古曰：「禘祭也，(二)[一一]而祭之。文二年八月而禘，距作主六月也。致，謂(外)[升]其主於廟。」〇王先謙漢書補注云：「朱一新曰：『汪本「二」作「一一」，「外」作「升」，是。』先謙曰：『官本「二」作「一一」，「外」作「升」。』」是也。

〔五〕軍案：見文二年左傳杜注。

〔六〕軍案：見文二年左傳。

經義雜記卷五

武進學生臧琳玉林

1 君子以經論

易屯象：「雲雷，屯。君子以經綸。」〔一〕王弼注：「君子經綸之時。」正義曰：「經，謂經緯。綸，謂綱綸。姚信云：『綸，謂緯也，以織綜經緯。』此君子之事，非其義也。劉表、鄭玄以『綸』爲『淪』字，非王本意。」

案：釋文作「經論」，「音倫，鄭如字，謂論撰書、禮樂、施政事。黃穎云：『經論，匡濟也。』本亦作『綸』」。又李氏集解引荀爽曰：「屯難之代，萬事失正。經者，常也。論者，理也。君子以經論，不失常道也。」是漢荀慈明、鄭康成並作「經論」。荀、鄭皆傳費氏易，費氏經與古文同。劉表、黃穎亦同。正義「淪」爲「論」字之譌。孔氏引姚信訓「綸」爲「緯」，是姚本與王輔嗣同作「經綸」矣。

〔一〕軍案：李鼎祚周易集解引姚信曰：「經綸，經緯也。時在屯難，是天地經綸之日，故君子法之，須經綸艱難也。」

2

父母唯其疾之憂

論語爲政：「孟武伯問孝，子曰：『父母唯其疾之憂。』」集解：「馬融曰：『言孝子不妄爲非，唯有疾病，然後使父母之憂耳。』」

案：論衡問孔云：「武伯善憂父母，故曰『唯其疾之憂』。」又淮南子說林：「憂父之疾者子，治之者醫。」高注云：「論語曰『父母唯其疾之憂』，故曰『憂之者子』。」則王充、高誘皆以爲人子憂父母之疾爲孝，與馬說不同。

朱子集注云：「言父母愛子之心無所不至，唯恐其有疾病，常以爲憂也。舊說『人子能使父母不以其陷於不義爲憂，而獨以其疾爲憂，乃可謂孝』，亦通。」

案：如馬義，則夫子所告武伯者止是餘論，其正意反在言外。聖人之告人，未有隱約其詞若此者。集注所引舊說，即本集解。朱子守身之說雖善，然舍人子事親之道，而言父母愛子之心，似亦離其本根也。惟王、高二氏說，文順義洽。蓋人子事親，萬事皆可無慮，唯父母有疾，獨爲憂之所不容已。

伯兄玉呈疑「父母」字、「其」字意複。琳以「父母」字當略讀則得之。

3 終朝三拕之

易訟上九：「或錫之鞶帶，終朝三褫之。」王弼注：「以訟受錫，榮何可保？故終朝之閒，褫帶者三也。」正義曰：「一朝之閒，三被褫脱。」釋文：「褫，徐敕紙反，又直是反；本又作『䙊』，音同。王肅云『解也』。鄭本作『拕』，徒可反。」

案：説文衣部：「褫，奪衣也。从衣，虒聲。讀若『池』。」此二王所本。作「䙊」者，譌體也。李氏集解載侯果説亦云：「褫，解也。」據鄭本作「拕」，知古文易作「拕」矣。古「褫」、「拕」聲相近。説文手部：「拕，曳也。」論語鄉黨「加朝服拖紳」，「拖」即「拕」之俗。

馬融注易以「鞶帶」爲「大帶」。包咸注論語以「紳」爲「大帶」。是於「大帶」上言「拕」，而非「褫奪」之義也。宋項安世周易玩辭引鄭注云：「三拕，三加之也。」王肅作「褫」而以爲「解」，此與鄭立異耳。

4

師貞丈人吉

易師：「貞，丈人吉，无咎。」王弼注：「丈人，嚴莊之稱，有軍正者今注疏本脱此四字。也。」崔憬曰：「子夏傳作『大人』，並王者之師也。」

李鼎祚曰：「彖云：『師，衆；貞，正也。能以衆正，可以王矣。』故老子曰：『域中有四大，而王居其一焉。』由是觀之，則知夫爲王者，必大人也。豈以丈人而爲王哉？故乾文言曰：『夫大人與天地合德，與日月合明，先天而天不違，後天而奉天時。』天且不違，而況於人乎？況於行師乎？以斯而論，子夏傳作『大人』，是也。今王氏曲解『大人』爲『丈人』，臆云『嚴莊之稱』，學不師古，匪説攸聞，既誤違於經旨，輒改正作『大人』，明矣。」

案：釋文：「貞丈人，鄭云：『能以法度長於人。』」又周禮夏官序官疏引鄭易云：「『丈』之言『長』也。以法度爲人之長。」然則古文易本作「丈人」，非王氏曲解。李氏從子夏傳作「大人」，與鄭本義得兩通。此注尚未誤違經旨，不得輒改作「大人」也。

5

泰象无往不復

泰九三：「无平不陂，无往不復。」象曰：「无往不復，天地際也。」釋文作「象曰：『无平不陂』」，云：「一本作『无往不復』。」〔一〕李氏集解作「无平不陂」，載宋衷注云：「位在乾極，應在坤極，天地之際也。地平極則險陂，天行極則還復，故曰『无平不陂，无往不復』也。」似漢易本有二句。

然王弼注云：「天地將各分復之際。」正義曰：「『天地際』者，釋『无往不復』之義。」是王輔嗣本原止「无往不復」一句。蓋孔子錯舉其辭，不得據經妄增也。

〔一〕鏞堂謹案：七經孟子考文載古本易，「象曰：『无往不復』」上有「无平不陂」句。

6

公用亨于天子

大有九三：「公用亨于天子，小人勿克。」王弼注：「履得其位，與五同功。威權之盛，莫此過焉。公用斯位，乃得通乎天子之道。」

宋程子頤、蘇氏軾二傳皆以「亨」爲「通」。惟朱子本義云：「『亨』，春秋傳作『享』，〔一〕謂朝獻也。古者，『亨通』之『亨』、『享獻』之『享』、『烹飪』之『烹』皆作『亨』字。九三居下之上，公侯之象，剛而得正，上有六五之君，虚中下賢，故爲『享于天子』之象。」又語録云：「『亨』、『享』二字，據説文，本是一字，故易中多互用。如『王用亨于岐山』，亦當爲『享』，如『王用享于帝』之云也。字畫、音韻，是經中淺事，故先儒得其大者多不留意。然不知此等處不理會，却枉費了無限辭説，牽補而卒不得其(大)[本]義，〔二〕亦甚害事也。」〔三〕

琳案：釋文：「用亨，許庚反，通也，下同。衆家並香兩反，京云『獻也』，干云『享宴也』，姚云『享祀也』。」又集解載虞翻注云：「『天子』，謂五。三，公位也。小人，謂四。二變得位，體鼎象，故『公用享于天子』。四折鼎足，『覆公餗』，〔四〕故『小人不克』也。」然則京房、虞翻、姚信、干寶衆家並作「享」字。本義以春秋傳爲據，最是；而漢易本經，尤足爲證。

又案：説文：「亯，獻也。从『高』省，『曰』象進孰物形。」唐韻「許兩切，又普庚切，又許庚切」。朱子謂「『亨』、『享』説文本一字」，是也。又謂「字畫、音韻不理會，却枉費了無限辭説，牽補而卒不得其(大)[本]義，亦甚害事」，尤爲名言。朱子真通儒也！故欲治經，必先自小學始。

〔一〕軍案：見左傳僖二十五年卜偃語。杜注云：「『三』爲三公而得位，變而爲兑；兑爲説。得位而説，故能爲王所宴饗。」

〔二〕軍案：「大」，晦庵集作「本」，今據改。下同。

〔三〕軍案：見晦庵集卷五十書答楊元範。

〔四〕軍案：周易鼎九四云：「鼎折足，覆公餗，其形渥，凶。」

7

隋大儒王通考

近世講考訂之學者，以文中子爲僞書；又旁稽遠證，謂并無其人，因隋、唐史不爲著傳，且稱述之者鮮也。

案：唐書文藝列傳上王勃傳云：「勃尤喜著書。初，祖通，隋末居白牛溪，教授門人甚衆。嘗起漢、魏盡晉作書百二十篇，以續古尚書，後亡其序，有録無書者十篇，勃補完缺逸，定著二十五篇。」

又隱逸列傳王績傳云：「績字無功，絳州龍門人。性簡放，不喜拜揖。兄通，隋末大儒也，聚徒河、汾閒，倣古作六經，又爲中説以擬論語，不爲諸儒稱道，故書不顯，惟中説獨傳。通知績誕縱，不嬰以家事。」

然則或疑無其人，并無其書，全出後人僞作者，非也。徒以唐人尚浮華，不爲諸儒稱道，故隋、唐閒學未顯耳。程子所謂「隱德君子」，〔一〕是也。然唐書王勃、王績兩傳已大足爲據。〔二〕

韓退之文公推尊荀、揚，而不一及仲淹。其送王含秀才序有云：「若顏氏子操瓢與簞，〔三〕曾參歌聲若出金石，〔四〕彼得聖人而師之汲汲，每若不可及。其於外也，固不暇尚，何麴櫱之託而昏冥之逃邪？吾又以悲醉鄉之徒不遇也！」績即仲淹之弟，不可謂之「不遇」，但績習誕縱，不化於兄耳。績傳又云：「杜之松，故人也，爲刺史，請績講禮，荅曰：『吾不能揖讓邦君門，談糟粕，棄醇醪也。』」觀此，知績自難化，不得以績而咎仲淹。退之豈以斯輕之歟？

〔一〕軍案：二程遺書卷十八云：「問王通，曰：『隱德君子也。當時有些言語，後來被人傅會，不可謂全書。若論其粹處，殆非荀、揚所及也。若續經之類，皆非其作。』」

〔二〕宗彦案：唐李習之集有讀文中子，皮襲之、司空表聖皆有文中子碑，敘述頗詳。皮稱通生於陳、隋閒，則齒較魏徵、李靖諸人爲長，可無項橐之疑矣。

〔三〕軍案：宋王伯大韓文考異卷二十序送王秀才序云：「或無『子』字。」廖瑩中東雅堂韓昌黎集注卷二十序送王秀才序云：「一云『顏氏之子操瓢與簞食』。或無『子』字。」

〔四〕軍案：莊子雜篇讓王云：「曾子居衛，緼袍无表，曳縱而歌商頌，聲滿天地，若出金石。」

8

騋牝驪牝

鄭康成、孫叔然爾雅本作「騋：牡驪，牝玄」，余既有説矣。〔一〕今玩郭注、陸氏釋文及禮記正義，知郭本爾雅作「騋牝，驪牝」。〔二〕

「騋」，古讀若「驪」，爾雅以「驪牝」釋詩「騋牝」，故郭注曰：「詩云：『騋牝三千。』馬七尺以上爲『騋』，見周禮。」解「騋牝」，不更釋「驪牝」矣。若如今本，則以「騋馬」爲「牝」，「驪馬」爲「牡」，郭注安得詳「騋」而不及「驪」乎？檀弓正義曰「爾雅釋詩云『騋牝』」，此正據郭本也。

更可證者，釋文大書「騋牝」，云「頻忍反，下同」。陸所云「下同」，即指下「驪牝」之「牝」。若是注中「牝」字，陸當言「注同」矣。又釋文大書「驪牝」，今妄改「牡」。云：「孫注改上『騋牝』爲『牡』，讀與郭異。」亦因本作「驪牝」，故陸言「上『騋牝』」別之。若下是「牡」

字，則直云「改『牝』爲『牡』」矣。且孫本作「騋：牡驪，牝玄」，故陸云「孫改上『騋牝』爲『牡』」，明下「驪牝」爲孫、郭同也。

〔一〕軍案：見本書卷四「騋牡驪牝玄」條。

〔二〕鏞堂謹案：宋槧雪牕書院單注本爾雅正作「騋牝，驪牝」。

9

孔舒元公羊傳

杜元凱春秋左氏傳序云：「春秋之作，左傳及穀梁無明文。」正義曰：「據杜云『左傳及穀梁無明文』，則指公羊有其顯説。今驗何注公羊，亦無作春秋事。案：孔舒元公羊傳本云：『十有四年春，西狩獲麟，何以書？記異也。以上何本同。今麟非常之獸。其爲非常之獸奈何？二句何本無。有王者則至，無王者則不至。二句何本同。然則孰爲而至？爲孔子之作春秋。』二句何本無。是有成文也。左傳及穀梁則無明文。」

案：孔舒元未詳何時人，儒林傳及六藝論見公羊序疏。皆無之。隋志有「春秋公羊傳十四卷，孔衍集解」，未知是否。〔一〕杜氏作序既所據用，則爲古本可知矣。

〔一〕禮堂謹案：釋文序録：公羊、穀梁俱有「孔衍集解十四卷」，「字舒元，魯人，東晉廣陵相」。

10

春秋名季子辨

嘗讀宋儒胡安國春秋傳，至襄廿九年「吴子使札來聘」，未嘗不歎胡氏之説經爲謬也。〔一〕

案：杜注左氏云：「不稱『公子』，其禮未同於上國。」正義引釋例曰：「吴晚通上國，故其君臣朝會，不同於例，亦猶楚之初始也。」又公羊傳：「春秋賢者不名，此何以名？許夷狄者，不壹而足也。季子者，所賢也，曷爲不足乎季子？許人臣者必使臣，許人子者必使子也。」何注云：「緣臣子尊榮，莫不欲與君父共之。字季子，則遠其君，夷狄常例，離君父辭，故不足以隆父子之親，厚君臣之義。」穀梁傳：「其名，成尊於上也。」范注云：「札名者，成吴之尊稱。直稱『吴』，則不得有大夫。」是三傳皆無「稱名爲貶」之説。

唐獨孤及曰：「以季子之閎達博物，慕義無窮，(而)[向]使當壽夢之眷命，〔二〕接餘昧之絶統，必能光啟周道，以霸荆蠻。則大業用康，多難不作，闔閭安得謀(諸)[於]窟室？〔三〕專諸何所施其匕首？（乃）〔嗚呼！〕全身不顧其業，〔四〕專讓不奪其志，所去者忠，所存者節，善自牧矣，謂先君何？吴之覆亡，〔五〕君實階禍。」獨孤氏之言，本非知季子者，然尚未傅會聖人之經。胡氏之論，豈因此加刻歟？

惟明王氏世貞有言曰：「彼見（乎）〔夫〕吴之俗（很）〔狠〕戾而好戰，〔六〕日尋楚之干戈，而僚以貪愎躁勇之性，光以狡悍忍詬之資左右焉。其人目睍而齒擊，蓋未嘗一日而忘乎王位也。札欲以禮息鬭而不能，以義割恩而不忍，其身之不恤，而何有於國？故熟計而舍之，〔七〕非得已也。札聽樂而辨六國之興衰，獨不知吴之將亡而嘿無一救乎？彼不欲以其身殉鴟夷也。」可謂燭照當日之情勢矣。

嗟乎！季子何人者？即以其聘於列國觀之：見叔孫穆子，而慮其不得死；説晏平仲，而告之以免難之法；與子産交，而憂鄭之將敗；聞孫文子之鍾，爲之懼禍而不敢止；説叔向，而恐其好直以離難。是其於萍踪適合之人，尚爲之深思遠（虞）〔慮〕，〔八〕惓惓不忘如是，而況於宗社乎？是故吴之興亡，季子必籌之熟、慮之深矣。特時勢流轉，有非人力所能挽者。與其以身徇之，躬受篡弑之禍，而不能有所濟，孰若見幾而去，全身潔己之爲愈哉？

闔閭使專諸刺僚，而致國乎季子，季子曰：「爾殺吾君，吾受爾國，是吾與爾爲篡也。

爾殺吾兄，吾又殺爾，是父子兄弟相殺，終身無已也。」季子之志，至是而始白。然當其初讓之時，已見之明，決矣；非固讓以全小節，而罔念國家之大禍也。

唐蕭定云：「易曰：『知幾其神。』〔九〕〔則〕季子之見，〔一〇〕可謂『知幾』矣；季子之明，可謂『知進退存亡，而不失其正』矣。」〔一一〕嗚呼！其知季子者哉！

〔一〕軍案：胡安國春秋傳卷二十三襄公下「吴子使札來聘」條云：「札者，吴之公子，何以不稱『公子』？貶也。辭國而生亂者，札爲之也，故因其來聘而貶之，示法焉。」

〔二〕軍案：毘陵集卷七吴季子札論、文苑英華卷七百四十一獨孤及吴季札論、唐文粹卷三十六獨孤及吴季札論、歷代名賢確論卷二十一泰伯「季札讓國」條載此文，「而」皆作「向」，今據改。

〔三〕軍案：「閭」，唐文粹、歷代名賢確論同，毘陵集、文苑英華作「廬」。「諸」，今從諸本作「於」。

〔四〕軍案：「乃」，今從諸本作「嗚呼」。

〔五〕軍案：「吴」，文苑英華同，毘陵集、唐文粹、歷代名賢確論作「國」。

〔六〕軍案：弇州四部稿卷一百十文部史論二十首季札、昭代經濟言卷五王世貞季札、左傳折諸卷二十七哀公載此文，「乎」作「夫」，「很」作「狠」，今據改。

〔七〕軍案：「熟」，昭代經濟言、左傳折諸同，弇州四部稿作「孰」。

〔八〕軍案：「虞」，清經解本作「慮」，今從改。

〔九〕軍案：見周易繫辭下。

〔一〇〕軍案：文苑英華卷八百十四蕭定改修吴延陵季子廟記、唐文粹卷七十一蕭定改修吴延陵季子廟記、歷代名賢確論卷二十一泰伯「季札讓國」條、方輿勝覽卷二平江府「吴延陵季子廟」條載此文，「季子」上皆有「則」字，今據補。

〔一一〕軍案：「知進」至「其正」，見周易乾文言。

11

白虎通詩考

班氏白虎通説詩與毛氏多有不同，葢皆魯説也。今輯以俟考。

爵篇云：

世子上受爵命，衣士服何？謙不敢自專也。故詩曰「韎韐有䋣」，〔一〕謂世子始行也。

號篇云：

「命此文王，于周于京。」此言文王三正篇有此三字，據補。改號爲周，易邑爲京也。

禮樂云：

詩傳曰：「大夫、士琴瑟御。」又傳曰：「天子食日舉樂。」〔二〕

誅伐云：

詩云：「毋封靡于爾邦，惟王其崇之。」此言追誅大罪也；或盜天子土地，自立爲諸侯，絶之而已。〔三〕

諫諍云：

詩云：「相鼠有體，人而無禮。人而無禮，胡不遄死？」此妻諫夫之詩也。

辟雍云：

詩云：「思樂泮水，薄采其茆。」詩訓曰：「水圓如璧。諸侯曰『泮宮』者，半於天子宮也。」〔四〕

王者不臣云：

詩云：「有客有客，亦白其馬。」謂微子朝周也。又見三正篇。

瑞贄云：

周頌曰：「烈文辟公，錫兹祉福。」言武王伐紂定天下，諸侯來會聚於京師受法度也。

三正云：

詩曰：「厥作裸將，常服黼冔。」言微子服殷之冠，助祭於周也。

姓名云：

韓詩内傳曰：「太子生，以桑弧蓬矢六，射上下四方。」明當有事天地四方也。

詩傳曰：「伯邑考，武王發，周公旦，管叔鮮，蔡叔當有「度，曹叔振」四字。鐸，成叔處，霍叔武，康叔封，南季載。」〔五〕

〔一〕軍案：陳立白虎通疏證卷一爵篇云：「今毛詩『有奭』，與此作『赩』異。案：『赩』字見于説文赤部新附，當作『赫』。説文：『赫，火赤皃。』」

〔二〕軍案：隱五年公羊傳何休注云：「魯詩傳曰：『天子食日舉樂，諸侯不釋縣，大夫、士日琴瑟。』」知此确爲「魯説」。

〔三〕軍案：胡承珙毛詩後箋卷二十六周頌清廟之什烈文云：「『無封靡于爾邦』，傳：『封，大；靡，累也。』箋云：『無大累於汝國。謂諸侯治國無罪惡也。』白虎通義誅伐篇引詩云云，以『封靡』爲『大罪』，正與毛、鄭義同。」

〔四〕軍案：「荇」，清經解本改作「芹」。陳壽祺魯詩遺説考卷六之二魯詩頌泮水陳喬樅案語云：「『荇』，毛詩作『芹』，『芹』與『旂』韵，疑『荇』爲字之誤也。又酈道元水經注泗水篇：

『魯泮宮在高門直北道西宮中，有臺高八十尺，臺南水東西一百步，南北六十步，臺西水南北四百步，東西六十步，臺池咸結石爲之。詩所謂「思樂泮水」也。』此説當亦本三家詩訓。」

〔五〕軍案：陳立白虎通疏證卷九姓名篇云：「此與列女傳母儀篇引同，蓋魯詩思齊詩『則百斯男』傳文也。史記管蔡世家：『武王同母兄弟十人。其長子曰伯邑考，次曰管叔鮮，次曰武王發，次曰周公旦，次曰蔡叔度，次曰曹叔振鐸，次曰郕叔武，次曰霍叔處，次曰康叔封，次曰聃季載。』以管叔爲周公之兄，與此異。」

12

盧子幹逸文

初學記十引盧植奏事曰：「后妃者，所以郊天祀地，祇奉(視)〔祖〕宗，〔一〕外以肅恭明神，内以帥正九嬪理陰陽者，猶天之有地，陽之有陰。」又引曰：「三后無子，擇立長親，年均以德，德均決之以卜筮，所以承先祖也。」北堂書鈔九十九引盧植酈文勝誄云「自齔未成童，著書十餘箱，文體思奥，爛有文章，箴縷百家」云云。太平御覽八百卌四引盧植與張然明書曰：「臨江而釣，終日不獲一魚，魚之不食其餌也。是以君子慎其舉。」文選赭白馬賦注引盧植集曰：「詔給濯龍廄馬三百匹。」後漢書本傳稱有「碑、誄、表、記六篇」，〔二〕

今不傳。先賢遺逸之文，雖零章碎句，猶斷圭殘璧，尚可寶也。

〔一〕軍案：「視」，初學記卷十中宮部皇后第一作「祖」，今據改。

〔二〕軍案：見後漢書吴延史盧趙列傳盧植傳。

13

許男羋

春秋文五年：「冬，十月甲申，許男業卒。」左氏、公、穀經並同。公羊解云：「許男業卒，正本作『辛』字。」

案：「辛」字誤，當作「羋」。説文：「丵，叢生艸也。象丵嶽相並出也。凡丵之屬，皆从丵，讀若『浞』。業，大版也。从丵、从巾。巾象版。詩曰：『巨業維樅。』」〔一〕蓋許男本名「羋」，因此字經傳少見，學者罕識，故或誤爲「業」，或誤爲「辛」也。

〔一〕軍案：説文段注云：「大雅文，今詩作『虡』。上林賦『虡』作『鉅』，許作『巨』，蓋三家詩『巨』與『鉅』同也。」桂馥義證云：「詩曰『巨業維樅』者，大雅靈臺文。彼作『虡』，傳云：『植者爲虡，横者爲栒。』箋云：『虡也，栒也，所以懸鐘鼓也。設大版於上，刻畫以爲飾也。』」

室如縣罄

左傳僖廿六年：「齊侯曰：『室如縣罄，野無青草，何恃而不恐？』」杜注：「如，而也。時夏四月，今之二月，野物未成，故言居室而資糧縣盡，在野則無蔬食之物，所以當恐。」正義曰：「服虔云：『言室屋皆發撤，榱椽在，如縣罄。』孔晁曰：『縣罄，但有桷無覆。』蓋杜以下云『野無青草』，言在野無青草可食，明此在室無資糧可噉，故改『如』爲『而』，言『居室而資糧縣盡』。劉炫云：『如罄在縣，下無粟帛。』炫乃以服義規杜，非也。」

案：説文缶部：「罄，器中空也。从缶，殸聲。詩云：『缾之罄矣。』」石部：「磬，樂石也。从石、殸。象縣虡之形。」依杜説，「縣」字費解。蓋「磬」、「罄」字别而聲相近，故互誤。如禮記樂記「石聲磬」，注云：「『磬』當爲『罄』，字之誤也。」此「磬」又爲「罄」之譌。孔晁注國語亦從服義。杜氏改「如」爲「而」，又以「磬」爲「罄」，此好異於先儒耳。劉光伯規之，當也。

15

穀梁經召伯

春秋文五年：「三月辛亥，葬我小君成風，王使召伯來會葬。」左氏、公羊同。杜注：「召伯，天子卿也。召，采地；伯，爵也。」釋文：「召伯，上照反。」穀梁經作「毛伯」，釋曰：「左氏、公羊及徐邈本並云『召伯』。此本作『毛伯』，疑誤也。」

據此，知徐仙民所注穀梁亦同二傳作「召伯」，今本誤也。元年「天王使毛伯來錫公命」，〔一〕范注：「毛，采邑；伯，字也。天子上大夫。」於此無注，則范注本作「毛伯」。又元年「天王使叔服來會葬」，疏引此亦作「毛伯」。

〔一〕軍案：見春秋文元年，下同。

16

碩人頎頎

玉篇頁部：「頎，渠衣切。詩云：『碩人頎頎。』傳：『具長貌。』〔一〕又頎頎然佳也。」

案：今詩作「碩人其頎」，〔二〕傳：「頎，長貌。」箋云：「言莊姜儀表長麗俊好頎頎然。」

又下章「碩人敖敖」，箋云：「敖敖，猶『頎頎』也。」據鄭箋，知詩「頎」字本重文，六朝時猶未誤，故顧野王據之。正義曰：「下箋云『敖敖，猶「頎頎」也』，與此相類，故亦爲『長貌』。以類宜重言，故箋云『頎頎然（長）』也。」〔三〕據此，知唐初孔所見本已作「其頎」矣。

〔一〕軍案：「具」，玉篇同，清經解本改作「頎」。馬瑞辰毛詩傳箋通釋卷六衛風碩人云：「玉篇引『詩「碩人頎頎」，傳：「具長貌」』，臧玉林據箋『言莊姜儀表長麗佼好頎頎然』，又二章箋『敖敖，猶頎頎也』，謂古本當作『頎頎』。今按：經止一言，而傳、箋以重言釋之。如詩『亦汎其流』傳云『汎汎』，『有洸有潰』傳、箋皆云『洸洸潰潰』之類甚夥，未可據箋及玉篇以改經也。列女傳引詩正作『碩人其頎』。玉篇引傳『具長貌』；據下章傳『敖敖，長貌』，則知上章傳本無『具』字，玉篇所引亦誤。」其說是也。

〔二〕軍案：見毛詩衛風碩人。阮元校勘記云：「唐石經、小字本、相臺本同。案：經義雜記云：『玉篇頁部引作「碩人頎頎」。據鄭箋，知詩「頎」字本重文，六朝時猶未誤。』其說非也。考經文一字，傳、箋疊字者多矣，如『明星有爛』箋云『明星尚爛爛然』等，是也。玉篇乃依箋疊字耳，非六朝時經有作『碩人頎頎』之本也。釋文云：『其頎，其機反。』正義云：『有大德之人，其貌頎頎然長美。』皆經文作『其』字之證。」

〔三〕軍案：「長」字當衍，正義無此字，今據删。

17

孝經閨門章

宋本古文孝經有閨門章，在「子曰：『君子之事親孝』」章後。其文云：「子曰：『閨門之内，具禮矣乎！嚴父、嚴兄，妻子、臣妾，猶百姓、徒役也。』」共二十四字。元氏正義載司馬貞議曰：〔一〕「近儒欲崇古學，僞作閨門一章。劉炫詭隨，妄稱其善。且閨門之義，近俗之語，必非宣尼正説。〔二〕案其文云『閨門之内，具禮矣！嚴親、嚴兄，妻子、臣妾，繇百姓、徒役也』，是比妻子於徒役。文句凡鄙，不合經典。」

案：古文雖出劉光伯，或恐以私意竄改，但閨門一章文簡意足，理致精嚴，似非後儒所能僞作，不當以文句疑之。

蓋閨門之内，人君燕寢之地也。人君於大廷之上，百官執事、前後左右罔非正人，即欲不具禮而不可；即退朝之後，與父兄相處，爲我素所嚴敬者，雖欲不具禮，而亦不能。惟閨門之内，所對者，妻子耳；所侍者，臣妾耳。人君而與妻子、臣妾相處，燕昵之私，情欲之感，自有所不容已。則起居之際，必有不能具禮，而或至於失禮者。能若嚴父、嚴兄在前，則閨門之内一如大廷，自不敢不具禮矣。

蓋治家者，不敢失於臣妾，而況於妻子乎？故得人之懽心，以事其親。而自一家視之，爲妻子、臣妾；自天下視之，爲百姓、徒役。故云「妻子、臣妾，猶百姓、徒役」也。欲得萬國之懽心，以事其先王，必不敢遺於天下之百姓、徒役；欲得一家之懽心，以事其親，必不敢侮於閨門内之妻子、臣妾。此先王之孝也，此聖人之誠也。司馬氏以爲「凡鄙」，誤矣。

〔一〕軍案：「元氏」，謂元行沖也。新唐書卷二百儒學下元行沖傳云：「玄宗自注孝經，詔行沖爲疏，立于學官。」

〔二〕軍案：「宣尼」，謂孔子也。漢書卷十二平帝紀云：「元始元年，追諡孔子曰『褒成宣尼公』。」

18

李古理字

左傳僖三十年：「行李之往來，共其乏困。」杜注：「行李，使人。」正義曰：「襄八年傳云『一介行李』，杜云：『行李，行人也。』昭十三年傳云『行理之命』，杜云：『行理，使人。』『李』、『理』字異，爲注則同，都不解『理』字。周語『行理以節逆之』，賈逵云：『理，吏也，小行人也。』孔晁注國語，其本亦作『李』字，注云：『行李，行人之官也。』然則兩字通用，本多作『理』，順之爲『吏』，故爲『行人』、『使人』也。」

又漢書胡建傳「黃帝李法曰」，蘇林曰：「獄官名也。天文志：『左角李，右角將。』」師古曰：「李者，法官之號也，總主征伐刑戮之事也，故稱其書曰李法。」又管子法法篇「舜之有天下也，禹爲司空，契爲司徒，皋陶爲李」，房玄齡注：「古治獄之官。『李』同『理』。」大匡篇「國子爲李」，注：「李，獄官也。『李』、『理』同。」

19

公羊經菑丘

公羊文十六年：「六月戊辰，公子遂及齊侯盟于犀丘。」解云：「盟于犀丘，正本作『菑丘』。故賈氏云案：「云」字今補。『公羊曰「菑丘」，穀梁曰「師丘」』，是也。」

據此，知公羊經本作「菑丘」，當從賈氏所見本。陸氏釋文作「犀丘，音西」。穀梁音義亦云：「公羊作『犀丘』。」則唐以來本，多不作「菑」字矣。公羊疏，唐以前人爲之，所據皆晉、宋古書，故猶見正本，與賈景伯合也。

20 三老五更

禮記文王世子："遂設三老、五更、羣老之席位焉。"注："三老、五更，各一人也，皆年老更事致仕者也。名以『三』、『五』者，取象三辰、五星，天所因以照明天下者。"正義曰："蔡邕以『更』字爲『叟』。『叟』，老稱。又以『三老』爲三人，『五更』爲五人。"樂記"食三老、五更於大學"，注："三老、五更，互言之耳，皆老人更知三德、五事者也。"

又續漢禮儀志注引蔡邕月令章句曰：〔一〕"五更，長老之稱也。三老，國老也；五更，庶老也。"月令問荅曰："叟，長老之稱也。其字與『更』相似，書者轉誤，遂以爲『更』。『嫂』字『女』旁『叟』，『瘦』字中從『叟』，今皆以爲『更』矣。"盧植禮記注曰："選三公老者爲三老，卿、大夫中之老者爲五更，亦參、五之也。"〔二〕

又漢書禮樂志："養三老、五更於辟廱。"注："李奇曰：『王者父事三老，兄事五更。』"

詩云："三壽作朋。"鄧展曰："『漢直曰一公爲三老，用大夫爲五更，每常(人)〔大〕行禮乃置。』"〔三〕

案：詩閟宫"三壽作朋"，傳："壽，考也。""考"、"老"義同，是"三壽"即"三老"也。箋云：「三壽，三卿也。」此即盧子幹禮注意，與毛傳亦合。

又「三老、五更」，蔡伯喈以爲有三人、五人，「更」當作「叟」。鄭氏不然者，案白虎通鄉射云：「『三老』者，欲言其明於天、地、人之道而老也。『五更』者，欲言其明於五行之道而更事也。三老、五更幾人乎？曰：各一人。何以知之？既以父事，父一而已，不宜有三。」鄭説本此，而「三」、「五」義微異。

〔一〕軍案：見後漢書禮儀志上李賢注。

〔二〕軍案：亦見後漢書禮儀志上李賢注。

〔三〕軍案：「人」，武英殿本漢書作「大」，今從改。

經義雜記卷六

武進學生臧琳玉林

1 北風傳虚徐也

詩北風：「其虚其邪。」傳：「虚虚也。」釋文：「虚虚也，一本作『虚徐也』。」

案：作「虚徐也」是。蓋經言「虚徐」，中加「其」字以助句。毛恐後人分「其虚其邪」爲兩事，故作傳以連合之，「虚徐也」三字當一氣讀，言「其虚其邪」者謂「虚徐」也。〔一〕故箋申之云：「邪，讀如『徐』。」在位之人，威儀虚徐寬仁者。」正義曰：「釋訓云：『「其虚其徐」，威儀容止也。』孫炎曰：『虚徐，威儀謙退也。』」孫叔然以「虚徐」訓「其虚其徐」者，取法乎毛、鄭也。郭注但云「雍容都雅之貌」，非是。正義又云：「傳質詁訓疊經文耳，非訓『虚』爲『徐』。」孔説甚是。據此，知孔本原作「虚徐」也。今注疏本標起止作「虚虚」，乃近人誤從釋文改耳。

或曰：「子所言確可據矣，未知更有旁證否？」

余曰：蕩「侯作侯祝」，傳：「作祝詛也。」毛以「作」字説經「作」字，以「祝詛」字説經「祝」字，兩「侯」字皆助句之辭，猶北風兩「其」字也。孔氏不察，乃云：「作，古『詛』字。『詛』與『祝』別，故各自言『侯』。傳辨『作』爲『詛』，故言『作，祝詛也』。」是以「祝詛也」三字爲「作」字訓。不知此四字連讀，猶北風傳三字連讀也。釋文大書「侯作」，云「祝詛也，注同」，此同孔氏之誤；又云「本或作『詛』」，此因誤讀而私改，猶正義云「作，古『詛』字」也。

〔一〕軍案：「謂」，清經解本改作「爲」，非。

2

夫子之設科也

孟子盡心下曰：「『子以是爲竊屨來與？』曰：『殆非也。』『夫子之設科也，往者不追，來者不拒。苟以是心至，斯受之而已矣。』」集注云：「夫子，如字。舊讀爲『扶余』者，非。或人自悟其失，因言此從者固不爲竊屨而來。但夫子設置科條以待學者，苟以向道之心而來，則受之耳。」

趙氏章句云：「館人曰：『殆非爲是來事夫子也。』自知問之過也。又孟子曰：『夫我設教授之科，教人以道德也，其去者亦不追呼，來者亦不拒逆。誠以是學道之心來至，我則斯受之，亦不知其取之與否，君子不保其異心也。』見館人疑當有「云」字。殆非爲是來，亦云不能保知，謙以益之而已。」

據此，知「夫子之設科也」本作「夫予之設科也」。以經省「曰」字，故趙注特下「孟子曰」以補之。

正義載章指云：〔一〕「此章言教誨之道，受之如海，百川移流，不得有拒。雖獨竊屨，非己所絶，順荅小人。小人，自咎「者也」。」〔二〕「非己所絶」，「己」字正釋經「予」字。此節即所謂「順荅小人」也。

又正義云：「孟子又曰：『夫我之設科以教人，往去之者則不追呼，而還來者則不拒逆。誠以是學道之心來至，我則斯容受之而教誨，亦且不保其異心也。』」則北宋人作疏時，尚是「予」字。今注疏本作「子」，是從集注改也。

四書大全載慶源輔氏説，以「殆非也」下無「曰」字，故知爲問者之言；若以爲孟子之言，則不惟露筋骨，且非所以待學者，將使學者不自重矣。案：孟子一書，問荅處「曰」字每不具著，未可以此拘泥。若以爲露筋骨，則孟子自言有甚於此者矣。且孔子曰：「與其潔，不保其往。與其進，不與其退。」〔三〕孟子之言，即本孔子，豈亦非所以待學者乎？總之，朱子讀「夫」如「敷」，此失之小焉者也；一無所據而改千餘年相傳之「予」字，此非失之小焉者也。後之學者，能於此等處不爲之曲護，庶可謂朱子爭臣矣。

〔一〕軍案：錢大昕十駕齋養新録卷三「孟子章指」條云：「趙岐注孟子，每章之末括其大旨，閒作韻語，謂之章指。文選注所引趙岐孟子章指是也。南宋後，僞正義出，託名孫奭所撰，盡刪章指正文，仍剽掠其語入正義。明國子監刊十三經，承用此本，世遂不復見趙岐元本矣。考崇文總目載『陸善經注孟子七卷』，稱『善經刪去趙岐章指與其注之繁重者，復爲七篇』，見文獻通考。是刪去章指始於善經。」

〔二〕軍案：「自咎」下孟子正義有「者也」二字，今據補。

〔三〕軍案：見論語述而篇。

3

侂六尺之孤

玉篇人部：「侂，恥各切，侂寄也。論語云：『可以侂六尺之孤。』」今論語泰伯「侂」作「託」。

案：説文人部：「侂，寄也。从人，庑聲。庑，古文宅。」言部：「託，寄也。从言，乇聲。」二字音義本同。然據玉篇所引，則論語舊是「侂」字。葢从「言」者，以言託寄之；从「人」者，以人侂寄之，義各不同。今从「言」，葢通借字。顧野王所見古本作「侂」，與説文義合也。

4

六鶂

説文鳥部：「鶂，鳥也。从鳥，兒聲。春秋傳曰：『六鶂退飛。』鷊，鶂或从鬲。鶃，司馬相如説鶂从赤。」

案：春秋僖十六年「六鷁退飛」，正義曰：「鷁，字或作『鶂』。」釋文：「六鷁，五歷反，本或作『鶂』，音同。」又公羊、穀梁釋文皆云：「六鶂，五歷反。」可證三傳本皆作「鶂」，與説文同。今公羊注、疏皆作「鷁」，惟何注「六鶂無常」此一字未改；穀梁注、疏皆作「鶂」，惟經文「六鷁退飛」此一字从「益」。葢因唐時左傳已有作「鷁」者，故後人據以易二傳也。五經文字：「鷁、鶂，二同，見春秋傳。」穀梁疏引賈逵云：「鶂，水鳥，陽中之陰，象君臣之訟鬩也。」賈景伯以「鬩」解「鶂」，是取同聲字爲詁，尤可見「六鶂」字本从「兒」也。此疏引賈亦誤作「鷁」。

史記宋微子世家「六鶂退蜚」，集解引賈注作「鶂」，引公羊傳作「鷁」，索隱引左傳「六鶂退飛」。漢書五行志下「六鶂退蜚過宋都」，師古曰：「鶂音五狄反。」玉篇：「鶂，午的切，又五兮切。鷊、鶃、鷁，並同上。」猶根據許書，以从「兒」爲正；从「益」者説文不收，故列末。

廣韻二十三錫：「鷁，五歷切。鶂，上同。説文又作『䳘』、『鷊』。」反以「鷁」爲正，首尾倒置矣。郭忠恕汗簡上之二「鶂」作「[illegible]」，云：「出李(商)[尚]隱集。」〔一〕案：説文載「司馬相如説鶂从赤」。李書所載即「䳘」字。

〔一〕軍案：「商」，汗簡作「尚」，今據改。汗簡卷首七十一家事跡載「李尚隱集略」。清桂馥札樸卷三覽古「李尚隱」條云：「夏英公古文四聲韻引李尚隱字略，或改作『商隱』。案舊唐書，開元二十八年六月，太子賓客李尚隱卒。新唐書亦有傳。」其言是也。「太子賓客李尚隱卒」，見舊唐書卷九玄宗本紀下；「新唐書亦有傳」，見新唐書卷一百三十李尚隱傳。

5

民無德而稱焉

論語泰伯「民無得而稱焉」，釋文：「民無得，本亦作『德』。」

案：集解引王肅云：「泰伯以天下三讓於王季。其讓隱，故無得，而稱言之者，所以爲至德也。」是王肅本作「無得」。地理志下引孔子作「得」。後漢書丁鴻傳論引孔子曰：「泰伯三以天下讓，民無德而稱焉。」李注云：「論語載孔子之言也。」又引鄭玄注云：「三讓之美，皆蔽隱不著，故人無德而稱焉。」是鄭本作「無德」。

釋文所見，蓋即鄭本。王肅好與鄭難，故改其義。又「德」、「得」二字音同，古互用。季氏篇「血氣既衰，戒之在得」，釋文云：「在得，或作『德』，非。」

6

震夷伯之廟

漢書五行志下：〔一〕「釐公十五年『九月己卯晦，震夷伯之廟』。〔二〕劉向㠯爲：『晦，暝也。震，雷也。夷伯，世大夫。正（書）〔晝〕雷，〔三〕其廟獨冥。天戒若曰：「勿使大夫世官，將專事暝晦。」明年，公子季友卒，果世官，政在季氏。至成公十六年「六月甲午晦」，正晝皆暝陰，爲陽，臣制君也。成公不寤。其冬，季氏殺公子偃。季氏萌於釐公，大於成公，此其應也。』董仲舒㠯爲：『夷伯，季氏之孚也，陪臣不當有廟。震者，雷也。晦暝，雷擊其廟，明當絶去僭差之類也。』向又㠯爲：『此皆所謂「夜妖」者也。』〔四〕劉歆㠯爲：『春秋及朔言「朔」，及晦言「晦」，〔五〕人道所不及，則天震之。展氏有隱慝，故天加誅於其祖夷伯之廟，㠯譴告之也。』〔二〕

案：劉子政言「晦，暝也。震，雷也」，本穀梁傳。董仲舒云「夷伯，季氏之孚」，本公羊傳。董又云「明當絶去僭差之類」，則僭差之事不止一夷伯廟；凡似夷伯廟之僭差者，皆當去之。何邵公云：「僖公蔽於季氏，季氏蔽於陪臣。陪臣見信得權，僭立大夫廟。天意若曰：『蔽公室者，是人也，當去之。』」頗得經、傳意。

左傳：「震夷伯之廟，罪之也。於是展氏有隱慝焉。」劉歆㠯爲「人道所不及，則天震之。故天加誅其祖廟，㠯譴告之」，立義精也。正義曰：「杜以長歷推『己卯晦』，九月三十日。春秋值朔書『朔』，值晦書『晦』，無義例也。」此即本劉子駿説。

〔一〕軍案：見漢書五行志下之上。

〔二〕軍案：師古曰：「夷伯，司空無駭之後，本魯公族也，號展氏。」

〔三〕軍案：「書」當作「晝」，王先謙漢書補注云：「官本『書』作『晝』，是。」今據改。

〔四〕軍案：漢書五行志下之上云：「一曰：『夜妖者，雲風並起而杳冥，故與常風同象也。』」

〔五〕軍案：王先謙漢書補注引朱一新云：「歆説本左傳。其晦朔之説，則爲杜預注所本。」

7

莊公寤生

左傳隱元年：「莊公寤生，驚姜氏，故名曰『寤生』。」杜注：「寐寤而莊公已生，故驚而惡之。」正義曰：「謂武姜寐時生莊公，至寤始覺其生。」太平御覽三百六十一引風俗通義云：「不舉寤生[子]。（一）俗説，兒墮地便能開目視者謂之『寤生』。舉寤生子，妨父母。」謹案：春秋左氏傳：『鄭武公娶于申，曰武姜。生莊公及共叔段。莊公寤生，驚姜氏，因名『寤生』。』武公老，終天年，姜氏亦然，安有妨其父母乎？」余以應、杜兩説皆非是。若寐寤時子已生，兒墮地便能開目，武姜何至驚而惡之？

案：史記鄭世家云：「生太子寤生。生之難，及生，夫人弗愛。後生少子叔段，段生易，夫人愛之。」然則「寤生」者，難生之謂也。史公之解甚精。

爾雅釋言：「逜，寤也。」郭注：「相干寤。」釋文云：「孫本『逜』字作『午』。」又説文：「午，啎也。五月陰气午逆[陽]，（三）冒地而出。啎，逆也。从午，吾聲。」説文與爾雅義同。「逜」字當從孫叔然作「午」。「寤」即「啎」之通借字。「寤生」者，謂啎逆難生。蓋交午於産門，久而不得下，往往有母子交斃者，故武姜驚也。依杜注，宜云「寐生」，不當曰「寤生」。近人有訓「寤」爲「蘇」者，謂莊公絶而復蘇，穿鑿之甚。余友閻百詩云：「周書寤儆：『王曰：「今朕寤，有商驚予。」』孔注：『言夢爲紂所伐，故驚。』又史記：『王召左史戎夫曰：「今夕朕寤，遂事驚予。」』參以説文『寤，晝見而夜夢也』，則『莊公寤生』者，乃夢中所生。」琳亦以爲非。

〔一〕軍案：「寤生」下太平御覽有「子」字，今據補。

〔二〕軍案：「逆」下説文有「陽」字，今據補。

8

隱五年秋螟

五行志云：〔一〕「董仲舒、劉向㠯爲：『時公觀漁于棠，貪利之應也。』劉歆㠯爲：『又逆臧釐伯之諫，貪利區霿，㠯生蠃蟲之孽也。』」

案：何注公羊云：「災者，有害於人、物，隨事而至者。先是，隱公張百金之魚，設苛令急法，以禁民之所致。」〔二〕又「春，公觀魚于棠」，〔三〕傳：「何以書？譏。〔何譏爾？〕遠也。〔四〕公曷爲（爲）遠而觀魚？〔五〕百金之魚，公張之。」注：「實譏張魚，而言『觀』譏遠者，恥公去南面之位，下與百姓爭利，匹夫無異。」與董義合。杜注左氏但言「蟲食苗心爲災，故書」，〔六〕當以劉説補之。

〔一〕軍案：見漢書五行志下之上。

〔二〕軍案：見隱五年公羊傳「螟，何以書？記災也」何注。

〔三〕軍案：見隱五年公羊傳。隱五年左傳「春，公矢魚于棠」，杜注：「書陳魚，以示非禮也。書棠，譏遠地也。今高平方與縣北有武唐亭，魯侯觀魚臺。」酈道元水經注卷八濟水云：「菏水又東逕武棠亭北，公羊以爲濟上邑也。城有臺，高二丈許，其下臨水，昔魯侯『觀魚于棠』，謂此也，在方與縣故城北十里。」

〔四〕軍案：「遠」上隱五年公羊傳有「何譏爾」三字，今據補。疑此涉下文引何注云「譏遠」而誤脱。

〔五〕軍案：「曷爲」下「爲」字當衍，公羊傳所無，今據删。

〔六〕軍案：見隱五年左氏經「螟」杜注。

9 大者不摦

左傳昭廿一年：「小者不窕，大者不槬。」杜注：「槬，横大不入。」正義曰：「『槬』聲近

『横』，故爲『横大』。」釋文：「不槬，户化反。」五經文字木部：「槬，户化反，見春秋傳。」

案：漢書五行志載左氏作「大者不摦」。師古曰：「摦，横大也，音胡化反。」説文手、木兩部俱無此字。玉篇手部：「摦，寬也。」廣韻四十禡：「摦，寬也，大也。」又徐鉉新附云：「摦，横大也。从手，瓠聲。」與篇、韻俱胡化切，而皆不从「木」，則作「槬」者非。

左傳下文「王心弗堪」，漢志作「弗𢧵」，孟康曰：「古『堪』字。」

案：「𢧵」乃「𢦔」之譌。説文：「𢦔，殺也。从戈，今聲。商書曰：『西伯既𢦔黎。』」左氏本古文，故多假借字。

10

浩然之氣

文選班孟堅荅賓戲：「仲尼抗浮雲之志，孟軻養浩然之氣。」李善注：「孟子曰：『我善養吾浩然之氣。』項岱曰：『皓，白也。如天之氣皓然也。』」後漢書傳燮傳「世亂不能養浩然之氣」，李賢注：「孟子曰『養吾浩然之氣』，趙岐注曰：『浩然，天氣也。』」

案：春秋繁露循天之道云：「陽者，天之寬也；陰者，天之急也。中者，天之用也；和者，天之功也。舉天地之道，而美於和，是故物生皆貴氣而迎養之，孟子曰『我善養吾浩然之氣』者也。」則董子以「養浩然之氣」爲「養天之和氣」。班孟堅以「浩然」與「浮雲」相對，是亦以「浩然」爲「天氣」。趙、項之釋，有所本矣。今本趙注作「浩然之大氣」，當是俗人所改。漢書敘傳上注師古曰：「浩然，純一之氣也。」文選五臣注劉良曰：「浩然，自放逸也。」朱子集注云：「浩然，盛大流行之貌。」皆與古義異。

11

行者必以賮

孟子公孫丑下：「予將有遠行，行者必以賮，辭曰『餽賮』，予何爲不受？」趙注：「賮，送行者贈賄之禮也，時人謂之『賮』。」

案：論衡刺孟引孟子云：「行者必以賮，辭曰『歸賮』。」又文選魏都賦「襁負賮贄」，劉淵林注：「賮，禮贄也。孟子曰：『將有遠行，行者必以賮。』蒼頡篇曰：『賮，財貨也。』」赭白馬賦「或踰遠而納賮」，李善注：「孟子曰：『有遠行者，必以賮。』蒼頡篇曰：『賮，財貨也。』説文曰：『賮，會禮也。』」據此，知孟子本作「賮」。今作「賮」，乃俗字。

説文貝部：「賮，會禮也。从貝，𦘔聲。」玉篇貝部：「賮，才刃切，財貨也。」廣韻二十一震：「賮，琛賮，又財貨也，會禮也，徐刃切，又疾刃切。」五經文字上貝部：「賮，音盡。」

皆無「贐」字。至集韻，始二字並載。今孟子及諸書皆作「贐」，「賮」字遂廢，幸王充、劉淵林、李善引孟子尚仍舊本也。

12

文帝始置博士

漢書武帝紀：「建元五年春，置五經博士。」文帝紀無立博士事。余考兩漢人所言，則文帝已立博士矣。

楚元王傳：「文帝時，聞申公爲詩最精，吕爲博士。」又劉歆移書太常博士曰：「孝文皇帝始使掌故朝錯從伏生受尚書。尚書初出于屋壁，朽折散絶。今其書見在，時師傳讀而已。詩始萌牙。天下衆書往往頗出，皆諸子傳説，猶廣立於學官，爲置博士。」翟酺傳：「上言孝文皇帝，始置五經博士。武帝大合天下之書。」〔一〕

又趙氏孟子題辭：「孝文帝欲廣遊學之路，論語、孝經、孟子、爾雅皆置博士。後罷傳記博士，獨立五經而已。」王氏玉海藝文云「爾雅，文帝立博士」，本之孟子「題辭」、漢書也。〔二〕李賢注翟酺傳云：「武帝建元五年，始置五經博士。文帝時，未遑庠序之事。酺之言不知何據。」葢未詳考也。

劉歆書「諸子傳説」，「説」字誤，當從孟子題辭作「傳記」。「諸子」，謂孟子也；「傳」，謂論語、孝經也；「記」，謂爾雅也。書序正義曰：「漢武帝謂東方朔云：『傳曰：「時然後言，人不厭其言。」』又漢東平王劉雲與其太師策書云：『傳曰：「陳力就列，不能者止。」』又成帝賜翟方進策書云：『傳曰：「高而不危，所以長守貴也。」』是漢世通謂論語、孝經爲『傳』也。以論語、孝經非先王之書，是孔子所傳説，故謂之『傳』。」

〔一〕軍案：見後漢書楊李翟應霍爰徐列傳。

〔二〕軍案：「孟子」下當補「題辭」二字。

13

犧尊象尊

詩閟宫：「犧尊將將。」傳：「犧尊，有沙飾也。」正義作「犧者，沙羽飾」。此同釋文，然正義是。釋文：「犧尊，鄭素河反，毛宜同鄭，王許宜反。」正義曰：「『犧尊』字，〔一〕春官司尊彝作『獻尊』。鄭司農云：『獻，讀爲「犧」。犧尊，飾以翡翠。象尊，以象鳳皇，或曰以象骨飾尊。』此傳言『犧尊者，沙羽飾』，與司農『飾以翡翠』意同，則皆讀爲『娑』。傳言『沙』，即『娑』字也。阮諶禮圖云：『犧尊飾以牛，象尊飾以象，春秋定十年正義云：「阮諶三禮圖：『犧尊畫牛以飾，象尊畫象以飾。』」於尊腹之上畫爲牛、象之形。』王肅云：『將將，盛美也。大和中，魯郡於地中得春秋正義作「青州掘得」。齊大夫子尾送女器，有犧尊，以犧牛爲尊。然則「象尊」，尊爲象形也。』王肅此言，以二尊形如牛、象而背上負尊，皆讀『犧』爲『羲』。案：當作「讀『羲』爲『犧』」。是毛詩本作「羲尊」。與毛、鄭義異，未知孰是。」

又禮記禮器「犧尊疏布鼏」，釋文：「犧尊，鄭素何反，王如字。」正義曰：「先儒云：『刻尊爲犧牛之形，用以爲尊。』鄭云：『畫尊作鳳羽婆娑然，此本鄭志。(梁書)[南史]劉沼傳引作「畫鳳皇尾婆娑然」。〔二〕故謂「娑尊」也。』」明堂位「尊用犧象」，注：「犧尊以莎羽爲畫飾。」釋文：「犧象，素何反。」正義曰：「鄭志：張逸問曰：『明堂注：「犧尊以莎羽爲畫飾。」前問，曰：「『犧』讀如『沙』。沙，鳳皇也。」不解「鳳皇」何以爲「沙」？』荅曰：『刻畫鳳皇之象於尊，其形婆娑然。或有作「獻」字者，齊人之聲誤耳。』」

案：「犧尊」、「象尊」似當從王肅、阮諶説較直捷，或得於目驗，與傳聞者不同。然毛公傳詩云：「犧者，沙羽飾。」先鄭注禮云：「犧尊，飾以翡翠。」古「羲」、「獻」、「沙」聲並相近，故「沙尊」作「羲尊」。毛詩傳爲先秦古書，二鄭咸所依據。後世即出犧牛之尊，要不得以此改詩、禮之義。終是王肅好與鄭難，故爲異説耳。

〔一〕軍案：「字」上毛詩正義有「之」字。

〔二〕軍案：「畫鳳皇尾婆娑然」，南史卷四十九劉沼傳附劉杳傳引同，梁書卷五十文學傳下劉杳傳引此文「婆娑」作「娑娑」。依臧氏行文，「梁書」當改作「南史」。

14

三川震

五行志云：〔一〕**「史記周幽王二**國語作「三」。史記同作「二」，下云「三年，幽王嬖愛褒姒」，則國語作「三」譌字也。**年，周**國語、史記作「西周」。**三川皆震。**應劭曰：「震，地震。」韋昭曰：「地震，故山川亦動。」兩説本通。師古謂「非地震」，非也。**劉向以爲：『金木水火沴土者也。伯陽甫**史記同作「甫」，國語作「父」。韋注曰：「周大夫。」服虔曰：「周太史。」裴駰引唐固曰：「伯陽父，周柱下史老子也。」案：古史多善言陰陽事。**曰：「周將亡矣！**國語、史記有「夫」。**天地之氣，不過**國語、史記下作「過」，此作「失」。**其序；若過其序，民亂之也。**史記同作「民亂之也」，國語作「民之亂也」。案：注云：「言『民』者，不敢斥王也。」則似本作「民亂之也」。**陽伏而不能出，陰迫**史記同作「陰迫」，國語作「陰遁」。案：應劭曰：「迫，陰迫陽，使不能升也。」韋曰：「陰氣在下，陽氣迫之，使不能升也。」然則國語本是「迫」字。作「遁」者，形近之譌。春秋文九年正義引作「迫」。而不能升，國語作「不能烝」，史記作「蒸」。韋注曰：「烝，升也。」此以詁訓代經文。於是有地震。今三川實震，是陽失其所而填史記同作「填」，國語作「鎮」。漢書多以「填」爲「鎮」。應劭曰：「填陰，爲陰所填，不得升也。」陰也。陽失而在陰，原史記同作「原」，國語作「川源」，下同。案：「原」古字。必塞；原塞，國必亡。史記同有此五字。國語無，而「川源必塞」下注云「國依山川，今源塞，故國將亡也」，然則本有此句，後來脱耳。夫水，土演而民用也；應劭曰：「演，引也，所以引出土氣者也。」師古曰：「演音衍。」韋注曰：「水土通氣爲演。演，猶潤也。」案：應以「土演而民用也」爲句，「夫水」二字略讀。「土演」謂引土也，故下云「土無所演」。史記亦同。古「演」、「引」聲相近。韋注以「夫」爲起句之辭，「水土演」連讀，故下作「水土無演」。此當從史、漢及應氏解。土無所演，而民乏財用，不亡何待？昔伊、雒國語、史記作「洛」。竭而夏亡，河竭而商亡。今周悳國語作「德」。案：説文「德」作「悳」。如二代之季，國語、史記有「矣」。其原又塞，塞必竭；川竭，山必崩。國語、史記此五字在「亡之徵也」下。史記作「必山崩」。夫國必依山川，山崩川竭，亡史記有「國」。之徵也。若國亡，不過十年，數之紀也。」國語下有「夫天之所棄，不過其紀」二句。史記無「夫」字，「棄」作「弃」。是歲，國語、史記有「也」。三舊譌「二」，從國語、史記正。川竭，歧國語、史記作「岐」。此俗寫。山崩。劉向已爲：『陽失在陰者，謂火氣來煎枯水，故川竭也。山川連體，下竭上崩，事埶然也。時幽王暴虐，妄誅伐，不聽諫，迷於褒姒，廢其正后，廢后之父申侯與犬戎共攻殺幽王。一曰：「其在天文，水爲辰星，辰星爲蠻夷。月食辰星，國以女亡。幽王之敗，女亂其内，夷攻其外。」』京房易傳曰：『君臣相背，厥異名水絶。』」

〔一〕軍案：見漢書五行志下之上。

15 無酒酤我

詩伐木：「有酒湑我，無酒酤我。」傳：「湑，莤之也。酤，一宿酒也。」箋云：「酤，買也。此族人陳王之恩也。王有酒，則泲莤之；王無酒，則酤買之。」釋文：「酤，毛音户，説文同，鄭音顧，又音沽。」正義曰：「毛以爲，言『無酒』，明是卒爲之，故云『一宿酒』。箋以經傳無名『一宿酒』爲『酤』者，既有一宿之酒，不得謂之『無酒』。論語云：『酤酒市脯不食。』是古買酒爲『酤酒』。」

案：説文酉部：「酤，一宿酒也。一曰買酒也。从酉，古聲。」徐鍇曰：「謂造之一夜而熟，若今雞鳴酒也。」禮記郊特牲注：「事酒，今之醳酒，皆新成也。」正義曰：「言古之事酒，正是漢之醳酒。事酒與醳酒，皆是新作而成。故鄭注周禮云：『事酒，酌有事者之酒。』〔一〕謂爲事而新作者。『醳』是和醳醴釀之名，即今卒造之酒也。」酒正疏云「事酒，冬釀春成」，非是。說文又云：「醴，酒一宿孰也。」然則「酤酒」、「醴酒」、「事酒」、「醳酒」一物四名歟？本無酒，因有事而一宿醳成之，故曰「無酒酤我」。毛傳與說文正同，不得以經傳無名爲疑矣。

漢書食貨志下云：「酒者，天之美祿，帝王所㠯頤養天下，享祀祈福，扶衰養疾。百禮之會，非酒不行。故詩曰『無酒酤我』，而論語曰『酤酒不食』，二者非相反也。夫詩據承平之世，酒酤在官，和旨便人，可㠯相御也。論語孔子當周衰亂，酒酤在民，薄惡不誠，是㠯疑而弗食。」則班孟堅解論語，以「酤」爲「買」，與箋義合也。

〔一〕軍案：見周禮天官酒正「辨三酒之物」鄭注。

16

朝服而立於阼

論語鄉黨：「朝服而立於阼階。」案：釋文：「於阼，才故反，本或作『於阼階』。」知古本無「階」字。孔安國云「朝服而立於廟之阼階」，蓋因注誤衍也。禮記郊特牲「鄉人裼，孔子朝服立于阼」，注：「裼，或爲『儺』。」知禮記文與論語同，亦無「階」字。

17

咸曰義也

左傳昭十四年："三數叔魚之惡，不爲末減。注："末，薄也。減，輕也。以正言之。"曰義也夫，可謂直矣。"注："於義未安，直則有之。"正義曰："三度數叔魚之惡，不爲薄輕。言皆重厚，極言之也。服虔讀『減』爲『咸』，下屬爲句；『不爲末』者，不爲末槃隱蔽之也；『咸曰義也』，言人皆曰叔向是義，安也。"

案：家語正論載此事，亦作"三數叔魚之罪，不爲末"，注云"末，薄"；"曰義也夫"作"或曰義"，注云"或，左傳作『咸』"。則王肅家語句讀與服氏合。其所見左傳作"咸"不作"減"，亦與服本同。杜氏改"咸"爲"減"而屬之上句，失之臆見也。"不爲末"，王、杜皆如字。服云"不爲末槃"，是讀"末"爲"抹"。集韻引字林云："抹，撥滅也。"知古但作"末槃"矣。

又傳云："三言而除三惡，加三利，殺親益榮，猶義也夫！"注："三罪唯荅宣子問，不可以不正，其餘則以直傷義，故重疑之。"正義曰："杜讀此文，言『猶義也夫』，言不是義也，故言『以直傷義』。劉炫云『直則是義』，而規杜氏。"

案：上文先云"義也夫"，中言"除三惡"，此又云"殺親益榮，猶義也夫"，則明是以直爲義。猶隱四年石碏殺其子，而傳云「大義滅親」也。乃杜上注云「於義未安」，此注云「以直傷義，故重疑之」，不免刻求古人，失聖人表揚之旨矣。劉光伯規之，當也。

18　爲師齊衰三月

晉書禮志云：〔一〕「喪服無弟子爲師服之制，新禮弟子爲師齊衰三月。摯虞以爲：『自古無師服之制，故仲尼之喪，門人心喪三年。此則懷三年之哀，而無齊衰之制也。先聖爲禮，必易從而可傳。師徒義誠重，而服制不著，歷代相襲，不以爲缺。且尋師者以彌高爲得，故屢遷而不嫌；修業者以日新爲益，故舍舊而不疑。仲尼稱「三人行，必有我師焉」。子貢云：「夫何常師之有？」淺教之師，暫學之徒，不可皆爲之服。義有輕重，服有廢興，則臧否由之而起，是非因之而爭，愛惡相攻，悔吝生焉。宜定新禮無服如舊。』詔從之。」

據此，知晉時新禮，弟子爲師服齊衰三月。琳謂準情當理，足以輔翼先王之制，可與心喪三年内外並行，誠不刊之典也。存此，庶足以振澆薄、敦禮義，於師友一倫，所裨匪淺。師之所成者大，心喪三年無論矣；如淺教之師，暫學之徒，受業滿一年者，則服齊衰三月。斯亦寧厚無薄之旨也，庸何傷乎？在位君子留心禮教者，如不以琳言爲謬，而以此奏之朝廷，定爲國制，不無小補云。

〔一〕軍案：見晉書禮志中。

經義雜記卷七

武進學生臧琳玉林

1 磌然或作砰然

公羊春秋僖十六年：「霣石于宋五。」傳：「曷爲先言『霣』而後言『石』？『霣石』，記聞，聞其磌然，視之則石。」釋文：「磌然，之人反，又大年反，聲響也；一音芳君反。本或作『砰』，注疏本譌「硨」。八耕反。」穀梁疏曰：「『磌』字，説文、玉篇、字林等無其字，學士多讀爲『砰』。據公羊古本並爲『磌』字，張揖讀爲『磌』，是石聲之類，不知出何書也。」

案：玉篇石部：「礩，柱下石。磌，之仁切，礩也，音響也；又大堅切。」「砰，披萌切，大聲。硑，同上。」據楊氏所見玉篇無「磌」字，則今本有者蓋孫强等增加。廣雅四釋詁「砰，普耕反，聲也」，而無「磌」字。楊云「張揖讀爲『磌』」，是古本廣雅有「磌」矣。五經文字：「磌，之人反，又大年反，聲響也，見春秋傳。」穀梁釋文同「大年反」，讀若孟子「填然鼓之」之「填」。説文土部訓爲「塞」。疑公羊古本通借用之。廣韻十七真：「磌，柱下石也。」一先：「磌，柱礎。」皆不具「石聲」一訓。十三耕：「砰，砰磕如雷之聲。」則作「砰然」者，義亦通。

2

二女婐

孟子盡心下：「被袗衣，鼓琴，二女果，若固有之。」趙注：「果，侍也。以堯二女自侍，亦不佚豫，如固自當有之也。」正義曰：「以堯帝二女事之，實若固自當有之也。許慎謂『女侍曰婐』。舊譌「倮」。今釋『果』爲『侍』，謂二女之侍舜，是有惑於許慎之説而遂誤歟？蓋木實曰果，〔一〕云『果』者，取其實而言也。」朱子集注云：「果，説文作『婐』，烏果反，女侍也。」

案：説文女部：「婐，㛂也。〔二〕一曰：『女侍曰婐。』讀若『騧』，或若『委』。从女，果聲。孟軻曰：『舜爲天子，二女婐。』」據此，知孟子本作「二女婐」。今作「果」者，是「婐」之省借。趙氏訓爲「侍」，朱子訓爲「女侍」，皆與説文合。疏闢舊説，謂「木實曰果，取其實而言」，義甚穿鑿，蓋本王安石字説。語類朱子曰：「趙氏以『果』爲『侍』。廣韻從『女』、從『果』

者，亦曰『侍』也。」〔三〕案：廣韻三十四果「婐，婐妮，身弱好皃，烏果切」，無「女侍」一訓；九麻「婐，女侍，古華切」，是同説文「讀若『騧』」矣。

〔一〕軍案：説文木部云：「果，木實也。从木，象果形在木上。」

〔二〕軍案：段注云：「『婐，婐妮也』三字句；今本删『婐』字，非也。『婐妮』與『旖施』音義皆同，俗作『婀娜』。」

〔三〕軍案：見黎靖德輯朱子語類卷六十一孟子十一盡心下「舜之飯糗茹草」章。

3

權子母輕重

權子母輕重，謂權時物之貴賤，而行子母輕重之錢。此言錢法。今俗以母錢生息，亦謂之「權子母」，非其本也。

國語周語下：「景王二十一年，將鑄大錢，單穆公曰：『不可！古者天災降戾，韋注：「降，下也。戾，至也。」漢書食貨志下載國語作「天降災戾」，師古曰：「戾，惡氣也。一曰：『戾，至也。』」案：國語當從韋注，漢書當從顏説。於是乎量資幣，權輕重，以振救民。民患輕，則爲之作重幣以行之。於是乎有母權子而行，民皆得焉。若不堪重，則多作輕而行之，亦不廢重。於是乎有子權母而行，小大利之。』」韋注：「重曰『母』，輕曰『子』。以子貿物，物輕則子獨行，物重則以母權而行之，子母相通，民皆得其欲。堪，任也。不任之者，幣重物輕，妨其用也。故作輕幣，雜而用之，以重者貿其貴，以輕者貿其賤。『子權母』者，母不足則以子平而行之。故錢小大，民皆以爲利也。」

案：漢書應劭注曰：〔一〕「母，重也；其大倍，故爲母也。子，輕也；其輕少半，故爲子也。民患幣之輕而物貴，爲重幣以平之，權時而行，以廢其輕，故曰『母權子』，猶言『重權輕』也。『民皆得』者，本末有無皆得其利也。民患幣重，則多作輕錢而行之，亦不廢去重者。言重者行其貴，輕者行其賤也。」又孟康注曰：「重爲『母』，輕爲『子』。若市八十錢物，以母當五十，以子三十續之。」可與韋注相發明。

〔一〕軍案：見漢書食貨志下注。

4

無以茜酒

左傳僖四年：「管仲曰：『爾貢包茅不入，王祭不共，無以縮酒，寡人是徵。』」杜注：「束茅而灌之以酒，爲『縮酒』。」

正義曰：「郊特牲云：『縮酌用茅。』鄭玄云：『泲之以茅，縮去滓也。』」周禮甸師「祭祀共蕭茅」，鄭興周禮注亦作「鄭大夫」。賈疏標起至作「鄭司農」，誤。云：「蕭，字或爲『莤』。『莤』讀爲『縮』。束茅立之，祭前沃酒其上，酒滲下去，若神飲之，故謂之『縮』。縮，滲周禮注作「浚」。釋文：「浚，荀閏反，劉思順反。」與此異。也。故齊桓公責楚不貢包茅，王祭不共，無以縮酒。」杜用彼鄭興之説也。

案：説文酉部：「莤，禮，祭束茅加于祼圭而灌鬯酒，是爲『莤』，象神歆之也。从酉，从艸。春秋傳曰：『爾貢包茅不入，王祭不供，無以莤酒。』」又詩伐木「有酒湑我」，傳：「湑，莤之也。」箋云：「王有酒，則泲莤之。」釋文：「莤，所六反，與左傳『縮酒』同義，謂以茅泲之而去其糟也。字從『草』。」則「莤酒」字本从「艸」、从「酉」。據説文，知左傳作「無以莤酒」；據甸師注，知周禮作「祭祀共莤茅」。蓋毛詩、周禮、左傳皆古文，故與六書之旨合。

今左傳作「縮酒」，司尊彝作「數酌」，司尊彝「醴齊縮酌」，注：「故書『縮』爲『數』。杜子春云：『數當爲縮。』」皆「莤」之聲近假借字。甸師云「莤茅」者，以茅爲莤酒之用，當如字讀。鄭少贛既從左傳「莤酒」義，而復讀爲「縮」者，恐人不識「莤」字，故以今文讀之。作「蕭」亦爲聲近字。論語集解載鄭注云：「『蕭』之言『肅』也。」劉熙釋名釋宮室云：「蕭，肅也。」可證古「蕭」、「莤」聲相似，故「莤」或作「蕭」。杜子春讀爲「香蒿」之「蕭」，鄭康成從之，未足以改鄭少贛義也。周禮司尊彝、禮記郊特牲及毛詩傳所言「莤酒」，皆去滓法，與説文、甸師、左傳所説「灌酒茅上，象神歆」之義微不同。

5

吾不夢見周公

論語述而：「子曰：『甚矣，吾衰也！久矣，吾不復夢見周公！』」釋文：「不復，扶又反，注同。本或無『復』字，非。」

案：集解載孔注云：「孔子衰老，不復夢見周公。」據陸氏所見本，知經無「復」字，乃後人援注所增。以經云「久矣，吾不夢見」，明先時曾夢見，故注云「不復夢見」，「復」字正釋「久矣」字。陸氏反以無「復」字爲非，不審之至。

6

施弛古通

説文㫃部：「施，旗皃。从㫃，也聲。亝欒施字子旗，〔一〕知『施』者，旗也。式支切。」

徐鍇曰：「旗之逶迤。一曰設也。」弓部：「弛，弓解也。从弓、从也。施氏切。虒，弛或从虒。」凡「延及」、「陳設」義，當作「施」；凡「廢解」義，當作「弛」。古書既互通，俗人又多亂之。

爾雅釋詁：「矢，弛也。」郭注：「弛，放。」釋文：「弛也，尸紙反。」案：江漢「矢其文德」，毛傳：「矢，施也。」釋文：「矢施，如字；爾雅作『弛』，式氏反。」正義曰：「矢，施也，謂施陳文德。定本爲『弛』字，非也。」又禮記孔子閒居「詩云：『弛其文德』」，注：「弛，施也。」釋文：「弛其，徐式氏反，一音式支反，注同；皇作『施』。弛施也，如字，皇本作『施，布也』。」

據此，知爾雅、禮記作「弛」者皆「施」之通借，當從毛詩傳作「施」。故鄭注禮記云「弛，施也」，此非訓「弛」爲「施」，言「弛」爲「施」之假借也。乃郭璞晉人，已不明六書之旨，作如字讀而訓爲「放」；梁皇侃知禮記義當作「施」，而不知古書多借字，竟改經作「施」，又改注「弛，施也」爲「施，布也」，以合其所見；唐定本詩傳又依爾雅改作「弛」：皆非也。

又釋詁：「弛，易也。」郭注：「相延易。」釋文：「弛易，施，李音尸紙反，下音亦。顧、謝本『弛』作『施』，并『易』皆以豉反，注同。」

案：詩葛覃「施于中谷」，傳：「施，移也。」箋云：「葛延蔓於谷中。」釋文：「施于，毛以豉反，鄭如字，下同。」皇矣「施于孫子」，箋云：「施，猶易也，延也。」釋文：「施于，以豉反，注同。」

又禮記孔子閒居「施及四國」、「施及四海」、「施于孫子」，注：「施，易也。」釋文：「施及，以豉反，注同。」又淮南子卷八云「德澤施於方外」，注：「施，施延於遠方之外。」〔二〕又荀子儒效云「若夫充虛之相施易也」，楊注：「『施』讀曰『移』。」

然則釋詁「弛易」之「弛」，亦「施」之假借。據毛詩傳、箋及禮記注，知顧、謝是也。皇矣箋云「施，猶易也，延也」，郭注「相延易」，本此。

又周禮小司徒「以辨其貴賤、老幼、癈疾，凡征役之施舍」，注：「『施』當爲『弛』。」遂人「辨其老幼、癈疾，與其施舍者」，注：「『施』讀爲『弛』。」遂師「施其施舍與其可任者」，注：「『施』讀亦爲『弛』也。」國語晉語九「邢侯聞之，逃，遂施邢侯氏」，韋注云：「施，劾捕也。」晉孔晁注：「施，廢也，廢其族也，尸氏反。」見春秋昭十年正義及釋文。

論語微子「君子不施其親」，孔曰：「施，易也。不以他人之親，易己之親。」釋文：「不弛，舊音絁，疑。又詩紙反，又詩豉反。孔云衍。以支反，一音勑紙反，落也，並不及舊音。本今作『施』。施易，音亦。」〔三〕案：「不施其親」亦當作「解廢」意。孔注作如字讀，蓋不知爲假借也。禮記雜記下：「張而不弛，文武弗能也；弛而不張，文武弗爲也。一張一弛，文武之道也。」此本字本訓，與説文合。

隸釋卷十(五)[四]載漢石經論語亦作「君子不施其親」。〔四〕唐李翺筆解云：「『施』當爲『弛』。」〔五〕而釋文作「不弛」，朱子集注謂「福本同」，義雖是而文則改也。詩、禮釋文：「施，以豉反。」論語釋文作「以支反」，非。羣經音辨辨字音清濁：「設之曰施，式支切，詩『肅肅兔罝，施于中逵』。及之曰施，羊至切，詩『葛之覃兮，施于中谷』。」此過於區別。

〔一〕軍案：玉篇二部云：「亝，徂兮切，古文齊。」

〔二〕軍案：見淮南子本經訓。「注」，清經解本誤作「沐」。

〔三〕軍案：黄焯經典釋文彙校云：「皇、邢、正平及唐寫本皆作『施』。吴承仕云：『案「舊音絁」及「詩紙、詩豉反」，聲類並同，唯韻轉耳。「一音勑紙反」，則讀爲「阤」。孔傳云「易也，以支反」，則讀爲「移」。尋漢書衞綰傳「劍人所施易」，如淳曰：「施讀曰移。言劍人所好，故多數移易貿換之也。」如義與孔音正同。』」

〔四〕軍案：「五」當作「四」，見隸釋卷十四石經論語殘碑，今據改。

〔五〕軍案：見論語筆解卷下微子第十八。此引筆解文，乃韓愈語。

7

廄焚

論語鄉黨：「廄焚。子退朝，曰：『傷人乎？』不問馬。」集解：「鄭曰：『重人賤畜。退朝，自君之朝來歸。』」釋文：「廄，夫子家廄也。王弼曰：『公廄也。』」

案：禮記雜記下：「廄焚，孔子拜鄉人爲火來者。拜之，士壹，大夫再，亦相弔之道也。」注：「言『拜之』者，爲其來弔己。」正義曰：「廄焚，孔子馬廄被火焚也。孔子拜鄉人爲火來者，謂孔子拜謝鄉人爲火而來慰問孔子者。」

據論語云「子退朝」，禮記云「鄉人爲火來者」，則明是夫子家廄矣，故鄭云「自君之朝來歸」。鹽鐵論刑德云：「魯廄焚，孔子罷朝，問人不問馬，賤畜而重人也。」此與鄭義不合，而爲王弼之所本。

又家語曲禮子貢問云：「孔子爲大司寇，國廄焚，子退朝而之火所，鄉人有自爲火來者則拜之，〔一〕士一，大夫再。子貢曰：『敢問何也？』孔子曰：『其來者，亦相弔之道也。吾爲有司，故拜之。』」

案：此乃王肅據鹽鐵論竄改禮記，以與鄭氏相難者。既爲國廄，何獨孔子之鄉人來弔？豈諸大夫之鄉人獨無來弔者乎？抑雖有來弔者，而孔子不拜之，或諸大夫各自拜其鄉人乎？

〔一〕軍案：「者」，清經解本誤作「自」。

8

可與共學六句

論語子罕：「子曰：『可與共學，未可與適道。可與適道，未可與立。可與立，未可與權。』」集解：「適，之也。雖學，或得異端，未必能之道。雖能之道，未必能有所立。雖能有所立，未必能權量其輕重之極。」

唐李習之筆解引此作孔注，云：「孔注失其義。夫學而之道者，豈不能立耶？『權』者，『經權』之『權』，豈『輕重』之『權』耶？吾謂正文傳寫錯倒，當云『可與共學，未可與立。可與適道，未可與權』，如此則理通矣。」〔一〕

又詩緜正義引論語曰：「可與適道，未可與權。」或欲據詩正義及筆解改今本論語。

案：淮南子氾論：「孔子曰：『可以共學矣，而未可以適道也。可與適道，未可以立也。可以立，未可與權。』」高注：「適，之也。道，仁義之善道。立，立德、立功、立言。」淮南王漢初人，與集解本正合，知漢、魏相傳並同。今本詩正義斷章取義，不必盡符本文。李習之後世文人，其言未足爲據。

〔一〕軍案：見論語筆解卷上子罕第九。此引筆解文，乃韓愈語。參看四庫全書總目卷三十五經部「論語筆解二卷」條。

9　古文均爲袗

儀禮士冠禮：「兄弟畢袗玄，立于洗東。」注：「畢，猶『盡』也。袗，同也。『玄』者，玄衣、玄裳也。緇帶韠。古文『袗』爲『均』也。」

案：此經葢古文作「兄弟畢袗玄」，今文作「兄弟畢均玄」。鄭從今文作「均玄」，疊古文不用，注當云「均，同也。古文『均』爲『袗』也」。今本是後人倒易之。

左傳僖五年：「均服振振，取虢之旂。」杜注：「戎事上下同服。」釋文：「均，如字，同也。字書作『袀』，音同。」正義曰：「『均服』者，謂兵戎之事，貴賤、上下均同此服也。」又周禮司几筵「設莞筵紛純」，鄭司農云：「『純』讀爲『均服』之『均』。」釋曰：「僖五年左傳云『均服振振』，賈、服、杜君等皆爲『均』。均，同也。」又國語晉語二「均服振振」，韋注：「均，同也。戎服君臣同。」又呂氏春秋悔過云：「過天子之城，宜櫜甲束兵，左右皆下，以爲天子禮。今袀服四建，左不軾而右之超乘者五百乘。」高注：「袀，同也。兵服上下無別，故曰『袀服』。」鄭注既以「玄衣、玄裳」爲「同服」，則必從今文作「均」矣。賈、高、韋、杜並云「均，同也」，與此注義正合。

又禮記月令：「孟冬之月，乘玄路。」注：「今月令曰『乘軫路』，似當爲『袗』字之誤也。」正義曰：「『軫』是車之後材，路皆有軫，何得云『乘軫路』？此『軫』字當『衣』旁著『参』。『袗』是玄色，故以今月令『軫』字似當爲『袗』字錯誤。以此經云『乘玄路』，『玄』、『袗』義同，故昏禮云『女從者畢袗玄』，鄭雖以『袗』爲『同』，要『袗』是『玄』之類。」是鄭以「袗」義爲「玄」，經已云「玄」，不必更言「袗」矣。古文「袗」、「玄」義複，鄭所不從。據月令正義，知孔氏所見儀禮已誤同今本。

士昏禮：「女從者畢袗玄。」注：「袗，同也。『同玄』者，上下皆玄也。」釋曰：「此『袗』讀從左氏『均服振振』，一也。故云『同玄，上下皆玄也』。『同』者，即婦人之服，不殊裳。」

案：士昏禮亦當作「均玄」。據疏云「此『袗』讀從左氏『均服振振』」，疑賈氏作疏時，禮經尚作「均玄」，而未誤爲「袗玄」也。

續漢輿服志下云：「秦以戰國即天子位，滅去禮學，郊祀之服皆以袀玄。」又「五嶽、四瀆、山川、宗廟、社稷諸沾秩祠，皆袀玄長冠，五郊各如方色云。百官不執事，各服常冠袀玄已從」。又「祀宗廟諸祀，皆服袀玄」，梁劉昭注云：「獨斷曰：『袀，紺繒也。』吳都賦［注］曰：『袀，阜服也。』」〔一〕又蔡邕獨斷下：「祠宗廟，則長冠袀玄。」又淮南子齊俗：「譬若芻狗、土龍之始成，尸祝袀袨，大夫端冕，以送迎之。」高注：「袀，純服；袨，墨齋衣也。」〔二〕此並「袀玄」連文，與冠、昏禮今文「均玄」二字正同。雖皆秦、漢之事，不足爲禮經之證，然左傳「均服」既本作「袀服」，知儀禮「均玄」亦本作「袀玄」矣。說文新附：「袨，盛服也。从衣，玄聲。黄絢切。」玉篇：「袨，胡絢切，黑衣也。」

〔一〕軍案：後漢書劉昭注引「袀，阜服也」四字非漢賦行文所應有，「吳都賦」下各本當脱「注」字。鄭樵通志卷四十七器服略君臣冠冕巾幘等制度「歷代冕弁」條引此文，作「班固東都賦注云：『袀，阜［服］也。』」「阜」下脱「服」字；然「賦」下有「注」字，則是也，今據補。○段玉裁注説文衣部增「袀」篆，云：「吳都賦『六軍袀服』，劉注曰：『袀，阜服也。』」逕以此四字爲劉昭所注，不確。段氏所據者，疑即經籍籑詁卷十一上平聲十一真「袀」字條，而籑詁誤記矣。

〔二〕軍案：「齋」，四部叢刊影鈔北宋本淮南鴻烈解作「齊」。

10

袀服振振

文選吴都賦「六軍袀服」，劉淵林注：「左氏傳曰：『袀服振振。』袀，同也。」閒居賦「服振振以齊玄」，李善注：「左氏傳曰：『袀服振振。』服虔曰：『袀服，黑服也。』説文曰：『袀，玄服也，音均。』」又漢書五行志中之上「左氏傳『袀服振振』」，師古曰：「袀服，黑衣。振振，袀服之貌也。」然則左傳本作「袀服」，其義爲「黑衣」。「均，同也」蓋賈景伯義，而杜氏用之。〔一〕服注當云：「『均』讀爲『袀』。袀服，黑服也。」

今説文衣部云：「袗，玄服。从衣，㐱聲。裖，袗或从辰。」而無「袀」字。據閒居賦注所引，知唐初説文本有「袀」字。蓋今本脱落，或即「袗」字之異，蓋説文本用今文「袀」字，後人以古文「袗」字代之，猶儀禮之「均」作「袗」也。經既「均玄」連文，則「袀」爲「玄服」可知。與服子慎、顔師古義同。玉篇：「袀，戎服也。」廣韻十八諄：「袀，戎衣也。」左傳曰：「『均服振振。』字書從『衣』。」左傳釋文亦云：「均，字書作『袀』。」知説文故有「袀」字矣。〔二〕

國策趙策：〔三〕「左師公曰：『老臣賤息舒祺，〔四〕最少，不肖，而臣衰，竊愛憐之，願令補黑衣之數，〔五〕以衛王宫。』」此戎事黑服之證。師古以「袀服」爲「黑衣」，當本之應劭、服虔等音義。顔氏每遇舊注與己合者，即没其姓氏，襲爲己有，故能於杜注、孔疏外別立一解也。

〔一〕軍案：「用之」，清經解本誤倒作「之用」。

〔二〕軍案：段注説文衣部於「袗」篆上補「袀」篆，云：「袀，玄服也。各本無此篆，而『袗』篆下云『玄服也』，蓋誤合二爲一。今依文選閒居賦『服以齊玄』李善注所引説文正。又鄭釋士昏、杜釋左傳皆釋『袀』爲『同』，此謂『袀』即『均』之假借字耳。」○段注引閒居賦「服」下脱「振振」二字。

〔三〕軍案：見戰國策趙策四。

〔四〕軍案：「祺」，清經解本誤作「褀」。

〔五〕軍案：「補」，清經解本誤作「袀」。

11　王弼易注有音

易大過注「音『相過』之『過』」，明神廟、崇禎兩刻本皆無，正義標注有此句。釋文大書「相過之過」四字，蓋後人疑注中不當有音，恐非王氏語，故删之。

案：井象曰：「巽乎水而上水，井。」注：「音『舉上』之『上』。」正義曰：「嫌讀爲去聲，故音之也。」豐象曰：「豐，大也。」注：「音『闡大』之『大』也。」正義曰：「『闡』者，宏廣之言。凡物之大，其有二種：一者，自然之大；二者，由人之闡宏使大。豐之爲義，既闡宏微細，則豐之稱『大』，乃『闡大』之『大』，非『自然』之『大』，故音之也。」舉此可證注中本有音矣。

凡漢儒之書，多注、讀相連，如鄭康成毛詩箋、三禮注，許叔重說文，高誘吕氏春秋、淮南子注，可見。魏、晉以來，此法漸疏，惟郭景純注爾雅、方言尚有典型。論語「子游曰：『事君數』」，〔一〕集解云：「數，謂『速數』之『數』。」正義曰：「嫌讀爲上聲。去聲，故辨之。」較易注益寥寥矣。

〔一〕軍案：見論語里仁篇。

12

沙鹿崩

五行志下之上：〔一〕「釐公十四年『秋八月辛卯，沙麓崩』。穀梁傳曰：『林屬於山曰麓；沙，其名也。』劉向吕爲：〔二〕『臣下背叛散落，不事上之象也。』公羊吕爲：「沙麓，河上邑也。」』董仲舒說略同。一曰：『河，大川象；齊，大國。桓德衰，伯道將移於晉文，故河爲徙也。左氏吕爲：「沙麓，晉地；沙，山名也。地震而麓崩，不書震，舉重者也。」』」

案：穀梁傳：「沙，山名也。無崩道而崩，故志之也。其日，重其變也。」范注引劉向曰：「鹿，在山下平地，臣象，陰位也。『崩』者，散落背叛，不事上之象。」與漢志所載劉説合。公羊傳：「此邑也，其言『崩』何？襲邑也。」何注：「『襲』者，嘿陷入于地中。言『崩』者，以在河上也。河崩有高下，如山有地矣，故得言『崩』也。」

杜注左氏經云：「沙鹿，山名。平陽元城縣東有沙鹿土山，在晉地。災害繫於所災所害，故不繫國。」正義曰：「服虔云：『沙，山名。鹿，山足。林屬於山曰鹿。』取穀梁爲説也。」

案：以「沙」爲山名，本漢志所載左氏舊義，非取穀梁爲説。「鹿」字之訓，本諸穀梁，與左氏「沙」爲「山名」正合。杜氏統言「沙鹿」爲「山名」，失古人正名之誼矣。

正義又引漢書元后傳云：「后祖翁孺自東平陵徙魏郡元城委粟里。元城建公曰：『昔春秋沙鹿崩，晉史卜之，曰：「陰爲陽雄，土火相乘，故有沙鹿崩。(崩)後六百四十五年，〔三〕宜有聖女興。」今王翁孺徙，正值其地，日月當之。元城郭東有五鹿之虛，即沙鹿地。』」計爾時去聖猶近，所言當得其實。

〔一〕軍案：見漢書五行志下之上。

〔二〕軍案：「吕」，清經解本作「以」，非是。

〔三〕軍案：漢書元后傳無下「崩」字，此當衍，今據删。

13 欒范易行

左傳襄廿六年：「鄢陵之役，楚晨壓晉軍而陳，晉將遁矣。苗賁皇曰：『楚師之良，在其中軍王族而已。若塞井夷竈，成陳以當之，欒、范易行以誘之，中行、二郤必克二穆。吾乃四萃於其王族，必大敗之。』晉人從之，楚師大敗。」杜注：「欒書時將中軍，范燮佐之。易行，謂簡易兵備。欲令楚貪己，不復顧二穆之兵。」

正義曰：「賈逵、鄭衆皆讀『易』爲『變易』之『易』。賈以『行』爲『道』也。欒爲將，范爲佐，二人分中軍别將之，欲使欒與范易道，令范先誘楚，欒以良卒從而擊之。鄭謂『易行，中軍與下軍易卒伍也』。計設謀之時，軍既未動，道未定分，何以言『改道』？將卒相附繫屬久矣，無容臨戰而改易。且言『易行』，『行』非『卒伍』之名，安得爲『易卒伍』也？二者之説，皆不可通。以傳言『誘之』，則謂羸師毁軍，示弱以誘敵，故讀『易』爲『簡易』之『易』，謂簡易行陳，少其兵備，令楚貪己，不復顧二穆之兵，使中行、二郤得克二穆也。楚語説此事云：『雍子謂欒書曰：「楚師可料也，在中軍王族而已。若易中下，楚必歆之。」』

韋昭云：『中下，中軍之舊衍「上」字，今據國語注删。下也。歆，猶貪也。簡易欒、范之行，示之弱以誑楚也。』是韋昭已讀爲『簡易』之『易』，故杜從之也。」

又國語楚語上：「『楚師可料也，在中軍王族而已。若易中下，楚必歆之，若合而函吾中，吾上下必敗其左右。敗三萃以攻其王族，必大敗之。』欒書從之，大敗楚師。」韋注云：「鄭司農以爲：『易行，中軍與上、下軍易卒伍也。中軍之卒良，故易之。』」據國語，則此傳當從鄭司農説。

苗賁皇言：「楚之三軍，惟中軍王族最精，不可驟勝，其左、右軍不足憂也。若以晉中軍與下軍相移易，彼見吾中軍柔弱，必起貪戰之心。則爲吾所誘，合戰而入吾中軍，吾即以上、下二軍與新軍相合，以敵彼左、右二軍，去其中軍之羽翼。然後以上、下、新三軍與中軍相合，攻彼王族，則彼中軍必敗矣。」

故成十六年傳云：「苗賁皇言於晉侯曰：『楚之良，在其中軍王族而已。請分良以擊其左右，而三軍萃於王卒，必大敗之。』公筮之，史曰：『吉。』公從之。」若依杜氏「簡易」之説，則「分良以擊其左右」句如何可通？「公從之」者，謂從苗賁皇之計，分移中軍爲下軍也。杜以爲「從其言而戰」，非也。

又彼傳云：「欒書將中軍，士燮佐之；郤錡將上軍，荀偃佐之；韓厥將下軍；郤至佐新軍。」國語云「若易中下」，謂中軍欒書、范燮與下軍韓厥相易，其上軍郤錡、荀偃則仍舊。故國語云「吾上下必敗其左右」，此傳云「中行、二郤必克二穆」，明上軍郤錡、荀偃不易也。「易行」非但易卒伍，軍將亦相易。孔氏謂「將卒相附繫屬久矣，無容臨戰而改易」，是不知連軍將易也。

國語云「三萃」，彼傳亦云「三軍萃於王卒」，而此傳云「四萃」者，三軍之外，又有郤至新軍，因與下軍相合，故總言之則曰「三軍」、「三萃」，分言之則曰「四萃」也。韋注云：「時晉有四軍，言『三集』者，中軍先入，而上、下及新軍乃三集以攻之。」杜云：「四萃，四面集攻之。」孔云：「韋昭見彼爲『三』字，故説之使通耳。蓋二文不同，必有一誤。」案：三説皆非也。傳謂中行、二郤將上、下軍，今郤錡、中行偃既將上軍，則下軍必有郤至矣，故知新軍與下軍合也。然下軍之中，兼及權合之新軍，而本軍之將、佐反無明文者，以上云「欒、范易行以誘之」，則下軍之將、佐已明；若新軍之所屬，不言則不知也。

又成十六年傳云「欒、范以其族夾公行」，謂欒、范不得在中軍衛公，各以其宗族夾輔公行也。故下言晉侯陷於淖，欒書將載之，欒鍼責之云：「離局，姦也。」以已在下軍，而復至中軍載公，故謂之「離局」。

賈逵以「易行」爲欒與范易道，先後誘擊之。然即欲先後誘擊之，亦無庸欒與范易。

韋昭以「若易中下」爲「中軍之下」，此據國語晉語六「欒武子將上軍，范文子將下軍」之文。然欲簡易以示弱，同一中軍之將，何范燮之軍簡易，欒書之軍不簡易乎？改讀易字，以開杜氏之誤，而國語之難通，更甚於左傳矣。

今爲晉三軍與中下相易表及楚三軍表於左，俾學者考焉。

晉三軍及新軍表

上軍	中軍	下軍	新軍
郤錡 荀偃（即中行偃）	欒書 范燮（即士燮）	韓厥	郤至

晉三軍中下相易新軍合下軍表

上軍	中軍	下軍 新軍
郤錡 荀偃	韓厥	欒書 范燮 郤至

楚三軍表

左軍	中軍	右軍
子重（令尹）	子反（司馬）	公子壬夫（右尹子辛）

經義雜記卷八

武進學生臧琳玉林

1 李翺論語筆解

世傳論語筆解，題唐韓愈著。余讀其書，知是李習之所爲，蓋韓退之評騭者也。其「冉有曰夫子爲衞君」章云：〔一〕「上篇云：『伯夷、叔齊不念舊惡，怨是用希。』此言君子雖惡不怨也。下篇云：『不降其志，不辱其身，伯夷、叔齊歟！我則異於是，無可無不可。』吾嘗疑三處言夷、齊各不同。吾謂：此段義稱賢且仁者，蓋欲止冉有爲衞君而已。」後又載一條云：「習之深乎哉！吾今乃知仲尼之言瞻之在前，忽然在後，不可槩窺其極。」

「子曰善人教民七年」章云：〔二〕「『七年』義不解。吾謂：『即戎』者，衣裳之會、兵車之會皆謂『即戎』矣。此是諸侯朝會於王，各（脩）〔修〕戎事之職。〔三〕案王制云：〔四〕『三年一聘，五年一朝。』仲尼志在尊周，故言五年可以即戎事、朝天子。『七年』者，字之誤歟？」後又載一條云：「噫！習之可謂究極聖人之奥矣！先儒但以『攻戰』爲『即戎』，殊不思仲尼教民尊周、謹朝聘，所以警當世諸侯，舉『五年』而三年、十一年從可知矣。」

「子曰性相近也」章云：〔五〕「上文云『性相近』，是人以可習而上下也。下文云『上下不移』，是人不可習而遷也。二義相反，先儒莫究其義。吾謂：上篇云：『生而知之，上也；學而知之，次也；困而學之，又其次也；困而不學，民斯爲下矣。』與此篇二義兼明焉。」後又載一條云：「如子之説，文雖相反，義不相戾。誠知乾道變化，各正性命，坤道順乎承天，不習無不利，至哉！果天地之心，其邃矣乎！」據此，知是李習之所爲，而非退之書也。

其餘評騭語尚多，惟此尤爲明證云。

〔一〕軍案：見論語筆解卷上述而第七。

〔二〕軍案：見論語筆解卷下子路第十三。

〔三〕軍案：「脩」，今從論語筆解作「修」。

〔四〕軍案：「案」，論語筆解作「按」。

〔五〕軍案：見論語筆解卷下陽貨第十七。

2

論語筆解纂

習之好改字，余既有辨矣；〔一〕覆讀之，有可采備一説者，纂録於此。

「事君數」章，何晏注：「『數』讀爲『速數』之『數』。」李云：「『君命召，不俟駕』，〔二〕速也，豈以『速』爲辱乎？吾謂『數』當謂『頻數』之『數』。」〔三〕案：「速」讀爲「促」，即「頻數」義。此解與集注同。

「子見南子」章，孔注：「矢，誓也。」李云：「矢，陳也。否，當爲『否泰』之『否』。厭，當爲『厭亂』之『厭』。孔失之矣，爲『誓』非也。後儒因以『矢』爲『誓』，又以『厭』爲『擨』，益失之矣。」〔四〕案：釋文引「蔡謨云：『矢，陳也。』否，王弼、李充備鄙反。厭，於琰反，又於艷反」。正義曰：「蔡謨云：『矢，陳也。』夫子爲子路陳天命也。」此解與蔡、王、李充等合。

「自行束脩」章，云：「説者謂：『束』爲『束帛』，『脩』爲『脩脯』；人能奉束脩於吾，則皆教誨之。此義失也。吾謂：以『束脩』爲『束修』，則然矣。仲尼言：小子洒掃進退，束修末事，但能勤行此小者，則吾必教誨其大者。」〔五〕案：漢人皆以「束脩」爲「約束修絜」。李解與舊説合。

得。」〔六〕案：集解載王肅注云：「君子固窮，而子路愠見，故謂之少於知德。」此解與王意合。

「子曰：『由！知德者鮮矣』」，云：「此一句是簡編脱漏，當在『子路愠見』下文一段爲

「君子不施其親」，云：「『施』當爲『弛』。」〔七〕此解與余説合。

今之學者，日習朱子集注，於何氏集解置之高閣，更何暇及此？而不知唐人之書亦不可不讀也。或疑此爲後人託撰。然即以兹數端論之，似非宋以來學者所能言；且其文繁意複，與唐人義疏極相似。

〔一〕軍案：見本書卷十七「論語筆解好改字」條。
〔二〕軍案：見論語鄉黨篇。
〔三〕軍案：見論語筆解卷上里仁第四。
〔四〕軍案：見論語筆解卷上雍也第六。
〔五〕軍案：見論語筆解卷上述而第七。
〔六〕軍案：見論語筆解卷下衛靈公第十五。
〔七〕軍案：見論語筆解卷下微子第十八。

3

左傳錯簡

左氏音義之四襄五第十八大書「傳」字，云：「此傳本爲後年脩成，當續前卷二十五年之傳後，簡編爛脱，後人傳寫，因以在此耳。」

案：傳云：「會于夷儀之歲，齊人城郟。其五月，秦、晉爲成，晉韓起如秦涖盟，秦伯車如晉涖盟，成而不結。」杜注：「傳爲後年修成起本，當繼前年之末，而特跳此者，傳寫失之。」正義曰：「漢書藝文志云『左氏傳三十卷』，則丘明自分爲三十也。丘明作傳，使文勢相接，爲後年之事而年前發端者多矣。文十年傳云『厥貉之會，麇子逃歸』，十一年云『楚子伐麇』；宣十一年傳云『厲之役，鄭伯逃歸』，十二年而云『楚子圍鄭』，皆傳在前卷之末，豫爲後卷之始。此爲後年修成，發其前成不結，其事與彼相類，不宜獨載卷首。知其當繼前年之末也，而特跳出在於此卷之首者，是傳寫失之也。學者以此語字多，欲(合)[令]與下相接，(一)故輒斷彼末，寫於此首。後人因循，不敢改易。故『失之』，言失其本真也。説文云：『跳，躍也。』謂足絶地而高舉也。魏晉儀注：『寫章表，別起行頭者，謂之「跳出」。』故杜以『跳』言之。」

又案：儀禮聘禮記：「百名以上書於策，不及百名書於方。」釋曰：「鄭注尚書，三十字一簡之文。服虔注左氏云：『古文、篆書一簡八字。』」則尚書與左氏竹簡字數多寡不同，然亦止大概言之，不必尚書定三十字，左氏定八字。故漢書藝文志論酒誥、召誥脱簡云：「率簡二十五字者，脱亦二十五字；簡二十二字者，脱亦二十二字。」蓋多不過三十字，少不過八字耳。此傳「會于夷儀」云云，共三十五字，以八、九字一簡數之，應有四簡。蓋簡編爛脱，當在卷十七之末者，反落在卷十八之首。杜氏注傳時，本已如此，故後人傳寫者，亦因之而不敢改。陸氏所言是也。乃杜以爲「傳寫失之」，語欠分曉。

正義又云：「學者欲[令]與下相接，〔二〕故輒斷彼末，寫於此首。」余謂：自杜氏以前，恐無此穿鑿私改之弊。今釋文尚仍陸氏之舊，在第十八。依孔氏所言，亦本在正義第卅七之首。乃俗本注疏移於第卅六之末，在廿五年傳後，則非孔氏真本矣。〔三〕單注本亦誤。惟明刻杜林合解在第卅一襄廿六年之上，頗足取云。〔四〕

〔一〕軍案：「合」當作「令」，形近而譌。襄二十五年左傳注疏阮元校勘記云：「宋本作『令』，是也。監本、毛本作『合』，並非。」

〔二〕軍案：「欲」下當補「令」字。臧氏引用注疏本左傳正義「欲」下蓋原有「合」字，乃「令」字之誤，臧氏不悟，以「合」字於此難通文意，遂略去不引，亦非。

〔三〕軍案：襄二十五年左傳注疏阮元校勘記云：「閩本、監本、毛本在卅六卷之末，皆仍十行本之誤。」

〔四〕鏞堂謹案：歸安嚴久能元照貽我不全宋板左傳三册，上册題「襄五第十八」，此傳正在廿六年之首。

4

壅河三日不流

穀梁傳成五年：「梁山崩，壅遏河三日不流。」又：「輦者對曰：『梁山崩，壅遏河三日不流。』」釋文：「壅遏，於勇反，下於葛反。」

案：公羊傳：「梁山崩，壅河三日不沂。」俗「流」字。無「遏」字。「壅」、「遏」義同，不當複見。傳又云：「天有山，天崩之；天有河，天壅之。」亦有「壅」無「遏」。疑二「遏」皆係衍文，或本爲注義，誤入傳中。漢書五行志下之上云：「穀梁傳曰：『廱河三日不流。』」則西漢儒所據穀梁無「遏」字。陸德明爲「遏」字作音，是唐以來已衍矣。

5

五十曰艾

禮記曲禮：「五十曰艾，服官政。」注：「艾，老也。」釋文曰：「艾，五蓋反，老也，謂蒼艾色也；一音刈，治也。」

正義曰：「年至五十，氣力已衰，髮蒼白色如艾也。熊氏云：『案中候運衡云：「年耆既艾。」注云：「七十曰艾。」言「七十」者，以時堯年七十，故以「七十」言之。又中候準纖哲云：「仲父年艾，誰將逮政？」注云：「七十曰艾者，云誰將逮政？」是告老致政，致政當七十之時，故以七十曰艾。』」劉熙釋名釋長幼云：「五十曰艾。艾，『乂也；乂』，治也，〔一〕治事能斷割芟刈，無所疑也。」

案：〔二〕鄭既以「老」訓「艾」，則當從陸、孔説，以「艾」爲草色。釋文「一音刈」，與釋名合。然據中候七十亦稱「艾」，豈謂年至七十始能治事乎？禮記「五十曰艾」，而鄭言「七十」者，蓋如六十、七十、八十通稱「耋」也。

〔一〕軍案：任繼昉釋名匯校云：「盧文弨、疏證本、黄丕烈於『治』上增『乂也，乂』三字。疏證本云：『今本止云「艾，治也」，無「乂也，乂」三字，據一切經音義引增。』丁山將疏證本校語『今本』改爲『何［允中］本、嘉靖本』。胡楚生校：『慧琳音義卷二十五引此條作「艾，乂也；乂，治也」。』」○盧文弨等所增是也。海山仙館叢書本玄應一切經音義卷十一之增一阿含經第二十五卷引釋名此條作「艾，乂也；乂，治也」，今據補。又，玄應爲增一阿含經所作音義，亦見載於慧琳一切經音義卷五十二，高麗藏本、獅谷白蓮社本皆作「艾又也又治也」，二「乂」字譌作「又」。胡楚生校語「卷二十五」有誤，當作「卷五十二」。徐時儀一切經音義三種校本合刊本玄應音義卷十一、慧琳音義卷五十二引此條皆作「艾，乂也，又治也」，誤改玄、慧音義原文，句讀亦非。

〔二〕軍案：「案」，清經解本誤作「蓋」。

6 龍黿之怪

漢書五行志下之上：「史記夏后氏之衰，有二龍止於夏廷，史記周本紀作「有二神龍止於夏帝廷，而言曰」，國語鄭語作「褒人之神化爲二龍」。而言：『余，褒之二君也！』案：國語注云：「二先君也。」裴駰引虞翻曰：「龍自號褒之二先君也。」夏帝卜殺之、去之、止之，莫吉；卜請其漦而藏之，乃吉。應劭曰：「漦，沫也。」鄭氏曰：「漦，音『牛齝』之『齝』。」案：韋注云：「漦，龍所吐沫（沫），〔一〕龍之精氣也。」於是布幣策告之。龍亡而漦在，乃匵去之。師古曰：「匵，匱也。去，藏也。」案：以「去」爲「藏」，此古訓也。史記亦作「櫝而去之」。國語作「櫝而藏之」，蓋後人私改。其後夏亡，傳匵於殷、周，案：史記作「夏亡，傳此器殷。殷亡，又傳此器周」。國語作「傳郊之」，當有誤字。詩白華正義引無此三字。韋注云「傳祭於郊」，可疑。三代莫發。至厲王末，發而觀之，漦流于廷，不可除也。厲王使婦人贏而譟之，史記作「裸而譟之」，國語作「不幃而譟之」。漦化爲玄黿，韋昭曰：「黿，或爲『蚖』。蚖，蜥蜴也，象龍。」案：史記同作「黿」。師古曰：「黿，似鼈而大，非蛇及蜥蜴。」入後宮。處妾國語作「童妾」，史記作「童女」。遇之而孕，國語作「未既齓而遭之，既笄而孕」，史記作「既齓而遭之」。「未既」之「（既）〔未〕」蓋衍。〔二〕生子，懼而棄之。宣王立，女童䚻此「歌䚻」本字。說文云：「䚻，徒歌。从言、肉。」國語、史記皆作「謠」，俗字。曰：『檿弧萁服，實亡周國。』師古曰：「女童謠，閭里之童女爲歌謠也。檿，山桑之有點文者也。木弓曰弧。服，盛箭者，即今之『步叉』也。〔三〕萁，草似荻而細，織之爲服也。檿音一簟反。萁音基。荻音敵。」後有夫婦鬻是器者，宣王使執而僇之。既去，見處妾所棄妖子，史記作「逃於道，而見鄉者後宮童妾所棄妖子出於路者」，徐廣曰：「妖，一作『夭』。夭，幼少也。」案：作「妖孽」本字是。聞其夜號，哀而收之，遂亡奔褒。後褒人有罪，入妖子㠯贖，是爲褒姒。幽王見而愛之，生子伯服。王廢申后及太子宜咎，而立褒姒、伯服代之。廢后之父申侯與繒西畎戎共攻殺幽王。詩曰：『赫赫宗周，褒姒威之。』劉向㠯爲：『夏后季世，周之幽、厲，皆誖亂逆天，故有龍黿之怪，近龍蛇孽也。漦，血也，一曰沫也。檿弧，桑弓也。萁服，蓋㠯萁草爲箭服。近射妖也。女童謠者，禍將生於女，國㠯兵寇亡也。』」

〔一〕軍案：韋注「沫」字不重，此當衍其一，今據删。

〔二〕軍案：「之」下「既」字當作「未」。

〔三〕軍案：「叉」，清經解本誤作「乂」。通典卷六十四禮二十四嘉九天子車輅「戎車」條引通俗文曰：「箭箙謂之步叉。」

7

二曰醫注

周禮酒正：「辨四飲之物，二曰醫。」注：「『醫』之字從殹、從酉省也。」釋文：「從殹，烏兮反，徐烏例反，本或作『毉』。」案：「醫」字正從殹、從酉，不當言「從酉省」。考賈疏云：「『從殹省』者，去羽；『從酉省』者，去水，故云『從殹、從酉省』也。」則賈疏本作「從翳、從酒省」也。釋文音「烏兮反」，葢已誤作「殹」，或作「毉」，即「醫」之俗字。徐仙民音「烏例反」，當作「蔽翳」之「翳」，與賈疏本同。今賈疏亦作「從殹、從酉」，幸有「去羽」、「去水」之言可考也。

説文酉部云：「醫，治病工也。殹，惡姿也。醫之性然疑衍。得酒而使，从酉。〔一〕王育説。一曰：『殹，病聲；酒，所以治病也。周禮有醫酒。古者，巫彭初作醫。』」據説文，則「殹」爲病容，一曰病聲，皆取會意，不從「翳」省。而鄭云「從翳省」者，鄭以「醫」爲諧聲字。

石鼓文「汧殹沔沔」，元潘迪音訓引王厚之云：「殹，即『也』字，見詛楚文及秦斤。」然則周、秦皆以「殹」爲「也」。鄭恐學者亦讀「殹」爲「也」，故轉從「翳」省也。凡「醞」、「釀」、「醴」、「醇」等字，皆從「酉」，「酉」即「酒」也。説文：「酉，就也。八月黍成，可爲酎酒。」又：「酒，就也，所以就人性之善惡。」是「酉」、「酒」同義。故「醫」下云「从酉，醫之性得酒而使」，又云「酒，所以治病也」，亦以「酉」爲「酒」也。鄭云「從酒省」，則凡从「酒」字皆因省從「酉」，是「酉」、「酒」不同矣。然未見有不省而從「酒」者。疑鄭本云「『醫』之字從酉、從翳省也」，寫者誤倒之。

〔一〕軍案：「从酉」上段玉裁補「故」字。説文段注云：「『故』字今補。此説『从酉』之故，以醫者多愛酒也。」

8 大卷咸池因變

禮記樂記「大章，章之也」，注：「堯樂名也，言堯德章明也，周禮闕之，或作『大卷』。」「咸池，備矣」，注：「黄帝所作樂名也，堯增脩而用之。咸，皆也。『池』之言『施』也，言德舊倒，今據史記樂書正義所引乙正。之無不施也。周禮曰『大咸』。」釋文：「大咸，如字，一本作『大卷』。卷，音權。」案：鄭以周禮「大卷」當禮記「大章」，以周禮「大咸」即禮記「咸池」。此注一作『大卷』」，明誤無疑，陸氏何不能辨之？

正義曰：「黄帝所作咸池之樂，至堯之時，更增改脩治而用之。周禮大司樂謂之『大咸』。咸池雖黄帝之樂，若堯既增脩，故此文次在大章之下矣。又黄帝之樂，堯不增脩者，則别立其名，則此大章是也。其咸池雖黄帝之樂，堯增脩者，至周謂之『大咸』。其黄帝之樂，堯不增脩大章者，至周謂之『大卷』。於周之世，其黄帝樂，堯不增脩，謂之『大卷』者，更加以『雲門』之號，是雲門大卷一也。熊氏云：『知大卷當大章者，案周禮云「雲門大卷」，大卷在大咸之上，此大章在咸池之上，故知大卷當大章。知周别爲黄帝樂名「雲門」者，以此樂記唯云咸池、大章，無「雲門」之名。周禮，雲門在六代樂之首，故知别爲黄帝立「雲門」之名也。知於「大卷」上加「雲門」者，以黄帝之樂，堯增脩者既謂之「咸池」，不增脩者别名「大卷」，明周爲黄帝於不增脩之樂别更立名，故知於「大卷」之上别加「雲門」，是雲門大卷一也。』」

又周禮大司樂「以樂舞教國子，舞雲門大卷、大咸」，注：「黄帝曰雲門大卷。黄帝能成名萬物以明民共財。言其德如雲之所出，民得以有族類。大咸，咸池，堯樂也。堯能殫均刑灋以儀民。言其德無所不施。」

釋曰：「本黃帝樂名曰咸池，以五帝殊時，不相治樂，堯若增脩黃帝樂體者，存其本名，猶曰咸池，則此大咸也。若樂體依舊，不增脩者，則改本名，名曰大章。故云大章堯樂也。周公作樂，更作大卷，大卷則「即」通。大章。大舊（説）〔脱〕「大」字，今補。〔一〕章名雖堯樂，其體是黃帝樂，故此大卷一當作「亦」。爲黃帝樂也。周公以堯時存黃帝咸池爲堯樂名，則「即」通。更與黃帝樂立名，名曰『雲門』。則『雲門』舊脱「門」字，今補。與『大卷』爲一〔名〕，〔二〕故下文分樂而序之，更不序大卷也。」

據此，知黃帝二樂：一大卷，一咸池。其大卷，堯不增脩而全用之，更名曰「大章」。周公制禮，以大卷本黃帝之樂，但異其名耳，故仍屬之黃帝，而復其本名，又冠「雲門」以美大之。其咸池，堯既增脩改用，則「咸池」之名雖仍黃帝之舊，而實爲堯樂矣，故周公遂以此爲堯樂，又加「大」字於上，省「池」字於下也。於此見堯有因襲之妙而無變改之失，有表揚之衷而無攘竊之嫌；又可見周公定樂命名之精，而周禮爲天理爛熟之書也。

蓋五帝殊時，不相沿樂，故堯欲全用黃帝之樂，必改其本名，庶足以新民之耳目，此大卷所以爲「大章」也。若咸池，既已增脩，非盡黃帝之本體，而又改易其名，幾何不疑爲堯所自創？百世之下，增脩之迹既泯，又誰知爲本之黃帝乎？故咸池之仍名「咸池」，堯之不忘所本也。若周公制禮，必去其虛名而從其實體，故復「大卷」之號，而黃帝之樂定矣；歸咸池於堯，而堯之樂定矣。

不更以咸池歸黃帝者，何也？蓋不敢以後帝所增脩，致殺前帝之創造；又不敢没後帝之脩改，而虛加之前帝，故咸池不屬黃帝而屬堯也。

大卷必冠以「雲門」，何也？蓋周公定六代之樂，俱加以美大之稱，故武曰「大武」，濩曰「大濩」，夏曰「大夏」，韶曰「大磬」，咸池曰「大咸」。至於大卷，黃帝本言「大」，堯改之又曰「大章」，不可更加以「大」，故於「大卷」之上，美之曰「雲門」也。

其因變之迹，今爲表以明之。

大卷咸池因變表

黃帝	大卷	咸池
堯	大章（改名不脩）	咸池（脩不改名）
周公	雲門大卷	大咸

周公定樂表

黃帝	雲門大卷
堯	大咸

〔一〕軍案：「説」，當作「脱」，今據清經解本改。

〔二〕軍案：「一」下周禮大司樂疏有「名」字，今據補。

9 哀公問衍句

禮記哀公問：「其順之，然後言其喪筭，備其鼎俎，設其豕腊，脩其宗廟，歲時以敬祭祀，以序宗族。」釋文：「備其鼎俎，本亦無此句。」

案：孔本無此句，今禮記有之，蓋從陸本增入也。正義曰：「『然後言其喪筭』者，『言』，猶示語也；『筭』，數也。民既從順，然後示語其喪紀節數以教之也。『設其豕腊』者，謂喪中之奠有豕有腊也。前示服數，後設喪奠之禮也。」可證孔氏無此句。此節除「備其鼎俎」，共十四句，正義句句釋之，不宜獨闕此句不釋。禮運篇有此句，正義甚詳，蓋因彼誤衍耳。

10 既稟稱食

禮記中庸：「日省月試，既廩稱事，所以勸百工也。」鄭注：「『既』讀爲『餼』。餼廩，稍食也。」釋文：「稟，彼錦反，一本又力錦反。」

案：説文：「㐭，穀所振入。宗廟粢盛，倉黄㐭而取之，故謂之『㐭』。从入、回。象屋形，中有户牖。凡㐭之屬，皆从㐭。廩，㐭从广、从禾。稟，賜穀也。从㐭、从禾。」則「廩」爲「倉㐭」之或字，與「餼食」之「稟」義别。鄭注以「既稟」爲「稍給之食」，與説文「賜穀也」正合，則鄭本必作「稟」字。漢書文帝紀「元年詔曰：『今聞吏稟當受鬻者，或㠯陳粟』」，又「賜物及當稟鬻米者，長吏閲視」，知古「穀食」字皆作「稟」也。釋文作「稟」，與許書合。注疏本作「廩」，非。〔一〕「一本又力錦反」此六字，是後人校釋文之辭，非陸氏語，作「力錦反」得之。

〔一〕軍案：「非」，清經解本誤作「作」。

11 皆曰國士在

左傳成十六年：「伯州犂以公卒告王。苗賁皇在晉侯之側，亦以王卒告。皆曰：『國士在，且厚，不可當也。』」杜注：「晉侯左右皆以伯州犂在楚，知晉之情，且謂楚衆多，故憚合戰。與苗賁皇意異。」

正義曰：「服虔以此『皆曰』之文在『州犁』、『賁皇』之下，解云：『賁皇、州犁皆言曰：「晉、楚之士皆在君側，且陳厚，不可當。」』以爲州犁言晉彊，賁皇言楚彊，故云『皆曰』也。若如服言，賁皇既言楚不可當，何故復『請分良以擊其左右』？故杜不用其說。晉侯左右皆爲此言，以憚伯州犁耳。」

案：此當從服注。上文「軍吏患之」以下，是分敘晉事；「楚子登巢車」以下，是分敘楚事；「伯州犁」以下，是總敘晉、楚事；下文「苗賁皇言於晉侯」以下，又分敘晉事。此「皆曰：『國士在，且厚，不可當』」者，即所謂「伯州犁以公卒告，苗賁皇亦以王卒告」也。苗賁皇正以楚之王族不可當，故請先分良以擊其左右，與下文正合。乃杜氏忽以「皆曰」之文屬下，以爲晉侯左右之言。此臆改舊義，而失之甚焉者也。

12　三入三出

左傳成二年：「齊侯免，求丑父，三入三出。每出，齊師以帥退，入于狄卒。」杜注：「重其代己，故三入晉軍求之。齊師大敗，皆有退心，故齊侯輕出其衆，以帥厲退者，遂迸入狄卒。」

正義曰：「劉炫以齊侯三入齊軍，又三出齊軍，以求丑父；每出之時，齊之將帥敗而怖懼，以師而退，不待齊侯，致使齊侯入于狄卒。今知不然者，以傳文『三入』在前，『三出』在後。若[用]此說，〔一〕齊侯先在晉軍，今入齊軍，得以『三入』在前。今齊侯既先在齊軍，欲出求丑父，應先出後入，不應先入後出。且初時二出容有二入，在後之出，遂入狄卒，有出無入，何得云『三入』？又以傳文『師』、『帥』兩字分明，故杜以爲『齊侯每出，齊師以帥厲退者』。『每出』之文別自爲義，不計上之『三出』。劉君不達此旨，妄規杜失，非也。」

案：「三入三出」當從劉光伯說。齊侯本在陳與晉戰，因敗而下如華泉取飲以免，此一入齊軍也。既免後，即出齊軍，至晉求丑父，此一出齊軍也。丑父不可得，而仍入於齊方，入而又出求之，此二入、二出也。丑父終不可得，故三入齊軍，然必欲求免之，因三出齊軍，而忽誤入於狄卒，遂不得復入矣。

劉氏「三入」、「三出」皆主齊軍言之，既於傳文爲順，而出、入之數又合。若杜以爲三入晉軍，則第三次入晉軍即「入于狄卒」，不得復出，止有二出矣。或連下「入于衛師，衛師免之」爲「三出」，非也。「三入三出」之文在「入于狄卒」上，明「入于狄卒」之前已有「三入三出」矣。若謂「入于狄卒」之前，已有三出，則當有四入矣。孔氏不知杜注之失，反誤解劉說爲二入三出，因爲杜注作疏故也。

又，據劉光伯説，則下傳本作「齊帥以師退」，言齊之帥以衆兵退也。杜改作「齊師以帥退」，則權不在元帥，而在士卒矣。

〔一〕軍案：「若」下左傳正義有「用」字，今據補。

13

輚轏即棧字

詩何草不黄：「有芃者狐，率彼幽草。有棧之車，行彼周道。」傳：「棧車，役車也。」箋云：「狐草行、草止，故以比棧車輦者。」釋文：「有棧，士板反。」正義曰：「巾車舊譌「之」。言『服車五乘』，有『士乘棧車，庶人乘役車』。注云：『「服車」者，服事者之車。棧車，不革鞔而漆之。役車，方箱可載任器以供役。』以此言之，則彼自有棧車，何知此非彼者？以彼『棧車』，士之所乘以服事，非此軍旅徒役所當有，以此知非巾車之『棧車』也。」

又考工記輿人：「棧車欲弇。」注：「爲其無革鞔，不堅易坼壞也。士乘棧車。」釋文：「棧，士板反，劉才産反。」

又儀禮既夕：「賓奠幣于棧。」注：「棧，謂柩車也。凡士車，制無漆飾。今文『棧』作『輚』。」釋文：「于棧，士板反，劉才産反，注『輚』同。」釋曰：「柩車，即蜃車，四輪迫地，無漆飾，故言『棧』也。」

又左傳成二年：「丑父寢於轏中。」注：「轏，士車。」釋文：「轏中，仕疑作「才」。産反，又仕板反，士車也。字林仕諫反，云『卧車也』。」正義曰：「周禮巾車：『士乘棧車。』考工記輿人云：『棧車欲弇。』『轏』與『棧』字異音義同耳。」

又説文木部：「棧，棚也。竹木之車曰棧。从木，戔聲。」車部新附：「轏，車名。从車，孱聲。」

玉篇木部：「棧，仕版切。説文云：『棧，棚也。一曰：「竹木之車曰棧。」』詩曰：「有棧之車。」』」今本説文共脱八字，當從此所引補正。車部：「輚，仕僩切，載柩車。轏，同上。」

廣韻二十六産云：「棧，閣也；亦姓，魏有任城棧潛，士限切。轏，車名，士所乘也。輚，埤蒼云『卧車也』，亦兵車，又儀禮注云『載柩車也』。」三十諫：「輚，卧車，又寢當作「兵」。車，亦作『轏』，士諫切。棧，木棧道，又士限切。」

五經文字木部：「棧，仕諫反。」車部：「轏、輚，二同，士諫反，上見春秋左氏傳，下見周禮，案：巾車及輿人皆作「棧」，惟既夕注有「輚」字，此「周禮」乃「儀禮」之譌。與『棧』同。」

案：「棧」爲竹木之車，故説文在木部。毛詩、二禮皆作「棧」，與説文同。左傳亦當作「棧」。儀禮今文作「輚」，蓋俗儒以「棧」是車名，應从「車」，遂改「棧」爲「輚」。廣韻上聲、去聲「棧」下皆無「車」訓。鄭康成因字本作「棧」，故定從禮古經，與説文合。據儀禮注，及廣韻引埤蒼，知漢、魏閒已別作「輚」爲「棧」矣。説文以「𨏖」爲籀文「車」字，玉篇同。汗簡下之二載王存乂切韻亦然。「棧」作「輚」，與籀文「車」字涉嫌，非是。

左傳作「轏」者，即「輚」之別體。「戔」、「孱」聲相近。玉篇先列「輚」字，又云「轏，同上」；廣韻云「輚，亦作『轏』」；五經文字云「轏、輚，二同」：此「轏」即「輚」別體之證。陸德明於「轏」下引字林，知晉人已別作「轏」爲「輚」矣。

徐鉉於車部新附「轏」字，蓋爲左傳而設。然杜注以爲「士車」，則本同巾車職作「棧」。孔仲達亦云「『轏』與『棧』字異音義同」，可無庸附也。「棧」字，陸德明「士板反」，劉昌宗音「才産反」，劉氏近之。

經義雜記卷九

武進學生臧琳玉林

1 維牛維羊

詩我將：「我將我享，維羊維牛，維天其右之。」本作「維牛維羊」，「羊」與「享」韻，非「牛」與「右」韻也。箋云「我奉養、我享祭之牛羊」，可證。明監注疏本箋中本作「牛」、「羊」，後依經改爲「羊」、「牛」。今箋「牛」字上，尚宛然存「羊」字之跡。識者審之，知余言不誣也。正義本作「維牛維羊」。後人妄移「牛」字於下，如「我所美大、我所獻薦者，維是肥羊，維是肥牛」，此非孔氏原本。

孔釋序云「（以）此經言『維牛維羊』，〔一〕非徒特牲而已」，又「此之『維牛維羊』，則是祭之大禮」；其釋經云「以此牛羊所以得肥者，維爲上天其佑助之，故得無傷病也」；其釋箋云「謂以此牛羊奉養明神也。牛羊充盛肥腯，有天氣之助」，又「明牛羊肥而無疾，是天之力助」，又「維天佑之，當是佑助於人而已。爲佑助牛羊者，以下句乃云『既佑饗之』，則此未是佑人，文連『牛』、『羊』，知是佑助牛羊」：此皆孔氏原本作「維牛維羊」之證。俗人止改其正釋一處，前後俱未及盡改，故猶得考正之。

周禮疏羊人曰：「故我將詩云：『惟牛惟羊，惟天其祐之。』」又隋書宇文愷傳曰：「臣愷按，詩云：『我將，祀文王於明堂。我將我享，維牛維羊。』」據此，知唐以前本皆作「維牛維羊」，故孔氏據之。開成石經誤作「維羊維牛」，今本遂沿襲之也。

〔一〕軍案：孔疏無「以」字，此當衍，今删。

2　來假來饗

詩烈祖：「來假來享，降福無疆。」前明諸舊本及國子監注疏本、毛晉汲古閣本、金蟠葛鼒校刊毛詩鄭箋本皆作「來享」；惟唐石經上作「以假以享」，此作「來假來饗」，二字有別。

案：「以假以享」箋云：「假，升作「大」譌。也。享，獻也。以此來朝升堂，獻其國之所有。」此「來假來享，降福無疆」箋云：「享，謂獻酒使神享之也。諸侯助祭者，來升堂來獻酒，神靈又下與我久長之福也。」

又「湯孫之將」箋云：「此祭中宗，諸侯來助之。所言『湯孫之將』者，中宗之享此祭，由湯之功，故本言之。」正義釋經云：「中宗之神來至其坐矣，來享其祭矣。此「享」字非原本。『以假以享』，謂來朝升堂，獻國之所有也。『來假』，謂諸侯來升堂獻酒。『來饗』，謂神來歆饗之。此時祭者，當是中宗子孫，而云『湯孫』者，中宗之饗此祭，由湯之功，故本言之。」此言「享」、「饗」二字甚分明。又釋箋云：「朝必獻國所有，故言『以享』也。此「享」字不誤。以説祭之事，而云『來享』，故知是『獻酒使神享之』也。此二「享」字並誤。獻酒必升堂，故知『來假』謂『來升堂獻酒』也。」

據此，知經本上作「享」，下作「饗」，故彼箋以「享」爲「獻」，此箋以「饗」爲「神歆饗之」。正義作「來假來饗」，爲唐石經之所本。俗本經誤作「享」，遂盡據以改箋、疏，致不誤者亦誤矣。今箋中絶無「饗」字，幸疏中尚有改之未盡者，得據以正之。

箋云「饗，謂獻酒使神饗之」，「獻酒」二字爲下「使神饗之」四字張本，非訓「享」爲「獻」也。箋云「諸侯（來）助祭者，〔一〕來升堂來獻酒」，當作「來升堂獻酒」，下一「來」字是淺人所增。

審疏云「『來假』，謂諸侯來升堂獻酒。『來饗』，謂神來歆饗之」，又云「獻酒必升堂，故知『來假』謂『來升堂獻酒』也」，可知「來升堂獻酒」五字爲經文「來假」之解，不連「來饗」在内。而俗本箋云「來獻酒」者，誤認箋訓「享」爲「獻」也。箋云「神靈又下與我久長之福」，葢謂神靈來歆饗之，降下我無竟之福也。是鄭以「來假」二字爲諸侯之助祭，「來享降福無疆」六字爲神明之饗祭。而淺者欲以上一句言諸侯，下一句言神，是以私意配合，而昧於古人文章參差不齊之妙矣。下「湯孫之將」箋云「中宗之享此祭」，「享」字亦譌，正義作「中宗之饗此祭」。後見顧寧人詩本音，亦作「來假來饗」；然載宋儒歐陽氏之言，尚未知孔疏本作「饗」也。〔二〕

〔一〕軍案：「助祭」上鄭箋無「來」字，此當衍，今删。

〔二〕軍案：顧炎武音學五書詩本音卷十頌烈祖云：「來假來饗，今本作『享』，唐石經作『饗』。歐陽氏曰：『上云「以享」者，謂諸侯皆來助致享於神也；下云「來饗」者，謂神來至而歆饗也。』吕氏、嚴氏竝載此説。『享』、『饗』二義不同。今從石經。」〇顧氏詩本音云「歐陽氏曰」者，見歐陽修詩本義卷十二烈祖；云「吕氏、嚴氏竝載此説」者，見吕祖謙吕氏家塾讀詩記卷三十二商頌、嚴粲詩緝卷三十六商頌。

3

諸侯囿五十里

晉袁宏後漢紀：「欒松曰：『宣王囿五十里，民以爲大；文王百里，民以爲小。』」後漢書楊震傳：「欒松等曰：『昔文王之囿百里，人㠯爲小；齊宣五里，人㠯爲大。』」〔一〕李賢注：「孟子：『文王之囿方七十里，寡人之囿方四十里。』此云『文王百里，齊宣五里』，與孟子不同也。」王楙野客叢書云：〔二〕「僕觀世説舉欒松之語曰『齊五十里』，乃知非五里也。史文于『五』字下脱一『十』字。蓋七十里近于百里，四十里近于五十里，欒松舉其大綱耳。（楊）〔揚〕雄亦曰：〔三〕『文王之囿百里，齊宣王之囿四十里。』是亦以文王之囿爲百里。文王之囿豈真百里邪？章懷〔太子〕不深考耳。」〔四〕

又詩靈臺：「王在靈囿。」傳：「囿，所以域養禽獸也，天子百里，諸侯四十里。」正義曰：「『天子百里，諸侯四十里』，解正禮耳。其文王之囿，則七十里。故孟子云：『文王之囿方七十里，寡人之囿方四十里。』是宣王自以爲諸侯而問，故云『諸侯四十里』。以宣王不舉天子而問及文王之七十里，明天子不止七十里，故宜爲『百里』也。」

又穀梁成十八年：「築鹿囿。」疏曰：「毛詩傳云：『囿者，天子百里，諸侯三十里。』詩傳蓋據孟子稱『文王囿七十里，寡人三十里』，故約之爲天子，當有「百里」二字。諸侯三十里耳。」

琳案：袁、范漢書皆言「文王囿百里，宣王囿五十里」。楊疏引毛詩傳「諸侯三十里」，「三」即「五」字之譌。古本孟子蓋作「文王之囿方百里，寡人之囿方五十里」，故毛公據之以分天子、諸侯之制。疑唐人所見孟子已作「七十」，故孔氏謂「文王之囿則七十里」，引孟子證之。楊疏謂詩傳據孟子「文王囿七十里」，故約之爲「百里」。李賢引孟子亦作「七十里」。然穀梁疏引孟子云「寡人三十里」，則唐本孟子尚有作「寡人之囿方五十里」者。故孔氏云：「宣王自以爲諸侯而問，故云『諸侯五十里』。」今詩正義作「四」，蓋後人所改。毛傳既云「諸侯五十里」，則孔氏言諸侯亦當作「五十」也。

〔一〕軍案：二「曰」字，清經解本誤作「目」。

〔二〕軍案：見野客叢書卷十「文王之囿」條。

〔三〕軍案：「楊」，野客叢書作「揚」，今據改。

〔四〕軍案：「不」上野客叢書有「太子」二字，今據補。

4

文王事混夷

孟子梁惠王下：「是故湯事葛，文王事昆夷。」趙注：「詩云：『昆夷兑矣。』」宋高宗御書石經孟子作「文王事混夷」。

案：詩緜作「混夷駾矣」，箋云：「混夷，夷狄國也。」釋文：「混夷，音昆。」王伯厚詩考載説文「昆夷駾矣」。而緜正義引説文曰：「詩云：『混夷駾矣。』」皇矣「患夷載路」，箋云：「患夷，即混夷。」釋文：「混夷，音昆。」正義曰：「采薇序曰：『西有混夷之患。』是『患夷』者，患中國之夷。書傳作『畎夷』，蓋『畎』、『混』聲相近，後世作字異耳。或作『犬夷』，『犬』則『畎』字之省也。」

據此，知詩「混夷」字無有作「昆」者。孟子「昆夷」當從石經作「混夷」，方與詩合；今經、注皆作「昆」，失其舊也。皇矣引詩序「混夷」，今采薇序注、疏作「昆夷」，釋文「昆夷，本又作『混』」，作「混」與正義合。今本作「昆」，乃依釋文正字耳。

5

祭服不到

儀禮士喪禮：「祭服不倒。」注：「斂者趨方，或傎倒衣裳，祭服尊，不倒之也。」釋文：「倒衣，丁老反。」顧寧人金石文字記云：「唐石經士喪禮『祭服不倒』，『倒』誤作『到』。」案：説文：「至，隸作「至」。鳥飛从高下至地也。象形。不上去而至下，來也。到，至也。从至，刀聲。」人部無「倒」。鳥飛不上而下至地，則有「傎倒」意，知「傎倒」字古作「到」。説文又云：「𠫓，不順忽出也。从到『子』。㐬，或从到古文『子』。」尤爲明證。詩東方未明「顛倒衣裳」，禮記喪大記「小斂之衣，祭服不倒」，「到」字从「人」，皆俗寫也。唐石經儀禮「倒」作「到」，與古六書之旨正合，可據以校正經典之俗「倒」字。顧氏疏於小學，故反以爲誤。釋文亦作「倒」，或本與唐石經同爲後人所竄改，然不音經「不倒」字，而音注「倒衣」字，亦可疑。〔一〕

〔一〕禮堂謹案：玉篇：「倒，丁老切。書云『前徒倒戈』，説文云『仆也』。」説文明用「到」爲「倒」，不宜更有「倒」字，玉篇疑誤。徐鉉新附有「倒」字，云「仆也。从人，到聲」。又説文徐楚金本艸部：「菿，艸木到。从艸，到聲。」徐鼎臣本譌作「艸木倒」。尾部：「[illegible]，从到毛在尸後。」

6

即鹿无虞

易屯六三：「即鹿无虞，惟入于林中。」王弼注：「雖見其禽，而无其虞徒，入于林中，其可獲乎？」釋文：「即鹿，王肅作『麓』，云『山足』。」李氏集解：「虞翻曰：『即，就也。虞，謂虞人，掌禽獸者。艮爲山。山足稱「鹿」；鹿，林也。三變體坎，坎爲藂木，山下，故稱「林中」。〔一〕坤爲兕、虎；震爲麋、鹿，又爲驚走；艮爲狐、狼。三變，禽走入于林中，故曰「即鹿无虞，〔二〕惟入林中」矣。』」

案：王弼經作「鹿」，注不改字，故正義釋經、注皆如字讀。集解引虞仲翔訓「鹿」爲「山足」，於經尚未改作「麓」，知鄭易本作「鹿」字，以爲「麋鹿」，王弼本之。王肅好與鄭難，因私改爲「麓」。虞翻亦好譏議鄭氏，與王肅同，裴松之注三國志虞翻傳，載翻別傳云：「經之大者，莫過於易。鄭玄、宋忠雖各立注，忠小差玄，而皆未得其門，難以示世。」又奏鄭玄解尚書違失事，因謂「玄所注五經，違義甚者百六十七事，不可不正」。但不至妄改聖經以證合己意，少差於肅耳，故此讀「鹿」爲「麓」，而經仍作「鹿」也。

詩「瞻彼旱麓」，釋文：「旱麓，本亦作『鹿』。」國語周語引詩「瞻彼旱鹿」。據宋庠本。宋明道二年本仍作「麓」。春秋僖十四年「沙麓崩」，穀梁作「沙鹿崩」，傳：「林屬於山爲鹿。」是「鹿」可借爲「麓」也。

〔一〕軍案：李道平周易集解纂疏卷二屯六三云：「三變，下體成坎。九家說卦『坎爲叢棘』，故坎爲叢木也。木在山下，故稱『林中』。」○李氏纂疏所引九家說卦，載見陸德明周易音義說卦第九。

〔二〕軍案：「无」，清經解本誤作「旡」。

7

身有所忿疐

禮記大學：「身有所忿懥，則不得其正。」注：「懥，怒貌也，或作『懫』，或爲『疐』。」釋文：「懥，勑值反。作懫，音致。作疐，音致，又得計反。」

案：說文心部無「懥」字，亦無「懫」字。叀部：「疐，閡也。从叀，引而止之。」此據說文繫傳袪妄篇所載。今小徐本叀部，後人改從大徐本。徐鍇曰：「此毛詩『載疐其尾』字。言狼進則躐其胡，退則閡其尾。凡專謹者，事多閡。」徐鉉本說文云：「疐，礙不行也。从叀，引而止之也。此下非許叔重語。叀者，如叀馬之鼻。从此。與『牽』同意。」廣韻六至：「疐，礙不行也，又頓也。詩曰：『載疐其尾。』」

考兩徐本，義各通；閡者，礙不行也。然則「礙不行也」四字，當爲「閡」字之義訓，葢徐楚金本得其真也。凡心有所忿，便如有物之閡礙於中；「懥」當作「疐」，因「忿」字从「心」，故「疐」亦誤加「心」也。疑正文本作「疐」，注云「或作『懥』」，而無識者倒轉之。作「懫」者，聲近之誤。毛詩「載疐其尾」，説文作「載躓其尾」，可證。

8

田有擒

易師六五：「田有禽。」王弼注：「處師之時，柔得尊位，陰不先唱；柔不犯物，犯而後應，往必得直，故『田有禽』也。」釋文：「有禽，徐本作『擒』。」集解引虞翻曰：「田，謂二；陽，稱『禽』。」此「禽」如字讀。荀爽曰：「田，獵也。謂二帥師禽此「禽」當作「擒」。五，五利度二之命，執行其言，故无咎也。」〔一〕李鼎祚曰：「六五居尊失位，在師之時，葢由「猶」同。殷紂而被武王禽此亦當作「擒」。於鹿臺之類是也。以臣伐君，假言『田獵』。六五離爻體坤，離爲戈兵，田獵行師之象也。」

案：荀慈明云「二帥師擒五」，知古文易本作「擒」。王輔嗣云「犯而後應，往必得直，故『田有擒』」，知與荀同。且徐仙民易音據王弼，而其本作「擒」，故知王作「擒」也。虞仲翔好改先儒舊義，故云「陽，稱『禽』」，則讀爲「禽鳥」字。正義謂「往即有功，如田中有禽而來犯苗，若往獵之，則无咎過」，是其本亦作「禽」，然非王意。〔二〕

〔一〕軍案：「无」，清經解本誤作「旡」，下同。

〔二〕禮堂謹案：古「禽鳥」、「禽獲」同字，作「擒」者，俗字，説文無之。如展獲字禽，又左傳「不禽二毛」，字皆不從「手」，可證。「田有禽」當從「擒獲」義，其字仍當作「禽」。徐仙民本作「擒」，義是而文則俗也。○軍案：臧禮堂所言是也。

9 吾黨之士狂簡

孟子盡心下：「萬章問曰：『盍歸乎來？吾黨之小子狂簡。』」葛本、毛本皆作「吾黨之小子」，誤也。明刻翻宋板作「吾黨之士」。朱子集注本亦不誤。

10

毛詩改從鄭箋

鄭箋毛詩傳，有申其義者，有改其義者，有同一字而詁訓各異者，有云「當爲某」、「讀爲某」而易其字者，然皆具於箋中，於正文未敢輒改。後人往往從箋以改經，又依鄭義以改箋字。今舉數則正之。

終風：「願言則疐。」傳：「疐，跲也。」箋云：「疐，讀當爲『不敢嚏咳』之『嚏』。」而玉篇口部、唐石經皆作「願言則嚏」。

北風：「其虛其邪。」傳：「虛，邪舊作「虛」。也。」箋云：「邪，讀如『徐』。」而關雎正義引作「其虛其徐」。

無衣：「與子同澤。」傳：「澤，潤澤也。」箋云：「澤，舊作「襗」。褻衣，近污垢。」釋文：「同澤，如字，毛『潤澤也』，鄭『褻衣也』。說文作『襗』。」而正義曰：「箋易傳爲『襗』。說文云：『襗，袴也。』論語注云：『褻衣，袍襗也。』」又周禮玉府「掌王之燕衣服」，注：「『燕衣服』者，袍襗之屬。」釋曰：「毛詩云『豈曰無衣？與子同袍』、『與子同襗』是也。」

衡門：「可以樂飢。」傳：「可以樂道忘飢。」箋云：「『飢』者，不足於食也。泌水之流洋洋然，飢者見之，可以樂舊作「𤻲」。飢。」釋文：「以樂，本又作『𤻲』，毛音洛，鄭力召反。沈云：『舊皆作「樂」字。』」而唐石經作「可以𤻲飢」。文選王元長永明十一年策秀才文「豈非療飢」，李善注：「毛詩曰：『可以𤻲飢。』鄭玄曰：『泌水洋洋然，飢者見之，可飲以𤻲飢。』『𤻲』音義與『療』同。」蔡伯喈郭有道碑文「棲遲泌丘」，李注：「毛詩曰：『泌之洋洋，可以療飢。』」太平御覽五十八亦作「可以療飢」。蓋一改「樂」爲「𤻲」，再改「𤻲」爲「療」。

鹿鳴：「視民不恌。」箋云：「視，古『示』字也。可以示天下之民，使之不愉於禮義。」而左氏昭十年傳「視民不佻」，釋文云：「視民，如字，詩作『示』字。」

車攻：「東有甫草。」傳：「甫，大也。」箋云：「『甫草』者，甫田之草也。鄭有甫舊作「圃」，葛本尚作「甫」。田。」釋文：「甫草，毛如字，鄭音補。甫田，舊音浦，下同。」而唐石經原刻作「東有圃草」，後改爲「甫」，故石刻「甫」字獨小。正義凡「甫田」字皆从「囗」。

吉日：「其祁孔有。」〔一〕傳：「祁，大也。」箋云：「『祁』當作『麎』。麎，麋牝也。」而爾雅釋獸：「麋：牡麔，牝麎。」邢疏云：「其牝者名『麎』。詩吉日云『其麎孔有』，是也。」

鴛鴦：「摧之秣之。」傳：「摧，莝也。」箋云：「摧，今『莝』字也。」而白氏六帖九十六兩引皆作「䅝之秣之」。〔二〕徐楚金說文繫傳作「芻之䬴之」，〔三〕引下章「秣之摧之」亦作「秣之剉之」。

思齊：「烈假不瑕。」傳：「烈，業；假，大也。」箋云：「烈、舊作「厲」。假，皆病也。」正義曰：「鄭讀『烈假』爲『厲瘕』，故云『皆病也』。」而釋文云：「烈，毛如字，鄭作『厲』。」宋丁度集韻引詩「厲假不瑕」。是皆依箋改經也。

〔一〕軍案：「祁」清經解本誤作「祁」，下同。

〔二〕軍案：白氏六帖三十卷，唐白居易撰。臧琳引用者爲百卷本，乃宋孔傳據白氏六帖續撰者，書名宜稱「白孔六帖」。

〔三〕軍案：「徐」，清經解本誤作「除」。

11

尚書異説

尚書孔序云：「以其上古之書，謂之『尚書』。」正義曰：「孔君既陳伏生此義，於下更無是非，明即用伏生之説，故書此而論之。馬融雖不見孔君此説，理自然同，故曰『上古有虞氏之書，故曰「尚書」』，是也。王肅曰：『上所言，史所書，故曰「尚書」。』鄭氏云：『尚者，上也。尊而重之，若天書然，故曰「尚書」。』二家以『尚』與『書』相將，疑作「埒」。則『上』名不正，出於伏生。鄭玄依書緯，以『尚』字是孔子所加，故書贊曰：『孔子乃尊而命之曰「尚書」。璿璣鈐云：「因而謂之『書』，加『尚』以尊之。」又曰：「書務以天言之。」』鄭玄溺於書緯之説，何有人言而須繫之於天乎？且孔君親見伏生，不容不悉，自云『伏生以其上古之書，謂之「尚書」』，何云孔子加也？王肅曰『上所言，史所書』，則『尚』字與『書』俱有，無先後。既直云『尚』，何以明上之所言？『書』者，以筆畫記之辭，羣書皆是，何知書要責史所爲也？此其不若前儒之説密耳。云『上古』者，亦無指定之目。自伏生言之，則於漢世，仰遵前代，自周已上皆是，馬融云有虞氏爲書之初耳。若易歷三世，則伏犧爲上古，文王爲中古，孔子爲下古。禮運鄭玄以先王食腥與易『上古結繩』同時，爲上古，神農爲中古，五帝爲下古。」

案：天在上，尊尚之若天書然，此言人之尊書，非人言繫之於天也。鄭説較馬、孔爲精。肅改鄭注，正義已有駁難。

又劉知幾史通六家云：「尚書璇璣鈐曰：『尚者，上也。上天垂文以布節度，如天行也。』王肅曰：『上所言，下爲史所書，故曰「尚書」也。』」

案：尚書璇璣鈐，此今文尚書也。鄭學閎通，擇善而從，不偏主一家，故雖注古文，猶采用今文家説。如既箋毛詩，猶不廢魯、韓，時取其是者以改毛義也。唐時，今文尚書已亡，孔氏不知鄭之所本，故以爲「溺於書緯」耳。

12

孟子西夷北夷

孟子梁惠王下「齊人(代)[伐]燕」章：〔一〕「書曰：『湯一征，自葛始。』〔二〕天下信之，東面而征，西夷怨；南面而征，北狄怨，曰：『奚爲後我？』」滕文公下「宋小國也」章：「東面而征，西夷怨；南面而征，北狄怨。」盡心下「有人曰我善爲陳」章：「南面而征，北狄怨；東面而征，西夷怨。」宋高宗御書、朱子集注及葛本、毛本皆作「西夷」、「北狄」。嘗見前明翻刻北宋板趙注本，上下皆作「夷」字。

案：趙注梁惠王云：「『東向征，西夷怨』當有「南向征，北夷怨」六字。後人改「北夷」爲「北狄」，與注意不合，因删之耳。者，去王城四千里，夷服之國也，故謂之『四夷』。」又注盡心云「四夷怨望」。

滕文公正義曰：「湯之十一征，而天下無敢敵者。故東面而征其君，則西夷之國怨之，以爲不先征其我君之罪；南面而征其君，則北夷之國怨之，以爲不征其我君之罪，而先於彼。」盡心正義曰：「故南面而征，則北夷怨；東面而征，則西夷怨，曰：『奚爲後我？』」惟梁惠王正義引仲虺之誥：「乃葛伯仇餉，初征自葛。東征，西夷怨；南征，北狄怨。」次釋孟子「西夷」、「北夷」之言，亦同書作「西夷」、「北狄」，此明是近人所改。孟子三處皆作「西夷」、「北夷」，魏、晉閒采孟子作尚書，始改「北夷」爲「北狄」，以與「西夷」儷句。幸趙注尚存，北宋時爲正義者猶未誤作「狄」字。南宋以來，反從晚出古文，竄改孟子，此舍本而逐末也。〔三〕

〔一〕軍案：「代」當作「伐」，今據清經解本改。

〔二〕軍案：楊伯峻孟子譯注云：「宋翔鳳孟子趙注補正云：『書序，湯征諸侯，葛伯不祀，湯始征之，作湯征。』鄭注云：『湯征亡。』此引書正是湯征之文。」

〔三〕鏞堂謹案：公羊傳僖四年「南夷與北夷交」，注：「南夷，謂楚；北夷，謂狄。」唐石經、宋鄂州學官本皆如是。今俗本作「北狄」。

13

有如召公之臣

詩關雎正義謂：「詩有六字一句者，『昔者先王受命，有如召公之臣』之類也。」今召旻作「昔先王受命，有如召公」，上句五字，下句四字，較孔氏所據本共少三字，而於本篇正義反無考。然箋云：「召公，召康公也。言『有如』(昔)[者]，〔一〕時賢臣多，非獨召公也。」是經本不指召穆公一人言，謂有如召公之賢臣正多。審箋義，知本有「之臣」二字。又詩序云：「召旻，凡伯刺幽王大壞也。旻，閔也。閔天下無如召公之臣也。」正取經文「有如召公之臣」句爲說，又可證本有「之臣」二字，當從關雎正義所引補正。

〔一〕軍案：「昔」，今從詩召旻鄭箋作「者」，上屬爲句。清經解本亦誤。

14

以二竹簠方

儀禮聘禮：「夫人使下大夫勞以二竹簠方。」注：「『竹簠方』者，器名也，以竹爲之，狀如簋當作「簠」。而方，如今寒具筥，筥者圜，此方耳。」釋文：「簠方，音甫，劉音蒲，本或作『簋』。外圓內方曰簠，內圓外方曰簋。」釋曰：「凡簠，皆用木而圓，受斗二升。此則用竹而方，故云『如簠而方』，受斗二升則同。『如今寒具筥』者，『寒具』見籩人。『筥圓，此方』者，方、圓不同爲異也。」

案：說文竹部：「簋，黍稷方器也。簠，黍稷圜器也。」又：「篆，飲牛筐也。方曰筐，圜曰簋。」則簠、筐皆方，簋、筥皆圜。聘禮作「簠」，嫌爲圜器，故經「簠方」連文以明之。注云「狀如簠而方」，謂形與簠相似，但簠圜而此則方耳，故又云「如今寒具筥，筥者圜，此方耳」。「如今寒具筥」，猶上云「狀如簠」也。「筥者圜，此方耳」，猶上云「而方」也。皆以經作「簠方」，恐學者疑「簠」不當言「方」，言「方」則爲「簋」，故注詳辨之。劉昌宗「音蒲」，知晉以來皆作「簠」，故陸、賈同作「簠」。釋文云「本或作『簋』」，蓋因經文「方」字妄改。唐石經作「簋」，誤從或本也。俗本經、注反有作「簠」者。此因注疏本載釋文有「簠，音甫」三字而改；若見宋刻單注本，必同石經作「簋」矣。〔一〕

〔一〕鏞堂謹案：儀禮識誤引此經作「竹簋方」，注云：「狀如簋而方。」明鍾人傑單注本同。近見宋槧單疏儀禮，凡「簠」字果皆作「簋」。

15

投壺音義考正

禮記投壺末記魯鼓、薛鼓節，兼載圜方之圖。注云：「此魯、薛擊鼓之節也。圜者擊鼙，方者擊鼓。古者舉事，鼓各有節。聞其節，則知其事矣。」釋文：「○，圜音圓。鼙。薄迷反。鄭呼爲鼙也。其聲下，其音榻榻然。榻音吐臘反。□，方鼓。鄭呼爲鼓也。其聲高，其音鏜鏜然。鏜音吐郎反。」

案：此節釋文不得經、注之次，當爲後人移改。蓋「○」、「□」皆經之圖也，陸氏既出經文，當有音義，不宜於「○」、「□」之下空無一語。又「圜」、「鼙」二字是鄭注，陸氏有音，故大書；然依次當在「□」下，不宜出經文上。若「方鼓」二字併注亦未見連文，陸何故出之？或疑是陸氏爲「□」作音義，亦不當大書。故知此爲後人竄改也。今爲考正之。

○鄭呼爲鼙也。其聲下，其音榻榻然。榻音吐臘反。□鄭呼爲鼓也。其聲高，其音鏜鏜然。鏜音吐郎反。圜音圓。鼙薄迷反。

「其聲下，其音榻榻然」、「其聲高，其音鏜鏜然」，釋文有音，蓋陸氏自音其語也。又陸氏之言，當有所本，惜乎無考。其「方鼓」二字，當爲衍文。

16

予所不者

論語雍也：「夫子矢之曰：『予所否者，天厭之！天厭之！』」集解：「孔安國曰：『矢，誓也。子路不說，故夫子誓之。』」釋文：「所否，鄭、繆方有反，不也；王弼、李充備鄙反。」

案：史記孔子世家：「孔子矢之曰：『予所不者，天厭之！天厭之！』」太史公自言

「弟子籍出孔氏古文」，〔一〕則所采論語，當亦本古論。是古論作「不」，或通借爲「否」。鄭康成、繆播訓爲「不」，與史世家文合。

凡古人誓言，多云「所不」。左傳僖廿四年，重耳曰「所不與舅氏同心者，有如白水」，可證。子云「予所不者」，此記者約略之辭，「所不」下當日更有誓辭。「不」或作「否」，「否」與「鄙」聲相近，魯論遂誤作「予所鄙者」。經傳有展轉相承，漸失其真者，此類是也。

〔一〕軍案：見史記仲尼弟子列傳。

經義雜記卷十

武進學生臧琳玉林

1 五里之郭

晉書段灼傳云：「臣聞：『天時不如地利，地利不如人和。三里之城，五里之郭，圜圍而攻之，有不尅者，此天時不如地利。城非不高，池非不深，穀非不多，兵非不利，委而去之，此地利不如人和。然古之王者，非不先推恩德，結固人心。人心苟和，雖三里之城，五里之郭，不可攻也；人心不和，雖金城湯池，不能守也。』」

案：此本孟子。今公孫丑下作「三里之城，七里之郭」，疑誤也。郭爲外城，猶椁爲外棺，開廣二里已不爲狹。若城三里而郭七里，是外城反過倍於内城矣。外城既有七里，内城又當不止三里。段兩言「五里之郭」，必非誤。

2

清揚婉兮

詩野有蔓草：「有美一人，清揚婉兮。」傳：「清揚，眉目之閒婉然美也。」案：此傳當云「清揚婉兮，眉目之閒婉然美也」，下八字作一句讀，以「清」爲目之美，以「揚」爲眉上之美，以「婉兮」爲清揚之美婉婉然。今傳中無「婉兮」字，是嫌於訓「清揚」爲「眉目之閒」矣。此以經合傳時所删。

玉篇面部云：「畹，於遠切，眉目之閒美皃。韓詩云：『清揚畹兮。』」案：春秋序正義云：「丘明作傳，與經别行。毛公、韓嬰之爲詩作傳，莫不皆爾。」是韓詩傳亦當云「清揚畹兮，眉目之閒美皃」，與毛傳例同。顧野王分引之者，欲明「畹」字見於韓詩之經也。

又君子偕老「揚且之晳也」，傳「揚，眉上廣」，則以「揚」爲眉上之美矣。「子之清揚，揚且之顔也」，傳「清，視清明也。揚，廣揚而顔角豐滿」，又以「清」爲目之美，「揚」爲眉上之美矣。是「清揚」爲「眉目之美」，前已分釋，故於此總解「清揚婉兮」爲「眉目之閒婉然美」也。

猗嗟「清揚婉兮」，傳：「婉，好眉目也。」葢傳本云「清揚婉兮，好眉目也」，以「婉」爲「好」，以「清揚」爲「眉目之閒」。君子偕老既釋「清揚」，故於此止言「眉目之閒」。此既言

「眉目之閒」，故於猗嗟又止言「眉目」，并無「之閒」字。毛公性好簡質，文已具明於上，故不贅言之也。

君子偕老正義云：「野有蔓草傳曰：『清揚，眉目之閒。』是眉之下爲『揚』，目之上爲『清』。」可驗孔氏所見此傳已無「婉兮」二字，故爲之謬説如此。毛意「眉上之美曰揚」者，以顙額之際開揚廣闊，顔角豐滿，故猗嗟傳亦云「揚，廣揚」。而孔云「眉之下爲『揚』」，誤矣。猗嗟正義又云「以眉毛揚起，故名眉爲『揚』」，亦非。

3

識文鳥章

周禮司常：「掌九旗之物名，各有屬。」注：「屬，謂徽識也。大傳謂之『徽號』。」釋文：「徽識，式志反，又音志，又昌志反。」釋曰：「鄭引大傳者，欲見此『屬』與大傳『徽號』舊脱「號」，今補。爲一物。『識』此字舊錯「徽」下，今移正。則詩所云『識文鳥章』，亦一物。」

又：「皆畫其象焉，官府各象其事，州里各象其名，家各象其號。」注：「事、名、號者，徽識，所以題別衆(臣)[官]，〔一〕樹之於位，朝[者]各就焉。」〔二〕釋曰：「鄭云『事、名、號者，徽識』者，大傳云『殊徽號』，昭公二十一年宋廚人(僕)[濮]曰『揚徽者，公徒也』，〔三〕

是名『徽』也；詩六月云『識文鳥章』，箋云『識，徽識』，是名『識』也。今鄭合而言之，故云『徽識』也。」

案：今詩六月作「織文鳥章」，箋、疏及釋文並同，譌字也。考陸氏、孔氏本原作「識文鳥章」，與賈公彥所見同。開成石經誤作「糸」旁，爲禹貢兖州「厥篚織文」之字。而後人遂據以改陸、孔之書，致不誤者亦誤，猶幸賈疏兩引此詩皆未改也。〔四〕

箋云：「織，當據賈疏改正。徽織也。鳥章，鳥隼之文章，將帥以下衣皆著焉。」

案：周禮肆師「表齍盛」，注：「故書『表』爲『剽』。剽、表皆謂徽識也。」大司馬之職「辨號名之用，帥以門名」，注：「『號名』者，徽識，所以相别也。『以門名』者，所被徽識，如其在門所樹者也。」釋文：「徽識，音志，一音試。」

又左傳昭廿一年：「乃徇曰：『揚徽者，公徒也。』」注：「徽，識也。」釋文：「揚徽，許歸反。説文作『徽』，舊譌「徵」，今校改。云『識也』。徽識，本又作『幟』，申志反，又昌志反，一音式。」此箋所云「徽織」，即周禮、左傳注之「徽識」也。説文巾部云：「徽，幟也，以絳徽帛箸於背。从巾，微省聲。春秋傳曰：『揚徽者，公徒。』」説文無「幟」字，从「巾」亦俗寫，當依左氏釋文所引作「識」。

儀禮士喪禮「爲銘各以其物」，注：「銘，明旌也，雜帛爲物，大夫之所建也。以死者爲不可別，故以其旗識識之。」又禮記檀弓上「孔子之喪，公西赤爲志焉」，注：「志，謂章識。」檀弓下：「銘，明旌也。以死者爲不可別已，故以其旗識之。」又釋名釋言語：「識，幟也，有章幟可按視也。」是古「旗幟」字皆作「識」也。

說文言部云：「識，常也。一曰知也。从言，戠聲。」琳以「識」字本訓爲「常」，即周禮「司常」之「常」。司常掌九旗，而獨取名於「常」者，因日月爲常，舉至尊者以名其官。說文訓「徽識」字爲「常」，亦從其大名也。「一曰知」者，徽識所以使人識別，故轉訓爲「知」也。徐鉉等於巾部新附「幟」字，不審之至。釋文云：「織文，音志，又尺志反，注同。」是與周禮、左氏釋文同爲「識」字作音，而非爲「織」字作音，故知今釋文作「織」爲後人改也。

正義釋經云：「將帥以下，皆有徽織當作「識」，下並同。之象，其文有鳥隼之章。」又釋箋云：「言『徽織』者，以其在軍爲徽號之織。史記、漢書謂之『旗幟』。『幟』與『織』字雖異，音實同也。」又引周禮司常及大司馬職，儀禮士喪禮經、注爲證。其文甚詳，故知孔疏作「織」亦後人改也。

或曰：「安知非毛本作『織文』，鄭易爲『識文』，而遽以爲唐石經之誤乎？」曰：如毛本作「織」，而鄭易之，箋當有「『織』讀爲『識』」四字。且毛、鄭既異，釋文宜有兩音，正義亦應別爲毛說。今釋文無「織」字音，正義釋經即本箋義，故知毛與鄭同，爲石經之誤無疑也。

〔一〕軍案：「衆臣」，阮元校勘記引盧文弨云：「詩六月正義引此作『衆官』，『官』字是。」今據改。

〔二〕軍案：「朝各就焉」，阮元校勘記云：「賈疏引作『朝者各就焉』。盧文弨云：『詩正義亦有「者」字，此脱。』」今據補。

〔三〕軍案：「僕」，今從左傳及周禮疏作「濮」。

〔四〕鏞堂謹案：御覽六百八十儀式部「旆」條引詩曰「（識）〔織〕文鳥章」。○禮堂謹案：月令「以爲旗章」，注：「旗章，旌旗及章識也。」釋文：「章識，申志反，又如字。」正義云：「『章識』者，則周禮『事名號』，詩『織文鳥章』是也。」此引詩必本作「識文」。○軍案：太平御覽卷六百八十儀式部「旆」條引詩、卷九百二十六羽族部「隼」條引毛詩皆作「織文鳥章」，與唐石經同。臧鏞堂所引「識」當從御覽作「織」。馬瑞辰毛詩傳箋通釋卷十八六月「織文鳥章」云：「周官司常賈疏兩引詩皆作『識文鳥章』。『識』爲正字；今作『織』者，假借字。或通作『幟』。史記高祖本紀『旗幟皆赤』，『幟』亦『識』也。」

4 恒星不見

五行志下之下：「嚴公七年『四月辛卯夜，恒星不見；夜中，星隕如雨』。董仲舒、劉向㠯爲：『常星二十八宿者，人君之象也；眾星，萬民之類也。列宿不見，象諸侯微也；眾星隕墜，民失其所也。「夜中」者，爲中國也。不及地而復，象齊桓起而救存之也。鄉亡桓公，星遂至地，中國其良絕矣。』劉向㠯爲：『「夜中」者，言不得終性命，中道敗也。或曰：「象其叛也。」言當中道，叛其上也。』天垂象㠯視下，將欲人君防惡遠非，慎卑省微，㠯自全安也。如人君有賢明之材，畏天威命，若高宗謀祖己，〔一〕成王泣金縢，〔二〕改過修正，立信布德，存亡繼絕，修廢舉逸，下學而上達，〔三〕裁什一之稅，復三日之役，〔四〕節用儉服，㠯惠百姓，則諸侯懷德，士民歸仁，災消而福興矣。遂莫肯改寤，法則古人，而各行其私意，終於君臣乖離，上下交怨。自是之後，齊、宋之君弒，〔五〕譚、遂、邢、衞之國滅，〔六〕宿遷於宋，〔七〕蔡獲於楚，〔八〕晉相弒殺，五世乃定，〔九〕此其效也。』左氏傳曰：『恒星不見，夜明也。星隕如雨，與雨偕也。』劉歆㠯爲：『晝象中國，夜象夷狄。夜明，故常見之星皆不見，象中國微也。「星隕如雨」，如，而也。星隕而且雨，故曰「與雨偕也」。〔一〇〕明「雨」與「星隕」兩變相成也。洪範曰：「庶民惟星。」易曰：「雷雨作，解。」〔一一〕是歲，歲在玄枵，齊分壄也。夜中而星隕，象庶民中離上也。雨㠯解過施，復從上下，象齊桓行伯，復興周室也。周四月，夏二月也，日在降婁，魯分壄也。先是，衞侯朔奔齊，衞公子黔牟立，齊帥諸侯伐之，天子使使救衞。魯公子溺專政，會齊㠯犯王命。〔一二〕嚴弗能止，卒從而伐衞，逐天王所立。〔一三〕不義至甚，而自吕爲功。（名）〔民〕去其上，〔一四〕政繇下作，〔一五〕尤著。故星隕於魯，天事常象也。』」

案：董、劉以「常星」爲二十八宿，人君之象。穀梁集解引鄭康成云：「衆星，列宿，諸侯之象。『不見』者，是諸侯棄天子禮義法度也。」與董、劉合。何氏以「列星」爲常，以時列見；范氏以經「星」爲常列宿，皆隨文立解，蓋不知「常星」即二十八宿也。左氏「夜明」之文，當從劉子駿以爲「象中國微」。杜云「蓋時無雲，日光不以昏没」，非也。子政説此經言詳理精，可爲人君炯鑒。後之君子采此以爲規諫，未必無補云。

〔一〕軍案：師古曰：「謂殷之武丁有雊雉之異，而祖己訓諸王，作高宗肜日、高宗之訓。」

〔二〕軍案：師古曰：「武王有疾，周公作金縢之書爲王請命，王翌日乃瘳。後武王崩，成王即位，管、蔡流言，而周公居東。天大雷電以風，禾盡偃，大木斯拔。王啟金縢，乃得周公代武王之説。王執書以泣，遣使者逆公。王出郊，天乃雨，反風，禾則盡起。」

〔三〕軍案：師古曰：「下學，謂博謀於羣下也。上達，謂通於天道而畏威。」

〔四〕軍案：師古曰：「古之田租，十税其一，一歲役兆庶不過三日也。」

〔五〕軍案：師古曰：「莊八年齊無知殺其君諸兒，十二年宋萬殺其君捷也。」

〔六〕軍案：師古曰：「十年齊侯滅譚，十三年齊人滅遂，閔二年狄人入衞，僖二十五年衞侯燬滅邢。」

〔七〕軍案：師古曰：「莊十年宋人遷宿，蓋取其地也。宿國，東平無鹽縣是。」

〔八〕軍案：師古曰：「莊十年荆敗蔡師于莘，以蔡侯獻舞歸也。」

〔九〕軍案：師古曰：「謂殺奚齊、卓子及懷公也。自獻公以至文公反國，凡易五君乃定。」

〔一〇〕軍案：王先謙漢書補注卷二十七下之下五行志下之下引葉德輝曰：「公羊傳云『「如雨」者，非雨也』，又云『不修春秋曰「雨星」』，則是無雨也。穀梁傳亦云『其隕也如雨』。均與左傳異義。劉歆古文學，故與左傳同。」

〔一一〕軍案：師古曰：「解卦象辭也。」

〔一二〕軍案：師古曰：「溺，魯大夫名也。莊三年，『溺會齊師伐衛』，疾其專命，故貶而去族。天子救衛，而溺伐之，故云『犯王命』。」

〔一三〕軍案：師古曰：「謂放黔牟也。」

〔一四〕軍案：王先謙漢書補注云：「官本『名』作『民』，是。」今據改。

〔一五〕軍案：師古曰：「『繇』讀與『由』同。」

5 其欲跾跾

易頤六四：「顛頤，吉。虎視眈眈，其欲逐逐。」王弼注：「虎視眈眈，威而不猛，不惡而嚴。養德施賢，何可有利？故其欲逐逐，尚敦實也。」集解引虞翻曰：「眈眈，下視貌。逐逐，心煩貌。坤爲吝嗇，坎水爲『欲』，故其欲逐逐。」釋文：「逐逐，如字。敦，實也，薛云『速也』。子夏傳作『攸攸』。志林云：『「攸」當爲「逐」。』蘇林音迪。荀作『悠悠』。劉作『跾』，云『遠也』。説文『跾』音式六反。」

又漢書敘傳下：「六世眈眈，其欲浟浟。」師古曰：「易頤卦六四爻辭曰：『虎視眈眈，其欲浟浟。』眈眈，威視之貌也。浟浟，欲利之貌也。眈音丁合反。浟音滌。今易『浟』字作『逐』。」

案：説文足部：「跾，疾也，長也。从足，攸聲。」攴部：「攸，行水也。从攴、从人，水省。」「汥」，秦刻石嶧山文「攸」字如此。心部：「悠，憂也。从心，攸聲。」攴部、心部義皆不合，惟足部「疾也」一訓與薛云「速也」合，「長也」一訓與劉云「遠也」合，則此字當從劉景升作「跾」爲正。子夏作「攸」，荀爽作「悠」，皆借用同聲字。漢書作「浟」，即「攸」字之俗；「攸」从「水」省，不當更加「水」旁，此參合説文及秦刻石爲之也。

據漢書謂武帝「其欲浟浟」，是班氏以「浟浟」爲貪利之貌。虞翻云「坎水爲『欲』，故其欲逐逐」，與班義同。薛云「速也」者，貪利則欲速也。劉云「遠也」者，貪利則希高遠，如漢武帝之好大喜功也。虞云「心煩貌」者，貪利而志大心勞也。師古引易「虎視眈眈，其欲浟浟」，蓋順漢書之文。云「浟浟，欲利之貌」，當是漢書舊義。

詩「考槃在陸，碩人之軸」，〔一〕傳：「軸，進也。」箋云：「軸，病也。」正義曰：「傳『軸』爲『迪』。釋詁云：『迪，進也。』箋以與『陸』爲韻，宜讀爲『逐』。釋詁云：『逐，病。』『逐』與『軸』蓋古今字異。」是毛讀「軸」如「攸」，鄭讀「軸」如「逐」。古「攸」、「逐」聲同。志林云「『攸』當爲『逐』」，因聲近而云然。

然虞喜非經師，其言恐未足據。且云「『攸』當爲『逐』」，是經尚作「攸」，猶未改爲「逐」。而今王弼本竟作「逐」，何也？注謂「情之所欲逐逐然，尚於敦實」，非特詁訓無本，且反以「其欲逐逐」爲不貪利矣；蓋因與「无咎」連文，不得其解而曲爲之説耳。此當從虞仲翔義。集解引虞作「逐」，蓋亦順王弼之經也。

漢書注「丁合反」，疑「丁含反」之譌。釋文云「攸，蘇林音迪」，可見古本漢書本作「攸攸」。師古「音滌」，與蘇林「音迪」同，此古音也。

〔一〕軍案：見毛詩衞風考槃。

6

乘馬般如

易屯六二：「乘馬班如。」王弼注：「時方屯難，正道未通，涉遠而行，難可以進，故曰『乘馬班如』也。」釋文：「班如，如字，子夏傳云『相牽不進貌』；鄭本作『般』。」正義曰：「『乘馬班如』者，子夏傳云：『「班如」者，謂相牽不進也。』馬季長云：『班，班旋不進也。』言二欲乘馬往適於五，正道未通，故班旋而不進也。」集解引虞翻曰：「二乘初，故乘馬班躓也。馬不進，故『班如』矣。」

案：説文玨部：「班，分瑞玉。从玨，从刀。」舟部：「般，辟也，象舟之旋。从舟，从殳。殳，所以旋也。」然則「般旋」字當作「般」，「班」乃「分布」義。鄭本作「般」，爲正。馬云「班，班旋不進」，是馬亦爲「般」也。子夏傳云「相牽不進」，虞仲翔云「乘馬班躓」，皆「般旋難進」之意。是諸家義皆作「般」。陸德明云「班如，如字」，非也。

書序「武王既勝殷邦，諸侯班宗彝」，釋文：「班，本又作『般』，音同。」左傳成十三年「鄭公子班自訾求入于大宮」，釋文：「子般，音班，本亦作『班』，同。」單本釋文有脱誤，兹從注疏本校定。漢書禮樂志，郊祀歌十九章「先㠯雨般裔裔」，師古曰：「般，讀與『班』同。」

班，布也。」是「班」字古亦作「般」，二字以聲同得通借也。

7 執觶興洗北面

儀禮鄉飲酒禮：「執觶興，洗，北面，坐奠觶于其所，退立于觶南。」注：「洗觶奠之，示潔。敬立於其南，以察衆。」唐石經作「盥洗北面」，多一「盥」字，明鍾人傑單注本同。釋曰：「『執觶興，洗，北面』者，案鄉射、大射禮皆直云『取觶洗，南面反奠於其所』，不云『盥』，此俗本有『盥』者，誤。」

據賈疏，知本無「盥」字。鄭注止言「洗觶」，不云「盥」，則賈本是也。疏云「此俗本有『盥』者」，「此」字對上文「鄉射、大射禮」言之，謂此鄉飲酒禮俗本有「盥」字。賈氏知其誤，故不從開成石經承用俗本。明刻鄭注本又多據唐石經參校，故皆有「盥」字。〔一〕注疏本據賈氏語，故監本、毛本皆無「盥」字，是也。

〔一〕鏞堂謹案：儀禮識誤云：「今（注）〔去〕『盥』字，從疏。」則宋板有「盥」，張據疏删之。○軍案：臧鏞堂引文「注」字當從識誤作「去」。見宋張淳儀禮識誤卷一鄉飲酒禮誤字「盥」條。

8

行者有裹囊也

孟子梁惠王下：「故居者有積倉，行者有裹糧也，然後可以爰方啟行。」翻刻宋板作「行者有裹囊也」。

案：趙注云：「乃積穀於倉，乃裹盛乾食之糧於橐囊也。」然則孟子以「積」字與「裹」字相對，以「倉」字與「囊」字相對，謂積穀於倉，裹糧於囊也。詩云「乃積乃倉，乃裹餱糧，于橐于囊」，〔一〕有三「乃」字、二「于」字，曰「餱」又曰「糧」，曰「橐」又曰「囊」，皆重文以助句。至孟子釋之，止「積倉」、「裹囊」四言也。此可見三代人讀經，能知其大義。漢以來儒者，始沾沾於字句；閒有曲通古人立言之意而不爲文辭所惑者，惟毛公一人而已。

俗本改孟子「裹囊」爲「裹糧」，則詩「于橐于囊」句似贅矣。考正義釋孟子之言云：「故居者有穀積于倉，行者有糧裹于囊，然後可以曰方開道路而行。」則北宋作疏時，尚作「行者有裹囊」。

〔一〕軍案：見毛詩大雅公劉。

9

願言則疐

詩終風：「寤言不寐，願言則嚏。」傳：「嚏，跲也。」箋云：「言，我；願，思也。嚏，讀當爲『不敢嚏咳』之『嚏』。我其憂悼而不能寐，汝思我心如是，我則嚏也。今俗人嚏云『人道我』，此古之遺語也。」

釋文：「疐，本又作『嚏』，又作『疐』，〔一〕舊竹利反，又丁四反，又豬吏反，或竹季反，劫也；鄭作『嚏』，音都麗反。劫也，居業反，本又作『跲』，音同，又渠業反，孫毓同。崔云：『毛訓「疐」爲「㰦」。今俗人云「欠欠㰦㰦」，〔二〕是也。不作「劫」字。人體倦則伸，志倦則㰦。』案：音丘據反。玉篇云：『㰦，欠張口也。』」

正義曰：「毛以爲：『莊姜言：「我寤覺而不能寐，願以母道往加之，我則嚏跲而不行。」』王肅云：『願以母道往加之，則嚏劫而不行。』『跲』與『劫』音義同也。定本、集注並同。」

案釋文，知崔靈恩集注作「疐」，陸氏從之；又作「嚏」者，「疐」之異。正義則從王肅作「疐」。釋文云「一作『疐』」者，即王本也。〔三〕箋讀作「嚏」，陸、孔同。今注疏本不論經、注皆作「嚏」，後人依箋改也。毛傳依正義，則王肅作「劫」；依釋文，則孫毓亦作「劫」，故陸氏從之。孔氏作「跲」，釋文云「本又作『跲』」。據崔靈恩説，則毛傳本作「㰦」。

禮記曲禮「侍坐於君子，君子欠伸」，正義曰：「志疲則欠，體疲則伸。」説文「欠」作「[illegible]」，云：「張口气悟也。象气从人上出之形。」廣韻九御云：「㰦，欠㰦。」並與毛傳合。

説文口部云：「嚏，悟解气也。从口，疐聲。詩曰：『願言則嚏。』」案：「悟解气也」，與傳義同；而「願言則嚏」之文，則箋所改讀。一爲口氣，一爲鼻氣，迥然不同。合兩爲一，恐非許叔重原書。考王肅、孫毓、崔靈恩、陸德明、孔穎達經皆不作「嚏」。而五經文字云：「嚏，多計反，見詩風。」〔四〕開成石經作「願言則嚏」。是改毛詩從鄭箋，在陸、孔之後。玉篇：「嚏，丁計切，噴鼻也。詩曰：『願言則嚏。』」疑引詩亦後人增加，非顧野王之舊。然則説文此條，殆爲唐人李陽冰等竄改也。

説文欠部無「㰦」字，有「吹」字，云：「出气也。从欠，从口。」徐鉉云：「口部已有『吹，嘘』，此重出。」案：「吹，嘘」字當在口部，「欠」爲「張口气悟」，不當複有「吹」字。且本訓爲「出气」，與口部「吹，嘘」義又微別。疑「吹」即「㰦」之譌。「去」字篆作「[illegible]」，若偏傍誤从「口」，遂作「吹」矣。記此以待後賢定之。

推毛意，「寤言不寐」與考槃「獨寐寤言」文同，不如箋之訓「言」爲「我」，謂至夜而寤覺不能寐，願説州吁之暴慢，久而疲倦，則欠欬也。此序云「終風，衞莊姜傷己」，故通篇皆自傷之辭。一章云「中心是悼」，惟以此爲悼傷也。二章云「悠悠我思」，長思不已，較傷益難置也。三章云「願言則疌」，思之不已，故言之，志倦則欬也。四章云「願言則懷」，志雖倦，而情則可傷也。莊姜當日之苦心，一一如見，可爲善得風人之旨矣。

鄭以莊姜賢母也，州吁即暴慢莊姜，當有不能漠然置之者，故謂：「汝若能思念我，則我當嚏。今我不嚏，是汝不思念我也。汝思我心如是之傷切，則我當少安。今汝絶不思念我，則我之自傷終無已時矣。」蓋母子天性也，故莊姜之思念，有不能自已者。此詩人之忠厚也。

傳、箋義本相通，而妄改經作「疐」，傳爲「疐，劫」，與狼跋傳「疐，跲」同者，此蓋出王肅之私意，以見毛之絶不與鄭同。然上「莫往莫來」傳云「人無子道以來事己，己亦不得以母道往加之」，則不以母道往加，傳有明文矣。而肅云「願以母道往加」，不與傳乖乎？崔云「毛訓『疌』爲『欬』，不作『劫』」，蓋王肅以形近改爲「劫」，以與「欬」相亂，尚未敢遽作「跲」也。孫毓朋於王，故同作「劫」。至唐人以「劫」與「跲」爲音義同，故竟改從狼跋傳。

驟以琳之説語學者，學者或疑爲鑿。然余閉户三十年，推勘肅之肺肝，瞭如指掌；深於鄭、王之同異者核之，當以余言爲是也。

〔一〕軍案：畢沅釋名疏證卷三釋姿容云：「『嚏，疐也，聲作疐而出也。』今本『疐』皆作『踕』，俗譌字也。毛詩終風云：『願言則疐。』陸氏釋文乃云：『疌，本又作「啑」，本又作「疐」。』據此，則知『疐』一誤而爲『疌』，再誤而爲『啑』。今本作『踕』者，又因『啑』而譌也。說文：『嚏，从口，疐聲。』鄭君箋詩云：『疐，讀爲「不敢嚏欬」之「嚏」。』然則此當云『嚏，疐也』。說文叀部云：『疐，礙不行也。』氣欲出而有礙，則歕涌而出有聲，故曰『聲作疐而出』也。」

〔二〕軍案：「欠欠㰦㰦」，宋本、通志堂本經典釋文皆誤作「欠欠故㰦」，臧氏所據乃注疏本所附釋文。黃焯經典釋文彙校云：「盧本『故』作『㰦』。阮云：『「㰦」字是也。小字本、十行本所附皆是「㰦」字。』焯案：宋本已譌作『故』。」

〔三〕軍案：毛詩終風「願言則嚏」阮元校勘記云：「段玉裁云：『毛作「疐，跲也」。鄭云：「疐，讀[當]爲『不敢嚏咳』之『嚏』。」此鄭改字[也]。唐石經以下，經、傳皆從「口」，是用鄭廢毛。「嚏」不得訓「跲」，明矣。』今考正義本傳是『跲也』，則其經當是『疐』字。釋文『疌』即『嚏』之變體。狼跋釋文『疐，本又作「疌」』，可證也。與說文止部之『疌』字迥不相涉。若經字作止部之『疌』，鄭不得讀爲『嚏』，釋文亦不當作『竹利』等反矣。經義雜記云：『案釋文，知崔靈恩集注作「疌」，陸氏從之。正義則從王肅作「疐」。釋文云「一作疐」

者，即王本也。』其説非是，由誤讀釋文爲從『止』之『疌』所致也。」○阮引段語，「讀」下脱「當」，「字」下脱「也」，見段玉裁毛詩故訓傳定本卷三終風「願言則疐」條，今據補。

〔四〕軍案：「詩風」，清經解本誤作「邶風」。

10

觚二升觶三升

考工記「梓人爲飲器，勺一升，爵一升，觚三升。獻以爵而酬以觚，一獻而三酬，則一豆矣」，注：「勺，尊升也。觚、豆，字、聲之誤，『觚』當爲『觶』，『豆』當爲『斗』。」「食一豆肉，飲一豆酒，中人之（之）食也」，〔一〕注：「一豆酒，又聲之誤，當爲『斗』。」

釋曰：〔二〕「爵制：此言許氏五經異義有爵制篇。『今韓詩説：「一升曰爵，二升曰觚，三升曰觶，四升曰角，五升曰散。」古周禮説亦與之同。齊、魯、韓爲今文，毛詩爲古文。儀禮有今文、古文，周禮爲古文，禮記爲今文。以下是許慎駁韓詩、周禮舊説。謹案：周禮「一獻三酬，當一豆」，即觚二升，不滿豆矣。』鄭玄駁之云：『「觶」字，「角」旁「支」，舊譌「友」，今改正。汝、潁之閒師讀所作。今禮「角」旁「單」，古書或作「角」旁「氏」。「角」旁「氏」，則與「觚」字相近。學者多聞「觚」，寡聞「觗」，舊譌「觚」，依燕禮疏改。寫此書亂之而作「觚」耳。又南郡太守馬季長説：「『一獻而三酬，則一豆』，『豆』當爲『斗』」，案：儀禮燕禮疏引此經，又曰：「鄭引南郡太守馬季長云：『「觚」當爲「觶」，「豆」當爲「斗」。』」此脱「『觚』當爲『觶』」四字。一爵三觶相近。禮器制度云漢初叔孫通撰禮器制度。此亦馬氏所引。『觚大二升，觶大三升』。」以上皆是鄭康成駁許叔重説。是故鄭從二升觚，三升觶也。鄭云『觚、豆，字、聲之誤』者，『觶』字爲『觚』，是字之誤；『斗』字爲『豆』，是聲之誤。」

案：儀禮燕禮「坐取觚洗，賓少進，辭洗，主人坐奠觚于篚」，注：「古文『觚』皆爲『觶』。」「士長升，拜受觶，主人拜[送]觶」，〔三〕注：「今文『觶』作『觚』。」「媵觚于公」，注：「此當言『媵觶』。酬之禮皆用『觶』，言『觚』者，字之誤也。古者，『觶』字或作『角』旁『氏』，由此誤爾。」「賓降洗象觶」，注：「今文曰『洗象觚』。」「公坐取賓所媵觶，興」，注：「今文『觶』又爲『觚』。」大射儀「士長升，拜受觶」，注：「今文『觶』作『觚』。」「媵觶于公」，注：「今文『觶』爲『觚』。」「洗象觚」，注：「此『觚』當爲『觶』。」

據此，知「觗」、「觚」二字形相近，儀禮古文多作「觶」，故雖「觚」字亦爲「觶」；今文多作「觚」，故雖「觶」字亦爲「觚」。鄭氏參校古、今文，以義定之：義當作「觶」者，從古文，則云「今文作『觚』」；義當作「觚」者，從今文，則云「古文爲『觶』」。亦有古文「觶」字反誤爲「觚」者，如燕禮「媵觚于公」、大射儀「洗象觚」及周官梓人「獻以爵而酬以觚」是也，鄭氏俱云「『觚』當爲『觶』」，精審之至也。

古周禮同韓詩説「二升曰觚，三升曰觶」，則明以「酬以觚」作「酬以觶」矣。且叔孫通，秦儒也，其撰漢禮器制度亦云「觚大二升，觶大三升」，與韓詩、周禮合。是觚、觶所容之數，先儒舊説皆然。故馬季長注周禮，謂「一爵三觶相近」，論語「子曰：『觚不觚』」，馬融注：「一升曰爵，二升曰觚。」鄭氏從之。

許叔重不知「觶」、「觚」易溷，皆作如字讀，以周禮「獻以爵而酬以觚，一獻三酬」當一斗，則觚爲三升，韓詩、周禮説皆誤矣。許意觚爲三升，則觶爲四升。故説文角部云：「觶，鄉飲酒『角』也。〔四〕禮曰：『一人洗，舉觶。』儀禮作「一人洗，升舉觶于賓」。觶，受四升。从角，單聲。䚐，觶或从辰。觗，禮經『觶』。觚，鄉飲酒之『角』也。一曰：『觴受三升者謂之觚。』从角，瓜聲。」此許叔重自用其説，非古義也。學者宜分別觀之。

儀禮鄉飲酒禮、禮記鄉飲酒義皆有「觶」無「觚」。説文「觚，鄉飲酒之『角』也」，當作「燕禮之『角』也」，寫者涉上「觶」字注誤耳。儀禮注、駁異義皆云「『觶』字，古書或作『角』旁『氏』」，與説文「觗，禮經『觶』」正合。或从「辰」者，古「辰」、「氏」聲相近。如毛詩吉日「其祁孔有」，箋云「『祁』當作『麎』」，可證。又作「𧢳」者，「支」與「氏」聲同。禮記釋文檀弓下「揚觶」、曾子問「奠觶」、鄉飲酒禮「揚觶」皆云「字林音支」，當本鄭説。然此俗師所作，鄭所不從也。

〔一〕軍案：「中人」下衍一「之」字，今據周禮冬官考工記删。

〔二〕軍案：見周禮冬官考工記「梓人爲飲器」賈疏。

〔三〕軍案：「主人拜」下儀禮燕禮有「送」字，今據補。

〔四〕軍案：説文段注云：「『鄉』當作『禮』。禮經十七篇，用『觶』者多矣，非獨鄉飲酒也。因下文『一人洗，舉觶』之文見鄉飲酒篇，淺人乃改『鄉』字。『觶』，鉉本作『角』，非，當同『觚』下作『爵』。」

11

農用八政

説文衣部：「襛，衣厚貌。」水部：「濃，露多。」酉部：「醲，厚酒也。」則「農」字本有「厚」義，故从「酉」爲「酒厚」，从「水」爲「露多」，从「衣」爲「衣厚」。鄭康成恐其與「農桑」字涉嫌，故讀「農」爲「醲」。〔一〕孔傳直云「農，厚也」。〔二〕皆與本經上下文「敬用」、「協用」、「建用」、「乂用」、「明用」、「念用」、「嚮用」一例。

釋文引馬融云：「食爲八政之首，故以『農』名之。」正義引王肅云：「農，食之本也。

故以『農』言之。」張晏注漢書五行志上，亦與馬、王義同。皆不如鄭、孔之當也。王肅從馬悖鄭，而反異於孔傳，此小人之譎詭不可測處。

〔一〕軍案：見尚書洪範「次三曰農用八政」孔穎達疏引。

〔二〕軍案：見尚書洪範「次三曰農用八政」孔安國傳。

經義雜記卷十一

武進學生臧琳玉林

1 義疏句繁

唐人九經義疏，學者不可不讀。但其文複沓，有一二言義已明了者，加之數十百言，意反晦塞。劉子玄史通有點繁篇，其法以「文有繁者，皆以筆點其上，朱粉、雌黄並用。凡字經點者，盡宜去之。其閒有文(字)[句]虧缺者，〔一〕細書側注於其(下)[右]，〔二〕亦用朱粉、雌黄等。惟正文用朱粉，則細注用雌黄爲別。或回易數字，或加足片言，[俾]分布得所，〔三〕彌縫無闕」。〔四〕琳欲仿史通法，剪裁義疏，別爲九經小疏一書，但不必如史通法之太密，於删改處不必拘拘盡留本文，恐反亂學者之目。今偶舉一二則，所當删者，用朱粉句之；其虧缺處當側注者，不復補云。

禮記樂記：「大章，章之也。咸池，備矣。」正義曰：「此黄帝所作咸池之樂，至堯之時，更增改脩治而用之。周禮大司樂謂之『大咸』。咸池雖黄帝之樂，若堯既增脩而用之者，則世本名『咸池』是也，故此文次在大章之下矣。又周禮云：『咸池以祭地。』黃帝之樂，堯不增脩者，則別立其名，則此大章是也。其咸池雖黃帝之樂，堯增脩者，至周謂之『大咸』。其黃帝之樂，堯不增脩大章者，至周謂之『大卷』，於周之世，其黃帝樂，堯不增脩，謂之『大卷』者，更加以『雲門』之號，是雲門大卷一也。」

周禮大司樂：「舞雲門大卷、大咸。」釋曰：「本黃帝樂名曰咸池，以五帝殊時，不相沿樂，堯若增脩黃帝樂體者，存其本名，猶曰咸池，則此大咸也。若樂體依舊，不增脩者，則改本名，名曰大章。故云大章堯樂也。周公作樂，更作大卷，大卷則大章。章當作「大章」。名雖堯樂，其體是黃帝樂，故此大卷一爲黃帝樂也。周公以堯時存黃帝咸池爲堯樂名，則更與黃帝樂名立名，名曰『雲門』。則『雲』當有「門」字。與『大卷』爲一名，故下文分樂而序之，更不序大卷也。」

〔一〕軍案：「其」上史通有「如」字。「字」，今從史通作「句」。

〔二〕軍案：「下」，今從史通作「右」。

〔三〕軍案：「分布」上史通有「俾」字，今據補。

〔四〕軍案：明郭孔延史通評釋卷十五外篇點繁第六云：「點繁去冗，此子玄作史之草也。第寥寥數段，刪繁冗易。若盡犧年，至麟止，下及李唐，悠悠數千載，總括縷析，談何容易？」子玄勇攻古失，終年閣筆，竟不成史，正恐後人復來點繁耳。」

2 巫止

禮記喪大記：「大夫之喪，君至，主人迎，先入門右，巫止于門外。」釋文：「巫止，本或作『巫止門外』，『門外』衍字耳。」正義曰：「『巫止于門外』者，君臨臣喪，巫祝桃茢以辟邪氣。今至主人門，恐主人惡之，故止巫于門外也。士喪禮云：『巫止於廟門外，祝代之。』又檀弓下正義曰：「喪大記：『大夫之喪，將大斂，君往，巫止于門外，祝先入。』」則正義所據本有「于門外」三字。

又儀禮士喪禮疏云：「此據喪大記而言，彼云大夫既殯而君往焉，巫止於門外。」則賈所據本亦與孔氏同。

案：注云：「巫止者，君行必與巫，巫主辟凶邪也。」鄭既斷「巫止者」爲句，則經無「門外」字可知。今本較陸氏所見又衍「于」字，蓋因士喪禮「巫止于廟門外」而誤加也。

3

楚子登轈車

左傳成十六年：「楚子登巢車以望晉軍。」杜注：「巢車，車上爲櫓。」釋文：「巢車，説文作『轈』，云『兵車高如巢以望敵也』。字林同。」正義曰：「説文云：『轈，兵高車加巢以望敵也。』『櫓，澤中守草樓也。』是『巢』與『櫓』俱是樓之别名。」

案：説文木部：「櫓，大盾也。从木，魯聲。樐，或从鹵。」「樔，澤中守艸樓。从木，巢聲。」車部：「轈，兵高車加巢以望敵也。从車，巢聲。春秋傳曰：『楚子登轈車。』」玉篇木部：「樔，澤中守草樓也。櫓，城上守禦望樓。説文曰『大盾也』。樐，彭排也，亦同上。」車部：「轈，兵車若巢以望敵也。轈，同上。」廣韻五肴：「轈，兵車若巢以望敵也。樔，説文曰『澤中守艸樓』。」十姥：「櫓，城上守禦望樓。釋名曰：『櫓，露也，露上無覆屋也。』説文曰『大盾也』。」

據説文，知左傳本作「轈」。「轈」爲兵車，高可以望敵，如鳥巢之在上，故从「車」、从「巢」；今作「巢」，省文也。杜以爲「車上爲櫓」。正義云「『巢』與『櫓』俱是樓之别名」，則嫌於樓上加樓矣。其引説文「兵車高如巢」，誤作「兵高車加巢」，今説文亦同，當據釋文

所引訂正。玉篇、廣韻皆云「若巢」，可證「加」爲「如」字之譌也。儀禮經傳通解續祭禮十與注疏本所載釋文皆作「如」字。〔一〕

又據正義，則「澤中守草樓」是「樐」字訓；今説文爲「樔」字訓，「樐」下止云「大盾也」。玉篇、廣韻引説文同。

案：後漢書公孫瓚傳「今吾諸營樓櫓千里，積穀三百萬斛」，李注：「櫓，即『樐』字，見説文。釋名曰：『櫓，露也，上無覆室。』」是「樐」亦爲樓名。正義引説文當不誤。禮記禮運「夏則居橧巢」，釋文云：「樔，本亦作『巢』。」文選曹大家東征賦「諒不登樔而椓蠡兮」，李善注：「禮記曰：『夏則（登）［居橧］巢。』」〔二〕「樔」即「巢」之俗字。説文：「巢，鳥在木上曰巢，在穴曰窠。从木。象形。」許書不當更有「樔」字，蓋即「樐」字之譌，疑李陽冰等竄改。玉篇亦非顧野王之舊。

〔一〕軍案：見儀禮經傳通解續卷二十六上祭禮十上「楚子登巢車以望晉君」條引釋文。

〔二〕軍案：「夏則登巢」四字，禮記禮運、文選李善注皆作「夏則居橧巢」，今據改。清胡紹煐文選箋證卷十二云：「依注，則善本亦作『巢』。禮運釋文：『樔，本亦作「巢」。』『樔』、『巢』字同。」○梁章鉅文選旁證卷十二云：「六臣本『樔』作『巢』，『椓』作『琢』，無此注。」

4

天子駕六馬

古文尚書五子之歌：「予臨兆民，懔乎若朽索之馭六馬。」傳：「腐索馭六馬，言危懼甚。」正義曰：「經傳之文，惟此言『六馬』。漢世此經不傳，餘書多言『駕四』者。春秋公羊説『天子駕六』。毛詩説『天子至大夫皆駕四』。許慎案王度記云『天子駕六』。鄭玄以周禮校人養馬『乘馬一師四圉』，四馬曰乘；康王之誥云『皆布乘黄朱』，以爲天子駕四；漢世天子駕六，非常法也。然則此言馬多、懼深，故舉『六』以言之。」

又史記秦始皇本紀：「數以六爲紀，符、法冠皆六寸，而輿六尺，六尺爲步，乘六馬。更名河曰德水，以爲水德之始。」集解引瓚曰：「水數六，故以『六』爲名。」

又漢書禮樂志，日出入詩：「吾知所樂，獨樂六龍。六龍之調，使我心若。」注：「應劭曰：『易曰「時乘六龍以御天」。』」〔一〕

又續漢書輿服志上：「駕六馬，所御駕六（馬），〔二〕餘皆駕四。」劉昭注：「逸禮王度記曰：『天子駕六馬，諸侯駕四，大夫三，士二，庶人一。』周禮四馬爲乘。毛詩天子至大夫同駕四，士駕二。易京氏、春秋公羊説皆云『天子駕六』。許慎以爲：『天子駕六，諸侯及卿駕四，大夫駕三，士駕二，庶人駕一。』」史記曰，秦始皇以水數制乘六馬。鄭玄以爲：『天子四馬，周禮乘馬有四圉，各養一馬也。諸侯亦四馬。顧命，時諸侯皆獻乘黄朱，乘亦四馬也。今帝者駕六，此自漢制，與古異耳。』」〔三〕

又蔡邕獨斷下：「上所乘曰金根車，駕六馬。有五色安車、五色立車，〔四〕皆駕四馬。」

又荀子勸學篇：「伯牙鼓琴而六馬仰秣。」楊倞注：「六馬，天子路車之馬也。漢書曰：『乾六車，坤六馬。』白虎通曰：『天子之馬六者，示有事於天地四方也。』張衡西京賦曰『天子駕彫軫，六駿駮』，又曰『六玄虯之奕奕，齊騰驤而沛艾』。」脩身篇：「蹞步而不休，跛鱉千里；一進一退，一左一右，六驥不致。」

又文選西京賦「六駿駮」，薛綜曰：「天子駕六馬。」東京賦「六玄虯之奕奕」，薛曰：「六，六馬也。天子駕六馬。」甘泉賦「駟蒼螭兮六素虯」，李善曰：「春秋命歷序曰：〔五〕『皇伯駕六龍。』」〔六〕上林賦「六玉虯」，張揖曰：「六玉虯，謂駕六馬。」郭璞曰：「韓子曰：『黄帝駕象車，六蛟龍。』」〔七〕羽獵賦「六白虎」，李善曰：「杜業奏事曰：『輬車駕白虎。』」〔八〕白虎，馬名。」

然則「六馬」之文，經、史、子、集皆有之。故五經異義據易京氏、禮王度記、春秋公羊説，以爲「天子駕六」。鄭康成以此諸文爲皆起於秦、漢以來，非三代常制，不足以取證經典；而尚書顧命、毛詩、周禮天子、諸侯皆駕四馬，故不從今文家及許氏說。

琳考之周書王會，成王時書也，而云「其西，天子車立馬乘六」；石鼓文，宣王時詩也，而云「趍趍六馬」。他書未可深信，而此實爲姬周遺文，則周已有「六馬」之制矣。鄭君駁之者，石鼓文，鄭所不見；周書雜說，恐亦一時之制，非著爲令典者也。

〔一〕軍案：「時乘六龍以御天」，見易乾卦彖辭。師古注引應劭曰：「武帝願乘六龍，仙而升天，曰：『吾所樂，獨乘六龍然。御六龍得其調，使我心若。』」王先謙漢書補注云：「『吾知所樂，獨樂六龍』，謂日御以六龍行速爲樂也。『六龍之調，使我心若』，謂見日御之調良，使我心善之也。廣雅：『日御謂之羲和。』魏曹植與吴質書『思欲抑六龍之首，頓羲和之轡』，本志文而反用之，下迺致欲仙意。」

〔二〕軍案：「所御駕六馬」，後漢書輿服志上無「馬」字，此當衍，今删。

〔三〕禮堂謹案：通典六十四：「鄭駁五經異義云，天子駕六馬。以經言『時乘六龍以御天』，蓋乃陰陽之氣，乘六上下，非爲禮制。案：周官校人『掌王馬之政，凡擇良馬而養乘之，乘馬一師四圉』，四馬爲乘。古毛詩云：『天子至大夫同駕駟，皆有四方之事。』詩云『四牡彭彭』，是也。」○軍案：臧禮堂引「鄭駁五經異義云」七字，當從通典卷六十四天子車輅五輅作「許慎五經異義説」。「凡擇良馬而養乘之」，通典同，王文錦通典校勘記云：「周禮校人『擇』作『頒』。」「古毛詩云」，清武英殿本通典「云」作「説」，王文錦通典校勘記云：「『説』原訛『云』，據詩干旄正義改。」

〔四〕軍案：「立車」下，獨斷卷下有「各一」二字。

〔五〕軍案：「歷」，胡克家重刻宋淳熙本文選同，朝鮮奎章閣活字本作「歴」。「歴」乃「歷」之俗字，「歷」乃「曆」之假借字。

〔六〕軍案：文選卷十一王延壽魯靈光殿賦「五龍比翼」，李善注云：「春秋命曆序曰：『皇伯、皇仲、皇叔、皇季、皇少五姓，同期俱駕龍，周密與神通，號曰五龍。』」卷十二木華海賦「儵如六龍之所掣」，李善注云：「春秋命曆序曰：『皇伯登出扶桑日之陽，駕六龍以上下。』」○此引文選注據奎章閣活字本。「曆」，日本早稻田大學圖書館藏胡刻本作「歷」，中華書局縮印胡刻本闕筆作「厤」。

〔七〕軍案：見文選上林賦李善注引。

〔八〕軍案：「輬車駕白虎」下文選李善注有「四」字。

5

昭七年日食

五行志下之下：「昭公七年『四月甲辰朔，日有食之』。董仲舒、劉向以爲：『先是，楚靈王弑君而立，會諸侯，執徐子，滅賴；後陳公子招殺世子，楚因而滅之，又滅蔡；後靈王亦弑死。』劉歆以爲：『二月，魯、衛分。』傳曰：晉侯問於士文伯曰：『誰將當日食？』對曰：『魯、衛惡之，衛大魯小。』公曰：『何故？』對曰：『去衛地，如魯地，於是有災，其衛君乎？魯將上卿。』是歲八月，衛襄公卒；十一月，魯季孫宿卒。晉侯謂士文伯[曰]：〔一〕『吾所問日食從矣，可常乎？』對曰：『不可。六物不同，民心不壹，事序不類，官職不則，同始異終，胡可常也？詩曰：「或宴宴左傳、毛詩皆作「燕燕」。「燕」爲古文「宴」。居息，或盡顇事國。」如淳曰：「顇，古『悴』字也。」案：詩作「或盡瘁事國」，毛傳：「盡力勞病以從國事。」左傳作「憔悴」，正義曰：「蓋師讀不同。」今據漢志所載左氏作「盡悴」，知左傳古文本與毛詩同。杜本作「憔」，聲近之誤。其異終也如是。』公曰：『何謂六物？』對曰：『歲、時、日、月、星、辰是謂。』公曰：『何謂辰？』對曰：『日、月之會是謂。』左傳作「是謂辰」。案：此與上句文法同，「辰」衍文。公曰：『詩所謂「此日而食，左傳作「彼日而食」，正義引詩「此日而食」，又曰：「詩作『此』，此云『彼』者，師讀不同也。」案：作「彼日而食」非是。正言「日有食之」，安得彼日而此月？若日、月兩言「彼」，蒙混更甚。孔氏所見本已然，則其誤已久，當據漢志正之。于何不臧」，何也？』對曰：『不善政之謂也。國無政，不用善，則自取適于日月之災。師古曰：「『適』讀曰『讁』。」案：左傳作「謫」，即「讁」之俗字，作「適」是假借字。故政不可不慎也，務三而已：一曰擇人，二曰因民，三曰從時。』以上皆錯舉傳文，此下蓋劉歆等說。此推日食之占循變復之要也。易曰：『縣象著明，莫大於日月。』是故聖人重之，載于三經。謂易、詩、春秋。於易，在豐之震，曰：『豐其沛，日中見昧，折其右肱，亡咎。』服虔曰：「日中而昏也。」師古曰：「言遇此災，則當退去右肱之臣，乃免咎。」於詩十月之交，則著卿士、司徒，下至趣馬、師氏，咸非其材。同於右肱之所折，協於三務之所擇，明小人乘君子、陰侵陽之原也。」

〔一〕軍案：「伯」下漢書五行志下之下有「曰」字，今據補。

6

是刈是濩

詩葛覃：「是刈是濩。」毛傳：「濩，煑之也。」釋文：「是艾，本亦作『刈』，魚廢反。韓詩云：『刈，取也。』是濩，胡郭反，煑也。韓詩云：『濩，瀹也。』音羊灼反。」正義曰：「釋訓云：『「是刈是濩」，濩，煑之也。』舍人曰：『是刈，刈取之；是濩，煑治之。』孫炎曰：『煑葛以爲絺綌，以煑之於濩，故曰「濩煑」，非訓「濩」爲「煑」。』」

又郭注爾雅云：「煑葛爲絺綌。」釋文：「是乂，音刈，本亦作『刈』。鑊，又作『濩』，同，户郭反。」正義曰：「云『是刈是濩』者，周南葛覃文也。云『濩煑之也』者，釋之也。以煑之於鑊，故曰『濩煑』，非訓『濩』爲『煑』。」

又唐石經與宋刻單注本爾雅同作「『是刈是濩』，鑊煑之也」，上一字从「水」，下一字从「金」。〔一〕蓋毛詩作「是刈是濩」。依釋文，韓詩亦从「水」。爾雅釋之云「鑊煑之也」，四字爲句，孔疏之説是也。陸德明訓「濩」爲「煑」，非是。「濩」即「鑊」之假借。爾雅以「濩」爲「鑊」，開漢儒易字法之端。毛傳當云「『是刈是濩』，鑊煑之也」，傳中無經，則嫌於「濩」字爲讀「煑之也」三字爲句。此蓋以傳合經時所删；若更定毛傳，當補載之。此類頗多。「刈」从「乂」、从「刀」，爲正；或作「艾」、作「乂」，並假借字。

〔一〕鏞堂謹案：宋槧雪牕書院單注本爾雅作「是刈是穫」，上字从「禾」。

7

公羊經治兵

春秋公羊莊八年「甲午，祠兵」，傳：「『祠兵』者何？出曰祠兵，入曰振旅，其禮一也，皆習戰也。」注：「禮，兵不徒使。故將出兵，必祠於近郊，陳兵習戰，殺牲饗士卒。」解云：「何氏之意，以爲『祠兵』有二義也：一則祠其兵器，二則殺牲饗士卒。故曰『祠兵』矣。」

又詩采芑「振旅闐闐」，箋云：「春秋傳曰：『出曰治兵，入曰振旅，其禮一也。』」正義曰：「『治兵』、『振旅』之名，周禮、左傳、穀梁、爾雅皆同，唯公羊以『治兵』爲『祠兵』。此引春秋傳者，莊八年公羊文也。公羊爲『祠兵』，此言『出曰治兵』者，諸文皆作『治兵』，明彼爲誤，故經當作「徑」。改其文而引之。」

又周禮大司馬之職「中春，教振旅」，注：「凡師出曰治兵，入曰振旅，皆習戰也。」釋曰：「鄭玄於異義駮不從公羊云『祠兵』，故云：『「祠兵」者，公羊字之誤，因而作説之。』」

又禮記曲禮上「外事以剛日」，注：「春秋傳曰：『甲午，祠兵。』」正義曰：「異義：『公羊説以爲「甲午祠兵」，左氏説「甲午治兵」。』鄭駮之云：『公羊字誤也，以「治」爲「祠」，因爲作説。引周禮四時田獵、治兵振旅之法，是從左氏之説，不用公羊也。』」

又左傳隱五年「三年而治兵，入而振旅」，注：「雖四時講武，猶復三年而大習。出曰治兵，始治其事；入曰振旅，治兵禮畢，振衆而還。」正義曰：「公羊傳曰：『出曰治兵，入曰振旅。』何休公羊爲『出曰祠兵』，詩箋引公羊亦作『治兵』，是其所見本異也。」

琳案：周禮、左傳、穀梁、爾雅皆爲「治兵」，知公羊作「祠」是聲近之誤。鄭君徧通諸經而折衷之，故能灼然明見其誤。詩箋、周禮注用公羊徑改作「治」，詩正義所言是也。春秋正義謂鄭「所見本異」，則又遊移無定矣。五經異義所載公羊已作「祠兵」，何氏因曲爲之説，蓋俱株守一經、依文順字之過也。惟鄭氏精於校勘，故不爲誤本所惑。

8

五麾五兵五鼓

春秋莊廿五年：「辛未朔，日有食之，鼓用牲于社。」穀梁傳：「天子救日，置五麾，陳五兵、五鼓；諸侯置三麾，陳三鼓、三兵；大夫擊門；士擊柝。」范注：「麾，旌幡也。五兵，矛、戟、鉞、楯、弓矢。」

釋曰：「『五麾』者，麋信云：『各以方色之旌，置之五處也。』『五兵』者，徐邈云：『矛在東，戟在南，鉞在西，楯在北，弓矢在中央。』麋信與范數五兵與之同，是相傳説也。『五鼓』者，麋信、徐邈並云：『東方青鼓，南方赤鼓，西方白鼓，北方黑鼓，中央黄鼓。』案：『五兵』，兵有五種；未審『五鼓』是一鼓有五色，爲當五種之鼓也。何者？周禮有『六鼓』：雷鼓、靈鼓、路鼓、鼖鼓、鼛鼓、晉鼓之等。〔一〕若以爲五種之鼓，〔二〕則不知『六鼓』之内竟去何鼓？若以爲一種之鼓，則不知『六鼓』之内竟取何鼓？又周禮云『雷鼓鼓神祀』，則似救日之鼓用雷鼓，但此用之於社。周禮又云『靈鼓鼓社稷祭』，則又似救日食之鼓用靈鼓。進退有疑，不敢是正，故直述之而已。檢麋、徐兩家之説，則以『五鼓』者非『六鼓』之類，别用方色鼓而已。諸侯三者，則云降殺以兩，去黑、黄二色，是非『六鼓』之類也。」

案：禮記曾子問：「如諸侯皆在而日食，則從天子救日，各以其方色與其兵。」注：「示奉時事，有所討也。『方色』者，東方衣青，南方衣赤，西方衣白，北方衣黑。兵，未聞也。」正義引隱義云：「東方用戟，南方用矛，西方用弩，北方用楯，中央用鼓。」

又梁劉昭注續漢書祭祀志中引皇覽四時迎氣：「春，旗旄尚青，田車載矛。夏，旗旄尚赤，田車載戟。秋，旗旄尚白，田車載兵。此字當誤。冬，旗旄尚黑，田車載甲鐵鍪。」淮南子時則「春衣青采，其兵矛」，高注：「矛有鋒鋭，似萬物鑽地生。」「夏衣赤采，其兵戟」，注：「戟有枝榦，〔三〕象陽布散也。『戟』或作『弩』。」「季夏衣黄采，其兵劍」，注：「劍有兩刃，諭無所主也。」「秋衣白采，其兵戈。冬衣黑采，其兵鎩」，注：「鎩者刦内，象陰閉。」所言「五兵」，與徐、范不盡同。禮記正義「東方用戟，南方用矛」，葢誤倒。

觀皇覽、淮南子及徐説，皆矛在東、戟在南可知。淮南子「其兵戈」，「戈」乃矛類，此字亦誤。太平御覽引「其兵鉞」，〔四〕與徐氏正合，「戈」必「戉」字形近之譌也。

〔一〕軍案：見周禮地官鼓人。

〔二〕軍案：「若」，清經解本誤作「右」。

〔三〕軍案：「榦」，清經解本誤作「榦」。

〔四〕軍案：見太平御覽卷二十四時序部九秋上。

9

佁䰐之機

呂氏春秋本生云：「出則以車，入則以輦，務以自佚，命之曰招䰐之機。」高注：「招，至也。䰐機，門内之位也。乘輦於宫中，遊翔至於䰐機，故曰『務以自佚』也。詩云『不遠伊爾，薄送我畿』，此不過䰐之謂。」

又文選枚叔七發「且夫出輿入輦，命曰䰐痿之機」，李注：「呂氏春秋曰：『出則以車，入則以輦，務以自佚，命曰佁䰐之機。』高誘曰：『佁，至也。』枚乘引『佁䰐』而爲『䰐痿』，未詳乘之謬爲好奇而改之。」

又集韻六止：「佁，至也。呂氏春秋『佁䰐之機』高誘讀。聲類曰：『佁，嗣理切。』」

案李善、丁度所引，知呂覽本作「佁䰐」，今作「招」，乃形近之譌。詩谷風傳：「畿，門内也。」高注引詩「薄送我畿」，云：「畿，門内之位也。」與毛傳合。高引詩證車行不過畿，明出車、入輦爲至䰐之機。此注當作「佁，至也。乘輦於宫中，遊翔至於䰐，故曰『務以自佚』也。詩云『不遠伊邇，薄送我畿』，此不過畿之謂。畿，門内之位也」。正文「機括」字與注「門内之位，畿」字迥然不同，不知何時溷并爲一，致淩躐失次，誤不可讀。

李善謂枚乘好奇，改「佁儗」爲「儗瘗」者，案七發云「出輿入輦，命曰蹷痿之機；洞房清宫，命曰寒熱之媒。皓齒娥眉，命曰伐性之斧；甘脆肥膿，命曰腐腸之藥」，則七發以「伐性」與「腐腸」爲對，「儗瘗」與「寒熱」爲對，故改「佁儗」爲「儗瘗」。然呂氏春秋以「機」爲「佁儗」，以「食」爲「爛腸」，以「斧」爲「伐性」，三句一例；高注亦與本文合。若文人出新竄變，何足爲據？宋之黄震，熟於文選，反譏高注爲非，失之不審。

10

以慰我心

詩車舝：「覯爾新昏，以慰我心。」傳：「慰，安也。」箋云：「我得見女之新昏如是，則以慰除我心之憂也。新昏，謂季女也。」釋文：「慰，怨也，於願反。王申爲『怨恨』之義。韓詩作『以愠我心』，愠，恚也。本或作『慰，安也』，是馬融義，馬昭、張融論之詳矣。」

正義曰：「得賢女，則令王如是，我所以願見之也。我若得見爾之新昏，使王改脩如是，則以安慰我心，除其憂矣。傳以『慰』爲『安』，箋言『慰除』，以憂除則心安，非是異於傳也。孫毓載毛傳云『慰，怨也』，王肅云『新昏，謂褒姒也。大夫不遇賢女，而後徒見褒姒讒巧嫉妬，故其心怨恨』。徧檢今本，皆爲『慰，安』。凱風爲『安』，此當與之同矣。此詩五章，皆思賢女，無緣末句獨見褒姒爲恨。肅之所言，非傳旨矣。定本『慰，安也』。」

案：説文心部：「慰，安也。从心，尉聲。一曰恚怒也。」凱風「有子七人，莫慰母心」，傳：「慰，安也。」又説文火部：「尉，从上案下也。从𡰣、又，持火以尉申繒也。」則「尉」即今「熨斗」字，尉繒所以使之貼伏，〔一〕故「慰安」字从之。許君以訓「安」爲正，凱風、車舝兩傳並同。「恚怒也」一訓當非古義，故説文附載之。

韓詩作「慍」，其義爲「怨」，「慰」、「怨」聲相近，故文異。王肅據此，改傳爲「怨」以破鄭，幸馬本毛傳作「慰，安」，尚可爲證。乃張融評聖證論誤爲區別，以毛傳「慰，安」之訓屬之馬義，其論今雖不詳，大旨失之矣。〔二〕周人欲新得賢女以配幽王，故云「見爾新昏」。若褒姒，則王嬖寵已久，施之以「新昏」之稱，殊爲不類。此條孔勝於陸。

〔一〕軍案：「貼」，清經解本誤作「貼」。

〔二〕鏞堂謹案：馬昭出於鄭門，當從鄭箋本訓「慰」爲「安」，不宜區別爲馬融義。蓋釋文言張融而統舉之也。

11 王仲任說堯典

論衡正說云：「堯老求禪，四嶽舉舜。堯曰：『我其試哉！』說尚書曰：『「試」者，用也。我其用之爲天子也。』又曰：『女于時，觀厥刑于二女。』『「觀」者，觀爾虞舜於天下，[一]不謂堯自觀之也。若此者，高大堯、舜，以爲聖人相見已審，不須觀試，精耀相炤，曠然相信。』又曰：『四門穆穆，入于大麓，烈風雷雨不迷。』『言大（録）［麓］，三公之位也。[二]居一公之位，大總録二公之事，衆多並吉，無疾風大雨。』案：以上今文家說，以下王仲任義。[三]夫聖人才高，未必相知也。舜難知佞，使皐陶陳知人之法。佞難知，聖亦難别。堯之才，猶舜之知也。堯聞舜賢，四嶽舉之，心知其奇，而未必知其能，故言：『我其試哉！』試之於職，妻以二女，觀其夫婦之法，職治修而不廢，夫道正而不僻。復令入野，而觀其聖，逢烈風疾雨，終不迷惑。堯乃知其聖，授以天下。」

案：「我其試哉」，鄭康成注云「試以爲臣之事」，王肅云「試之以官」，皆與仲任「試之於職」之說合。蓋堯典本合今舜典爲一篇，孔傳析之，故云「言欲試舜，觀其行迹」。此言用爲天子，亦非。

又案：書大傳云「堯納舜大麓之野」，五帝本紀云「堯使舜入山林川澤，暴風雷雨，舜行不迷」，此仲任之説所本。馬、鄭注尚書，亦從其義。王肅云：「麓，録也。堯得舜任之，事無不統，自『慎徽五典』以下是也。」孔傳云：「麓，録也。納舜使大録萬機之政，陰陽和，風雨時，各以其節，不有迷錯愆伏。明舜之德合於天。」據論衡所引尚書説，知漢人本有是義，故王肅、孔傳用之，但不如王仲任説爲允耳。

〔一〕軍案：黄暉論衡校釋引段玉裁曰：「『觀爾』乃『觀示』之誤。『爾』形近『示』，又誤爲『爾』也。」

〔二〕軍案：「録」當從論衡作「麓」。黄暉論衡校釋云：「宋翔鳳過庭録書説上曰：『「麓」當作「録」。此書古文説也。』並非。燕然山銘：『納于大麓。』案銘上云：『寅亮聖皇，登翼王室。』是以『大麓』爲大録三公之位。訓『麓』爲『録』，與此文同。不必改作『録』。」

〔三〕軍案：黄暉論衡校釋引皮錫瑞曰：「據伏生、史公之義，則今文説以『大麓』爲『山麓』，伏生不以『麓』爲『録』。訓『麓』爲『録』，由漢博士傅會，改其師説。此文『言大麓，三公之位』云云，即夏侯博士以『麓』訓『録』之説。而以『烈風雷雨』爲『衆多並吉』之喻，又博士異説也。段玉裁以『山麓』之説爲古文，『大録』之説爲今文，蓋徒見今文説之誤者，解爲『大録』，（指夏侯説。）不知今文説之不誤者，正解爲『山麓』。伏生、史公皆非古文説也。

陳喬樅説，以『山麓』爲歐陽説，『大録』爲大、小夏侯説，證以史公與王仲任皆用歐陽尚書，周堪、孔霸俱事夏侯勝，授元帝經，則元帝報于定國，乃用夏侯尚書。分别甚確。」

12

萬民不承

詩抑：「子孫繩繩，萬民靡不承。」釋文：「靡不承，一本『靡』作『是』。」

案：箋云：「王之子孫敬戒行王之教令，天下之民不承順之乎？言承順也。」經如有「靡」字，文義已明，鄭可無庸箋矣。蓋經本作「萬民不承」，「靡」字後人竄入。依釋文，「靡」當作「是」較通。

13

死生有命説

論衡命義云：「子夏曰『死生有命，富貴在天』，而不曰『死生在天，富貴有命』者，何則？死生者，（以性爲主）無象在天，［以性爲主］。〔一〕稟得堅彊之性，則氣渥厚而體堅彊，堅彊則壽命長，（壽命）長則不夭死。〔二〕稟性軟弱者，氣少泊而性羸窳，羸窳則壽命短，短則蚤死。故言『有命』，命則性也。至於富貴所稟，猶性所稟之氣，得衆星之精。衆星在天，天有其象，得富貴象則富貴，得貧賤象則貧賤，故曰『在天』。在天如何？天有百官，有衆星，天施氣而衆星布精；天所施氣，衆星之氣在其中矣。人稟氣而生，含氣而長，得貴則貴，得賤則賤。貴或秩有高下，富或貲有多少，皆星位尊卑小大之所授也。」此解亦精鑿。

〔一〕軍案：「以性爲主」四字，論衡在「無象在天」下，今據乙。

〔二〕軍案：劉盼遂論衡集解云：「下『壽命』二字誤衍。下文『贏瓜則壽命短，短則蚤死』，與此對文，不重『壽命』字，可證。」其説是也，今删正。

14

維周之祺

詩維清：「維周之禎。」傳：「禎，祥也。」箋云：「得天下之吉祥。」釋文作「之祺」，云：「音其，爾雅同。徐云『本又作「禎」』，音貞』，與崔本同。」正義作「祺」，云：「『祺，祥』，釋言文。舍人曰：『祺福之祥。』某氏曰：『詩云：「維周之祺。」』據宋本。定本、集注『祺』字作『禎』。」

案：爾雅：「祺，祥也。祺，吉也。」釋文：「祺，音其，下同。」是爾雅無有作「禎」者。當從正義、釋文本，方與雅訓合。唐石經作「禎」，故今本多作「禎」，蓋即唐之定本據崔靈恩集注也。説文示部：「禎，祥也。」崔蓋本此。今注疏本作「禎」，則非。

經義雜記卷十二

武進學生臧琳玉林

1

漢石經遺字

東漢熹平四年所刻石經，自宋洪适隸釋、黄伯思東觀餘論所載外，遺文隻字，槩未之見。唐張參五經文字，嘗上列説文，下列石經，以相參校，雖不能如洪、黄兩家章句相連成文，然其辨别石經體畫頗真。且此爲唐人之書，論世在洪、黄之上。近時所刊隸釋、東觀餘論，譌闕相仍，漸失真矣。耆古之士，欲於洪、黄兩家外復覩中郎遺蹟，則張氏之書不可不讀也。凡有涉石經者，今謹輯之，原注進爲大字，以俟考焉。

序例云：〔一〕

後漢許叔重收集籒、篆、古文諸家之學，就隸爲訓注，謂之説文。時蔡伯喈亦以滅學之後經義分散，儒者師門，各滯所習，傳記交亂，訛僞相蒙，乃請刊定五經，備體刻石，立于太學之門外，謂之石經，學者得以取法焉。遭離變難，僅有存者。後有吕忱，又集説文之所漏略，著字林五篇以補之。今制國子監置書學博士，立説文、石經、字林之學，舉其文義，歲登下之，亦古之小學也。十年夏六月詔，委國子儒官勘校經本，送尚書省。參幸承詔旨，得與二三儒者分經鉤考而共決之。説文體包古今，先得六書之要。有不備者，求之字林。其或古體難明，衆情驚懵者，則以石經之餘，比例爲助。若「宆」變爲「冝」、「㬪」變爲「晉」之類，説文「宆」、「㬪」人所難識，則以石經遺文「冝」與「晉」代之。石經湮没，所存者寡，通以經典及釋文相承隸省，引而伸之，不敢專也。若「𦾓」變爲「壽」、「𣚔」變爲「栗」之類，石經湮没，經典及釋文相承作耳。大曆十一年六月七日，司業張參序。

卷上：

木部冒也，冒地而生。從「中」，(二)下象根形。今依石經省作「木」。凡字從「木」，皆放此。

桃桃上説文，下石經。凡字從「兆」者，皆放此。

築築上説文，下石經。

橲樀上說文，從「啻」；下石經。凡「敵」、「滴」、「適」之類，皆從「商」。

樓樓上說文，下石經。

榑說文作「樟」，石經作「榑」。

手部拳也。凡在左者，皆依石經作「扌」。

指指上說文，下石經。

爿部牆墻上說文，下石經。

米部粲粲上說文，下石經。

人部僑石經從「喬」。疑。

彳部得得上說文，下石經。

復復上說文，下石經。凡「蝮」、「輹」之類，皆從「復」。當作「复」。〔三〕

御從「午」、從「止」、從「卩」，卩音節。石經作「御」。

辶部說文作「辵」，從「彳」、從「止」。今依石經作此「辶」。

迂石經作「迂」。凡從「于」者，皆放此。

廴部長行也。說文從「彳」引「之」。今依石經作「廴」。

宀部害憲從「丯」，丯音介。石經省從「士」、從「工」者，訛。

寡寡上說文，下石經。

寂寂上說文，下石經。今依說文。

宐宜上說文，下石經。

冃部胄從「由」下「冃」，兜鍪也。「胄裔」字從「肉」，今依石經變「肉」作「月」，與「冃」相類。今「胄肻」字別見肉肉部。

目部睘睘上說文，下石經。見詩。凡「還」、「擐」之類，皆從「睘」。

网部說文作「网」，今依石經作「罒」。凡從「罒」，放此。非從「四」；「四」從「口」中「八」，與「罒」不同。

罰罸上說文，下石經。五經多用上字。

肉部說文「肉」字在左、右及下皆作「肉」，〔四〕與「肉」同。今依石經變「肉」作「月」。

偏傍從「月」者，皆放此。

𢿵散上說文，下石經。

月部明朙明上古文，中說文，下石經。今並依上字。

舟部兪俞上說文，從「亼」、當作「亼」。從「舟」、從「巜」，巜音工外反。下依石經，變「舟」作「月」。自「俞」已下，本皆從「舟」，今並作「月」。

朕朕上石經，下經典相承隸省。凡「滕」、「勝」之類，皆從上字。

丹部青青上説文，從「生」、從「丹」；下石經。凡「淸」、「請」之類，皆從「青」。

魚部象魚尾形。説文作「𩵋」。今依石經作「魚」。

卷中：

艸部蔬蔬上説文，下石經。

荅荅上説文，下石經。

薛薛上説文，下石經。

廿部庶作「庻」同。石經作「庶」。

竹部簋簋上説文，下石經。

革部鞏鞏上説文，下石經。

彡部弱弱上説文，下石經。凡字從「弱」者，皆放此

髟部長髮猋猋。從「長」、從「彡」。今依石經作「髟」。凡從「髟」者，放此。

心部象形。説文作「㣺」。今依石經作「心」。其在左者，經典相承隸省作「忄」，又

作「小」。

戇戇上説文，下石經。見周書。

恐恐上説文，下石經。

犬部今依石經。凡在左者，皆作「犭」；「犭」音犬。

言部 **譱**善上説文，下石經。上見周禮注。

阝部 **鄗**郭上説文，下石經。

卩部説文作「卪」。今依石經，並省點。

卸舍車解馬曰卸。從「午」、從「止」。「御」字從此。石經變「止」作「山」。

卿卿上説文，從二「節」相對；下石經。

𨸏部今依石經作「阝」。

陰陰上説文，下石經。

刀部案：當有「説文作『𠚣』」四字。今依石經作「刀」。凡字在右者，皆省作「刂」。

斤部 **所**石經作「所」。

戈部 **賊**賊上説文，下石經。

門部從二「户」。今依石經作「門」。

内部离說文從「屮」，〔五〕從「禽」省。今依石經作「离」。凡「摛」、「離」之類，皆從「离」。

巛部州從重「巛」。今依石經作「州」。凡字從「州」者，放此。

卷下：

水部㴸漑上說文，下石經。

淳淳上說文，下石經。

淑石經從「尗」。

亼部會會從「曾」省。上說文，下石經。凡字從「會」者，皆放此。

舍舍上說文，從「中」、從「囗」，「囗」音圍；下石經。

食部說文從「亼」、從「皀」。皀，彼立反。今依石經作「食」。凡字在左者，又省一畫作「食」。〔六〕凡從「皀」者，「鄉」、「既」之類，皆同。

饁饁上說文，下石經。

女部 婁婁上説文，從「毌」、從「中」、從「女」；下石經。凡「數」、「樓」之類，皆放此。

幸部所以犯驚人也。説文從「大」、從「羊」，「羊」音干。〔七〕今依石經作「幸」。

見部 覞石經作「䫐」。

夊部 夋夋行皃。上説文，下石經。凡「駿」、「峻」之類，皆從「夋」。

𡕥复從「畐」省，從「夊」。上説文，下石經。凡「復」、「輹」之類，皆從「复」。

㥑憂上説文，從「頁」、從「心」、「夊」；〔八〕下石經。凡「櫌」之類，皆從此。〔九〕

攴部小擊也。説文作「攴」，從「卜」、從「又」。今依石經作「攵」。

又部 叔尗上説文，下石經。今經典並依説文作「叔」。凡字從「叔」者，皆放此。

書書上説文，下石經。

橐部 櫜櫜上説文，下石經。

一部 丕丕上説文，下石經。下見春秋傳。

丠丘上説文，從「北」下「一」；下石經。

黽部 龜龜象形。舊也，外骨内肉。上説文，下石經。

歺部説文作「歺」。今依石經作「歹」。

日部　𣈆晉上説文，下石經。

㫺昔上説文。此字本是「腊」字，上象肉文，得日而乾。後加作「腊」，以此爲古「昔」字。下石經。

曰部　𣍘曹曺上説文；中經典相承隸省，凡字從「曹」者，皆放此；下石經。

㫃部　旄石經作「旄」。

虍部　𧆛虐上説文，下石經。

血部　盇盍上説文，下石經。今依石經。〔一〇〕

又陸德明釋文詩淇奥篇：「緑竹，如字。韓詩『竹』作『䓯』，音徒沃反，云：『䓯，萹茿也。』石經同。」〔一一〕陸氏隋、唐閒人，此所指「石經」，亦漢熹平石刻也。漢石經詩爲魯詩。然則韓、魯詩同作「緑䓯」。

案：毛傳：「竹，萹竹也。」釋文：「萹竹，韓詩作『茿』，音同。」説文艸部：「䓯，水萹茿。从艸、从水，毒聲。讀若『督』。茿，萹茿也。从艸，筑省聲。萹，萹茿也。从艸，扁聲。」〔一二〕據此，知魯詩、韓詩作「䓯」，以爲「水萹茿」；毛詩作「茿」，以爲「岸萹茿」。今作「竹」者，

「茿」之同聲假借字。依説文，作「茿」爲正。然經既言「瞻彼淇奧」，則韓、魯詩作「水萹茿」字，較毛爲勝。

洪氏所見石經，魯詩已無此篇，故「⿱艹⿰氵毒」字不載於隸釋。王伯厚詩考，魯詩無此條，蓋誤以爲開成石經也。吕東萊讀詩紀，載董氏説有云「石經」而不與唐石經合者，此作僞欺人，不足據。〔一三〕

〔一〕軍案：此序例乃臧氏節引。

〔二〕軍案：「中」，清經解本誤作「中」。

〔三〕軍案：臧氏所言是也。五經文字卷下夂部「夏复」注云：「上説文，下石經。凡『復』、『輹』之類，皆從『复』。」可證。

〔四〕軍案：「冈」字疑臧氏所改，説文篆書作「[illegible]」，五經文字誤作「肉」。

〔五〕軍案：「中」，清經解本誤作「中」。

〔六〕軍案：「食」，清經解本誤作「食」。

〔七〕聲案：當作「从羊，羊音飪」。

〔八〕聲案：説文「憂」、「㥑」兩字誼異。

〔九〕軍案：「皆」下「從」字，五經文字當作「放」。

〔一〇〕禮堂謹案：孫愐唐韻序云「案説文、玉篇、石經」，又上聲四十五厚云「斗，説文作『[篆文斗]』，有柄，象形；石經作『斗』」。

〔一一〕軍案：黄焯經典釋文彙校引段玉裁云：「緑竹，大學、説文並作『菉竹』；毛詩作『緑』，字之假借也。離騷『薋菉葹以盈室兮』，王逸注引詩『終朝采菉』；今毛詩亦作『緑』。又上林賦『揜以緑蕙』，張揖曰：『緑，王芻也。』是也。」○彙校又云：「『篇筑』，宋本、葉鈔俱从『艹』作『萹茿』。盧本兩『篇』字俱改作『萹』，『筑』字未改。阮云：『「筑」亦「茿」之誤。集韻一屋載「茿、蓫」二形，「艸名，説文『萹茿也』。或从『木』」，可證。』」

〔一二〕軍案：「萹茿」，宋本説文「⿱艹⿰氵毒」下作「篇茿」，「茿」下、「萹」下作「萹筑」。此皆作「萹茿」，疑爲臧琳所正，下同。

〔一三〕鏞堂謹案：釋文易繫辭上：「洗心，京、荀、虞、董、張、蜀才作『先』，石經同。」此所言「石經」，亦漢熹平閒所刻，即施、孟、梁丘三家經也。又尚書正義序云：「今文則歐陽、夏侯二家之所説，蔡邕碑石刻之古文。」尚書堯典第一正義曰：「撿古本并石經，直言『堯典第一』，無『古文尚書』。」蓋孔氏所見漢石經尚書殘碑，有「堯典第一」四字。宋洪氏亦未之見。

2

魏三體石經尚書

隸續載魏三體石經左傳遺字，〔一〕云：「古文三百七，篆文二百十七，隸書二百九十五，有一字而三體不具者。皇祐癸巳年，洛陽蘇望氏所刻。蘇君有言曰：『於故相王文康家得左氏傳搨本數紙。其石斷剥，字多亡缺。取其完者摹刻之，凡八百一十九，〔二〕題曰石經遺字。』即小歐陽集古目中所有者。〔三〕慶歷中，夏文莊公集古文四聲韻，所載石經數十字，蓋有此碑所無者。而碑中古文，亦有韻所不收者。則淪落之餘，兩家所得自不同耳。」

琳嘗以左傳校之，見内有尚書大誥、吕刑、文侯之命三篇錯於左傳中。蘇氏題爲「左傳遺字」，洪氏承之，皆不知有尚書，蓋未嘗徧讀而細考也。今爲正之。

自「晉是夏月」至「叔孫」，皆左傳也。

自「事不」至「卹民」，此尚書弟一段，大誥前半篇，計七十字。

自「如楚」至「夏公八橥」，皆左傳也。

自「文侯」至「旅大」，此尚書弟二段，文侯之命前半篇，又錯出末數句，計二十九字。

自「宋箮」至「楚毛」，皆左傳也。

自「令正」至「荒寧」，此尚書弟三段，文侯之命篇，篇首又錯出吕刑末數字，最無條理，計六十六字。

自「春朝」至「君子曰善」，皆左傳也。

自「家純」至「其百」，此尚書弟四段，文侯之命篇，計十八字。

自「冬十」至「伯秋」，皆左傳也。

自「寡蠢」至「不予」，此尚書弟五段，大誥篇中節，最有條理，計四十三字。

自「御廩災」至「冬莊」，皆左傳也。

自「五刑」至「今疆」，此尚書弟六段，吕刑後半篇，閒有錯出者，計六十九字。

自「事也」至「公曰」，皆左傳也。

尚書連重文共二百九十五。蓋不學者掇拾殘字以成文，故大誥、吕刑分爲二，文侯之命分爲三。且有本一句而前後置之者，如：

大誥，

「允蠢鰥寡哀哉」，「鰥」、「哀」二字在弟一段，「蠢」、「寡」二字在弟五段。

「不卬自恤」，「卬自」二字在弟五段，「恤」字在弟一段。

文侯之命，

「文侯」二字在弟二段，「之命」二字在弟三段。

「王若曰」，「王若」二字在弟二段，「曰」字在弟三段。

「亦惟先正克左右昭事厥辟」，「事厥」二字在弟二段，「辟」字在弟三段。

「閔予小子」，「閔」字在弟二段，「小子」二字在弟三段。

「曰惟祖惟父」，「祖惟」二字在弟四段，「父」字在弟三段。

「追孝于前文人」，「孝」字在弟四段，「前文」二字在弟三段。

「其歸視爾師」，「歸視」二字在弟三段，「師」字在弟二段。

余本欲彙纂之使文句相連，恐漸失其真，致後人無由再考，故一依舊本，以尚書全句注明之。筆畫有譌闕者，亦未敢遽改，待精於篆籀者定焉。

事越爾御事。不天降割于我家不少。畺彊疆嗣無疆大歷服。□〔四〕□二字未詳。

予予惟惟予惟小子。又下「予惟往求朕攸濟」。攸亦未詳。〔五〕受受命命敷前人受命。大大大寶龜寧王遺我大寶龜。寧寧寧兹兹兹載越兹蠢。日中今翼日，民獻有十夫。翼乙以以于于予翼以于敉寧、武圖功。錫大誥無「錫」，蓋左傳遺字錯出者。

我我我友友邦邦邦肆予告我友邦君。癸此左傳遺字。庶庶庶邦邦于予惟以爾

庶邦，于伐殷逋播臣。大罔不反曰艱大。不可征王害。鰥允

蠢鰥寡，哀哉！秋此左傳遺字。不卬自恤。大誥「民」字極多，單文未詳所屬。以上第一段。

文侯之命。王若曰。下敷聞在下。事厥亦惟先正，克左右昭事厥辟。閔閔予小子。其歸視爾師。旅玈弓一。大越小大謀猷，罔不率從。以上第二段。

正庶民罔有令政在于天下。非德于民之中。此蓋誤倒。咸咸庶中正。又「咸中有慶」。命文侯之命。王若曰。時惟時上帝，集厥命于文王。亦惟先正，克左右昭事厥辟；越小大謀猷，罔不率從。閔予小子嗣，造天丕愆。即我御事。伊曰：惟祖惟父，其伊恤朕躬。汝克昭乃顯祖。追孝于前文人。視其歸視爾師。汝克昭乃顯祖。彤弓一。旅玈矢百。荒寧無荒寧。以上第三段。

家侵戎，我國家純。祖曰：惟祖惟父。義和王曰：父義和！孝追孝于前文人。「其」字未詳所屬。彤矢百。又「玈矢百」。以上第四段。

允蠢鰥寡。案：「」蓋古文「蠢」字。不印自恤。無毖于恤。不敢替不敢替上帝命。克綏克綏受茲命。弼我弼我丕丕基。「」未詳，蓋錯出。王王若爾知寧王若勤哉！事事肆不予予不敢不極卒寧王圖事。肆予大化誘我友邦君。「予不」字誤倒在下。以上弟五段。

五呂刑「五刑」連文凡七見，「罔擇吉人，觀于五刑之中」弟一見。惟灋惟察惟法。諸諸罰輕重諸罰有權。「侯」字當是左傳遺字，誤以爲「諸侯」連文，故屬此。死死罰懲非死。其其刑其刑其罰。差非非察辭于差，非從惟從。其其人下疑是「人」字，然呂刑無「其人」連文者。又「其審克之」，似「克」字脫落上半。兩兩其并云「并制罔差有辭」，云「兩造具備」，云「有并兩刑」。此當是「有并兩刑」之誤倒，又錯出上隸書「其」字也。小此左傳遺字。有邦有土。惟惟「惟」字未詳所屬。亂亂無以亂無辜。非非寶獄貨非寶，惟府辜功。在命命天天惟人在命。天罰不極。「」蓋「司」之譌。古「嗣」多省作「司」。嗣孫，今往何監？今世民罔有令政在于天下。〔六〕此當在「嗣」字上，蓋誤認爲「今」字，故列此。疆無疆之辭。以上弟六段。

又案：漢熹平一字石經，此今文尚書也；魏正始三體石經，此古文尚書也。識者辨之。

〔一〕軍案：見洪适隸續卷四。

〔二〕軍案：「凡」，清經解本譌作「几」。

〔三〕軍案：謂宋歐陽棐集古録目。

〔四〕玉裁案：此古文「歷」，見義雲章。

〔五〕玉裁案：此古文「受」。

〔六〕軍案：「世」乃「庶」字誤。此文已見弟三段，不當重出。

3

維石嚴嚴

詩節南山：「節彼南山，維石巖巖。」傳：「節，高峻貌。巖巖，積石貌。」案：箋云：「喻三公之位，人所尊嚴。」然則經本作「嚴」，傳云「嚴嚴，積石貌」。釋文：「巖巖，如字，本或作『嚴』，音同。」「本或作『嚴』」與箋合。〔一〕考正義亦作「嚴嚴」。今疏中皆作「巖」字，此後人據釋文改也。然尚有改之未盡者，今試舉之。云：「『巖巖』無視汝之文，『具瞻』少尊嚴之狀，互相發見，故箋云『喻三公之位，人所尊嚴』。」集注及定本皆作「高嚴」，是可知孔本作「嚴」也。羣經音辨吅部云：「嚴嚴，高也，音巖。詩：『維石嚴嚴。』今从山。」蓋所據釋文正作「嚴」也。禮記大學「維石巖巖」，注：「巖巖，喻師尹之高嚴也。」正義曰：「喻幽王大臣師尹之尊嚴。」余昔撰大學考異，疑禮記亦本作「嚴」字。

〔一〕禮堂謹案：左傳隱元年「制巖邑也」，釋文作「嚴邑」，云：「五銜反，本又作『巖』。」蓋必本作「嚴邑」，與詩「嚴嚴」意相近。

4

古之人無擇

詩思齊：「古之人無斁，譽髦斯士。」傳：「古之人無厭於有名譽之俊士。」箋云：「古之人，謂聖王明君也。口無擇言，身無擇行，以身化其臣下。故令此士皆有名譽於天下，成其俊乂之美也。」釋文：「無斁，毛音亦，猒也；鄭作『擇』。髦，俊也。一本此下更有『古之人無猒於有譽之俊士也』，此王肅語。」

正義釋傳云：「此美文王而言『古之人』，則皆謂前世聖君，非文王也，但文王與之同耳。故王肅云：『言文王性與古合。』」又釋箋云：「箋言『謂聖君』，則亦謂古昔之人，非文王之身也。『口無擇言，身無擇行』，孝經文也。箋不言字誤，則此經本有作『擇』者也，故不破之。以身無可擇，化其臣下亦使之然。臣下亦能無擇行擇言，自然有名譽、成俊士矣。」

案：孔氏云「箋不言字誤，則此經本有作『擇』者」，此言可爲千古明識。欲校正毛、鄭之經，當具此慧眼；以此折肅之謬，則勢如破竹矣。

吕伯恭讀詩紀引董氏云：「韓詩作『古之人無擇』。」此竊取鄭箋，詭云韓詩，不知毛詩本作「擇」也。據釋文語，則此傳的係王肅僞撰，故陸本無之。毛意當與鄭同，而釋文別爲毛作音，過矣。陸德明本既無此傳，孔仲達釋傳亦無此文。未詳今本所出，蓋王肅既妄作此傳，以與鄭相難，俗本遂承之，傳流以至今也。陸、孔在當日，必有先儒如王基、馬昭之徒辨及此者，故知此傳爲王肅語無疑。吁！舉一可以例百矣。毛詩傳，先秦古書，傳注中最可信者，而爲肅所亂，痛哉痛哉！

有酒如淮二句

左傳昭十二年：「穆子曰：『有酒如淮，有肉如坻。寡君中此，爲諸侯師。』」釋文：

「有酒如淮，舊如字，四瀆水也。學者皆以『淮』、『坻』之韻不切，云『淮』當爲『濰』。濰，齊地水名。下稱『澠』，亦是齊國水也。案：澠是齊水，齊侯稱之。荀吴既非齊人，不應遠舉濰水。古韻緩，作『淮』足得，無勞改也。如坻，直疑反，徐直夷反，杜云『山名也』。詩云『宛在水中坻』。坻，水中高地也。」

正義曰：「杜以『淮』爲水名，當謂『四瀆』之淮也。劉炫以爲『淮』、『坻』非韻，『淮』當作『濰』；又以『坻』爲水中之地，以規杜氏。今知不然者，以古之爲韻不甚要切。故詩云：『汎彼柏舟，在彼中河。髧彼兩髦，實維我儀。』又云：『爲絺爲綌，服之无斁。』『儀』、『河』，『斁』、『綌』尚得爲韻，『淮』、『坻』相韻，何故不可？此若齊侯之語，容可舉齊地濰水；此是穆子在晉，何意舉齊地水乎？又『酒』、『肉』相對，多少相似。（按）[案]爾雅：〔一〕『小洲曰陼，小陼曰沚，小沚曰坻。』何得以『坻』之小地對『淮』之大水？故杜以『坻』爲山名。劉炫又以山無名『坻』者，（按）[案]『楚子觀兵於坻箕之山』，〔二〕『坻』非山乎？劉以此規杜失，非也。」

案：説文：「淮，从水，隹聲。」「濰，从水，維聲。」「維，从糸，隹聲。」則「淮」、「濰」同聲，皆與「坻」韻。劉氏以「淮」非韻而欲改「濰」，誤也。陸、孔不從劉説，是矣。但陸以爲「古韻緩」，孔以爲「古韻不甚要切」，是皆未知古音。孔又引周南葛覃、鄘柏舟以證，亦非。

「綌」从谷聲，「斁」从睪聲，何不要切？宋洪适謂漢碑用詩「蓼蓼者莪」，或作「蓼儀」，或作「蓼義」。〔三〕則「儀」、「義」字古聲皆讀若「莪」，與「河」字正韻，而孔氏亦未之知也。

「有肉如坻」，當從劉說，釋文亦用之。下「有肉如陵」，釋地「大阜曰陵」與此正相類。即有「坻箕之山」，不必單舉以配「淮」也。正義云「『酒』、『肉』相對，多少相似。何得以『坻』之小地對『淮』之大水」，此說尤誤。「如淮」、「如坻」不過取其聲韻之同耳，豈真以「酒」、「肉」多少配之乎？拘泥之甚。

〔一〕軍案：「按」，今從左傳正義作「案」。

〔二〕軍案：「按」，今從左傳正義作「案」。「楚子觀兵於坻箕之山」，見昭五年左傳。

〔三〕軍案：見隸釋卷六平都相蔣君碑。

6

騋牝三千

詩定之方中：「騋牝三千。」傳：「馬七尺以上曰騋。騋馬與牝馬也。」正義曰：「此『三千』，言其總數。國馬供用，牝、牡俱有，或七尺、六尺，舉騋、牝以互見，故言『騋馬與牝馬』也。知非直牝而七尺有三千者，以諸侯之制，三千已多，明不得獨牝有三千。輈人職注云：『國馬，謂種馬、戎馬、齊馬、道馬高八尺，田馬七尺，駑馬六尺。』此天子國馬有三等，則諸侯國馬之制不一等，明不獨七尺也。乘車、兵車及田車高下各有度，則諸侯亦齊、道高八尺，田馬高七尺，駑馬高六尺。獨言騋馬者，舉中言之。」

案：經舉七尺之「騋」以概八尺、六尺，非謂有田馬而無齊馬、道馬、駑馬也。經舉「牝」以該牡，非謂有騇而無騭也。「騋」與「牝」，經合言之，傳分言之。乃郭注爾雅，改「騋：牡驪，牝玄」爲「騋牝，驪牝」，以爾雅「驪牝」爲釋詩「騋牝」，即引此詩以證，則非特昧於經文錯舉之旨，且昧於傳文分言之旨，而誤以「騋牝」爲一物矣。何郭氏晉人，竟憒憒若此！

7

曰予不戕

詩十月之交曰：「予不戕，禮則然矣。」箋云：「戕，殘也。言皇父既不自知不是，反云：『我不殘敗女田業；禮，下供上役，其道當然。』言文過也。」釋文：「不戕，在良反，王本作『臧』。臧，善也。孫毓評以鄭爲改字。」

案：鄭不改字，此經作「戕」，箋云「戕，殘也」，是毛詩本作「戕」也。上文「此日而食，于何不臧」，箋云：「臧，善也。」「臧」字、「戕」字箋本有別設，使改「臧」爲「戕」，箋中應有「『臧』當爲『戕』，聲之誤也」八字，何得不言而竟改？此必王肅妄改，以與箋義相難。孫毓朋於王，故反以爲鄭改也。〔一〕不知鄭不改字，即稍習鄭學者亦當知之，爲難於厚誣乎？故釋文大書「不戕」，云：「王本作『臧』。」正義釋經云「反曰我不殘敗汝田業」。今本之不從王肅作「臧」者，由於陸、孔之未誤也。疑三家或有作「臧」者，故王肅據之以改毛詩。

〔一〕惠氏棟云：「王肅改字，反誚康成。」

8 嘉薦亶旹

士冠禮：「醮辭曰：『嘉薦亶時。』」釋文：「時，劉本作古『旹』字。」

案：說文：「時，四時也。从日，寺聲。旹，古文『時』，从之、日。」然則「旹」，古文「時」也。儀禮爲禮古經，當從劉本。釋文作「旹」，乃「旹」之譌耳。〔一〕

〔一〕軍案：「乃」下「旹」字，清經解本改作「時」，非。正字通山部云：「旹，『旹』字之譌。」

9

蒙臯比服注

左傳莊十年：「公子偃請擊宋師，公弗許。自雩門竊出，蒙臯比而先犯之。」杜注：「臯比，虎皮。」正義曰：「僖二十八年傳稱『胥臣蒙馬以虎皮』。此云『蒙臯比而先犯之』，事與彼同，知『臯比』是『虎皮』也。樂記云：『倒載干戈，包之以虎皮，名之曰建櫜。』而其字或作『建臯』，故服虔引以解此。」

案：鄭本「名之曰建櫜」在「將帥之士，使爲諸侯」下。史記樂書、孔子家語辨樂並同。則服氏不得引彼文，以「臯比」爲「虎皮」之證。元陳澔禮記集説云：「今詳文理，『名之曰建櫜』一句當在『虎皮』之下、『將帥』之上。」〔一〕恐服氏所見禮記本如是，故孔氏連引之，葢就服注原文也。鄭雖讀「建」爲「鍵」，然史記作「建」，王肅亦如字讀，皆與服合。「櫜」、「臯」同聲，既云「包以虎皮，名曰建臯」，是「虎皮」名「臯」矣。更參以僖廿八年傳，則服、杜皆以「臯比」爲「虎皮」，不爲無據。「建臯」，猶「覆臯」也，集韻：「建，紀偃切，覆也。」謂以虎皮包覆干戈也。此云「蒙臯比」，「蒙」亦訓「覆」，故服引樂記文。

〔一〕軍案：見陳澔禮記集説卷七樂記。

10

粵若稽古

後漢書李固傳：「臣聞君不稽古，無吕承天。」李賢注：「書曰『粵若稽古帝堯』。鄭玄注曰：『稽，同也。古，天也。言能同天而行者帝堯。』」

案：「稽古」當從鄭義，詳琳所撰尚書集解。「粵」，正義及開成石經皆作「曰」。説文：「曰，詞也。从口，乙聲。亦象口气出也。」又「粵，亏也，審慎之詞者。〔一〕从亏，从宷。周書曰『粵三日丁亥』」。〔二〕未詳今本之文。則「曰」與「粵」異。「宷」爲「審」本字，故云「審慎之詞」。此百篇發端語，當用「審慎」義，非泛語詞也。李賢引經後，即引鄭注，則鄭所注古文尚書作「粵」矣。宋薛季宣書古文訓尚作「粵」，是孔傳本此字猶與鄭同，今本蓋後人所改。

〔一〕軍案：段注本改「審」作「宷」，「者」作「也」。説文釆部：「審，篆文宷，从番。」

〔二〕軍案：段注云：「今召誥『越三日丁巳』。『亥』當作『巳』。」

11

頭脰字别

士相見禮：「贄，冬用雉，夏用腒，左頭奉之。」注：「左頭，頭陽也。今文『頭』爲『脰』。」釋曰：「鄭不從今文者，以其『脰』項也，項不得爲頭，故不從也。」又「上大夫相見以羔，左頭如麛執之」，注：「今文『頭』爲『脰』。」士虞禮「取諸脰膉」，注：「古文『脰膉』爲『頭嗌』也。」

案：説文頁部：「頭，首也。从頁，豆聲。度侯切。」肉部：「脰，項也。从肉，豆聲。徒侯切。」是二字義别。古文「脰」亦作「頭」，今文「頭」亦作「脰」，則以从「豆」聲同相亂也。鄭注士相見禮從古文，不從今文；注士虞禮從今文，不從古文，可謂各得其當矣。但説文無「膉」字，口部云：「嗌，咽也。从口，益聲。伊昔切。𦏧，籀文嗌，上象口，下象頸脉理也。」則「膉」字當從古文；今亦從今文，小誤也。

12

黝堊

春秋莊廿三年：「秋，丹桓宮楹。」穀梁傳曰：「禮，天子、諸侯黝堊。」范注：「黝堊，黑色。」釋曰：「徐邈云：『黝，黑柱也。堊，白壁也。』謂白壁而黑柱。今范同以『黝堊』爲『黑色』者，以此傳爲『丹楹』而發，何得有『壁』事在其閒？故同爲『黑色』也。」

案：説文土部云：「堊，白涂也。从土，亞聲。」此徐仙民所本。釋文亦云：「堊，白土。」傳雖爲「丹楹」而發，不妨連及於「壁」。范氏此注，真所謂以白爲黑者矣！疏曲通之，非是。〔一〕

〔一〕禮堂謹案：「堊」字，徧考諸書，皆以爲「白」，無訓爲「黑」者。周禮守祧「其祧，則守祧黝堊之」，鄭司農云：「堊，白也。爾雅曰：『牆謂之堊。』」疏云：「知『堊』是『白』者，以其與『幽黑』相對，故知『堊』是『白』，即掌蜃之『白盛之蜃』，故引爾雅證之。」又巾車「素車」，注：「素車，以白土堊車也。」疏云：「爾雅釋宮云：『牆謂之堊。』『堊』謂以白土爲飾，則此『素車』亦白土爲飾可知。」爾雅釋宮「牆謂之堊」，注：「白飾牆也。」玉篇土部：「堊，烏洛切，説文云『白塗』。一曰白土也。」廣韻十九鐸：「堊，白土。」一切經音義十一：「堊，烏各反，蒼頡篇云『白土也』。」山海經西山經「又西三百里曰大次之山，其陽多堊」，郭注：「堊，似土，色甚白，音惡。」管子輕重丁云：「皆堊白其門而高其閭。」文選南都賦「赭堊流黄」，注：「山海經曰『陸郈之山，其下多堊』，郭璞曰：『堊，似土，白色也。』」子虚賦「其土則丹青赭堊」，注：「張揖曰：『堊，白土也。』吕向曰：『堊，白土。』」又寡婦賦注云：「丁儀妻寡婦賦曰：『刷朱闥以白堊。』」南都賦注所引山海經，見卷五中山經，今本無郭注。

經義雜記卷十三

武進學生臧琳玉林

1 旄勤稱道不亂

禮記射義：「序點又揚觶而語曰：『好學不倦，好禮不變，旄期稱道不亂，者不？在此位也。』蓋廑有存者。」注：「八十、九十曰旄，百年曰期頤。旄期，或爲『旄勤』。」

案：詩行葦「序賓以賢」，毛傳正作「耄勤稱道不亂者」。釋文「勤，音其。百年曰期頤」，恐非。蓋毛公既作「勤」字，當讀爲「勤惰」之「勤」。如義同禮記，則毛應作「期」字矣。詩釋文每云「毛如字」，是也。此蓋因禮記注而改音耳。然據射義注云「旄期，或爲『旄勤』」，則禮記本與毛詩傳合。古「勤」、「期」聲相亂，因或作「期」。家語觀鄉射亦作「期」。鄭據曲禮記，遂定從「期」字。然百歲之人，春秋時已不可得，能於年八、九十，猶孜孜稱道不亂，當亦鮮矣。射義作「勤」，是也。羣經音辨卷五：「勤，耄稱也，音期。禮『耄勤稱道不亂者』毛萇讀。」此從釋文也。

2 呂刑眊荒

羣經音辨禾部云：「秏，老也，音耄。書『王秏荒』鄭康成讀。」

案：說文目部云：「眊，目少精也。从目，毛聲。虞書『耄』字从此。」漢書武帝紀「哀夫老眊孤寡鰥獨」，師古曰：「眊，古『髦』字。八十曰髦。髦，老稱也。」平帝紀「及眊悼之人」，師古曰：「八十曰眊，七年曰悼。『眊』者，老稱，言其昏暗也。」五行志下之上：「傳曰：『皇之不極，是謂不建，厥咎眊。』人君貌、言、視、聽、思心今書洪範無「心」字。漢人多引作「思心」。五事皆失，不得其中，則不能立萬事，失在眊悖，故其咎眊也。」服虔曰：「眊，音『老耄』。」

據此，知古「老耄」字多作「眊」。羣經音辨引鄭讀「王秏荒」，葢本作「眊」，賈所見本已作「秏」，故入之禾部。

說文云「虞書『耄』字从此」者，謂周書呂刑「耄荒」假借从此「眊」字；其義原不爲「目少精」，故鄭云「眊，老」也。鄭所注者，是壁中古文，與許叔重所見周書葢同。後人以大禹謨已云「耄期倦于勤」，不宜反引呂刑，故改「周書」爲「虞書」，而未料及晚出古文許所未見。今幸得賈氏之書互相訂正之。鄭注樂記兩引「書曰：『王旄荒』」，今本改爲「耄」。釋文尚作「旄」，「旄」亦假借字。〔一〕

〔一〕軍案：鄭注樂記兩引者，其一見禮記正義卷三十七「如此，則國之滅亡無日矣」下，其二見卷三十九「則武王之志荒矣」下。○周禮秋官大司寇職鄭注云：「書曰：『王耗荒，度作詳刑，以詰四方。』」阮元校勘記云：「『耗』當作『秏』。北宋本釋文作『秏荒』也，今釋文作『旄荒』。錢鈔本、岳本同。嘉靖本、閩、監、毛本改『耄荒』，非。」

3

穀梁傳失實

穀梁傳成五年：「輦者謂伯尊曰：『君親素縞，帥羣臣而哭之，既而祠焉，斯流矣。』伯尊至，君問之曰：『梁山崩，壅遏河三日不流，爲之柰何？』伯尊曰：『君親素縞，帥羣臣而哭之，既而祠焉，斯流矣。』孔子聞之，曰：『伯尊其無績乎！攘善也。』」注：「績，功也。或作『續』，謂無繼嗣。」

釋曰：「舊說[云]：〔一〕『伯尊，晉之賢大夫；輦人，晉之隱士。今一遇吐誠，理難再得。伯尊不能薦於晉侯，以救朝廷之急，反竊其語而晦其人，蔽賢罪深，故被戮絶嗣。子夏雖匿聖人之論，能播教於西河，令黑水之人欽其風，蒲坂之間愛其道，其罪既輕，故直喪明而已。』然此[之]立說，〔二〕恐非其理。何者？天道冥昧，非人所知；大聖立言，意在軌世。則伯尊之戮，未必由蔽賢人之言；卜商喪明，豈關匿聖人之論？徒爭罪之輕重，妄說受罪淺深，據理言之，恐非聖賢之旨。」

案：左傳云：「伯宗請見之，不可。遂以告，而從之。」國語晉語五云：「問其名，不告；請以見，弗許。伯宗及絳以告，而從之。」然則伯宗本欲請輦者見晉君而薦之，特輦者不可；即欲一聞其姓名，而不可得。伯宗不强以屈其志，故以輦者之言告君而從之，何嘗攘善乎？穀梁以爲攘善而無功，核之內、外傳爲失實。本或「績」誤爲「續」，遂起絶嗣之說，又引子夏爲證，其誣慢古人不淺。楊疏斥舊說爲妄，當也。

〔一〕軍案：「舊說」下穀梁疏有「云」字，今據補。

〔二〕軍案：「此」下穀梁疏有「之」字，今據補。

4

夕桀非鄭衆注

周禮保氏「教六藝，六曰九數」，鄭司農云：「九數，方田、粟米、差分、少廣、商功、均輸、方程、贏不足、旁要。今有重差、夕桀、句股也。」釋文：「夕桀，音的，沈祥易反。此二字非鄭注。」釋曰：「云『九數』者，『方田』已下，皆依九章算術而言。云『今有重差、夕桀、句股也』者，此漢法增之。馬氏注以爲『今有重差、夕桀』，『夕桀』亦是算術之名，與鄭異。案：今九章以『句股』替『旁要』，則『旁要』，『句股』之類也。」

又禮記少儀「游於藝」，注：「六曰九數。」正義：「『九數，方田、粟米、差分、少廣、商功、均輸、方程、贏不足、旁要。今有重差、句股。』然『五禮』、『六樂』之等，皆鄭康成所注；其『五射』以下，鄭司農所解。但『九數』之名，書本多誤，儒者所解，方田一、粟米二、差分三、少廣四、商功五、均輸六、方程七、贏不足八、旁要九。云『今有重差、句股』者，鄭司農指漢時，云今世於『九數』之内有重差、句股二篇，其『重差』即與舊數『差分』一也。去舊數『旁要』，而以『句股』替之，爲漢之『九數』，即今之九章也。先師馬融、干寶等更云『今有夕桀，各爲一篇』，〔一〕未知所出。今依司農所注周禮之數，餘並不取。」

據此，知鄭司農注本云「今有重差、句股」，賈、孔所見本並同馬融、干寶注作「今有重差、夕桀」。蓋鄭有「句股」，無「夕桀」；馬、干有「夕桀」，無「句股」。沈重、陸德明本則與馬、干同，故皆爲「夕」字作音。依賈、孔所言，則沈、陸誤也。釋文云「此二字非鄭注」，是宋以來校者之辭，非陸氏語。如陸氏亦以爲「非鄭注」，則不爲作音矣。蓋後人據賈疏本以校釋文，而附著之也。今注中、疏中「句股」上皆有「夕桀」二字，又後人據釋文所加。

〔一〕軍案：阮元校勘記云：「『今有夕桀，各爲二篇』，閩、監、毛本同。惠棟挍宋本『二』作『一』。」

5　綏多士女

大戴禮記夏小正：「二月，綏多女士。綏，安也。冠子取婦之時也。」詩摽有梅正義云：「夏小正：『二月，綏多士女。』」周禮媒氏疏云：「夏小正曰：『二月，冠子嫁女娶妻之時。』又夏小正曰：〔二〕『二月，綏多士女，交昏於仲春。』」儀禮士冠禮疏云：「夏小正云：『二月，綏多士女，冠子取妻時也。』」

案：「士女」，猶云「男女」也。據毛詩、二禮疏皆引作「綏多士女」，知今本作「女士」，誤倒也。周禮疏引「冠子嫁女娶妻之時」，今本無「嫁女」，「取妻」作「取婦」，蓋「取婦」足該「嫁女」矣。「冠子」所以安士，「嫁女」所以安女也。

余友閻百詩若璩云：「依今本，作『女士』亦通。詩大雅既醉：『其僕維何？釐爾女士。釐爾女士，從以孫子。』文與夏小正合。箋云：『予汝以女而有士行者，謂生淑媛使爲之妃。天既予汝以女而有士行者，又使生賢知之子孫以隨之。』」

琳謂：此説誠精，然恐失漢、唐相傳之舊。凡校勘書籍，取其是者而已，不必過求其精；過求其精，恐反近於穿鑿。如此傳先言「冠子」而後言「娶妻」，恐終是「士」字在「女」字上。百詩爲之首肯。

〔一〕軍案：周禮媒氏疏無「又」字。

6

始駕者反之

禮記學記：「良冶之子，必學爲裘。良弓之子，必學爲箕。始駕馬者反之，車在馬前。」釋文：「始駕者，一本作『始駕馬者』。」

案：正義云：「『始駕』者，謂馬子始學駕車之時。『反之』者，駕馬之法，大馬本駕在車前，今將馬子繫隨車後而行，故云『反之』。車在馬前，以大馬牽車於前，而繫駒於後，使此駒日日見車之行，其駒慣習而後駕之，不復驚也。」據此，知陸、孔本皆作「始駕者」，無「馬」字。此言小駒始駕車之法，故云「始駕者」，非言人駕馬也。陸氏所見一本有「馬」字，非是。今注疏本誤從之。

7

韎韋之不注

左傳成十六年：「楚子使工尹襄問郤至以弓，曰：『方事之殷也，有韎韋之跗注，君子也。』」注：「韎，赤色。跗注，戎服，若袴而屬於跗，與袴連。」正義曰：「『跗注』，兵戎之服，自要以下而注於脚。『跗』，謂屬袴於下，與跗相連。鄭以『跗』當爲『幅』，謂裁韋若布帛之幅相縫屬。鄭言『以爲衣、裳』，則衣、裳不連。聘禮『君使卿韋弁，歸饔餼』，鄭玄云：『其服蓋韎布以爲衣，而素裳。』鄭以彼非戎事，當爲素裳，明衣、裳不連。跗，杜言『連』者，爲要、脚連耳。」

又詩六月「載是常服」，正義曰：「雜問志云：『「韎韋之不注」，「不」讀如「幅」；「注」，屬也。幅有屬者，以淺赤韋爲弁，又以爲衣，而素裳、白舄也。」」

又周禮司服「凡兵事，韋弁服」，注：「韋弁，以韎韋爲弁，又以爲衣裳。春秋傳曰『晉郤至衣韎韋之跗注』，是也。」釋曰：「賈、服等説，『跗』謂足跗；『注』，屬也，袴而屬於跗。若據鄭雜問志，則以『跗』爲『幅』，『注』亦爲『屬』，以韎韋幅如布帛之幅，而連屬以爲衣，而素裳。既與諸家不同，又與此注裳亦用韎韋有同者異者，鄭君兩解，此注與賈、服同，裳亦用韎韋也；至彼雜問志裳用素者，從白舄之義。」

據雜問志，知左氏古文本作「韎韋之不注」，「不」假借字也。毛詩「常棣之華，鄂不韡韡」，箋云：「『不』當作『柎』。柎，鄂足也。古聲『不』、『柎』同。」〔一〕釋文：「柎，亦作『跗』。」故賈景伯、服子慎皆讀「不」爲「跗」，訓爲「足」，與詩箋例同。司服注「跗」字，當本作「不」；或鄭從賈、服等説，以義改之。若左氏正文，必作「不」字；今作「跗」，疑杜氏從賈、服等義所改，不知漢儒雖注中易字，於本文俱仍其舊也。鄭以「不」讀爲「幅」者，蓋「幅」與「副」、「富」字同聲，「跗」、「柎」與「付」字同聲，讀爲「跗」、讀爲「幅」字異而音同。此可見本文作「不」，故賈、服讀爲「跗」，鄭讀爲「幅」。若原作「跗注」，鄭可無庸改讀矣。司服疏「有同者異者」，「同者」二字當爲衍文。

〔一〕軍案：毛詩常棣「鄂不韡韡」，王引之經傳釋詞卷十「不、否、丕」條云：「傳云：『鄂，猶鄂鄂然，言外發也。韡韡，光明也。』則『不』字乃語詞。『鄂不韡韡』，猶言『夭之沃沃』耳。箋云：『承華者曰「鄂」。「不」當爲「拊」。拊，鄂足。鄂足得華之光明，則韡韡然盛。古聲「不」、「拊」同。』案：詩咏草木之華，皆直美其華之色，無以鄂足言之者。且韡韡光明，華色則然；鄂足隱在華下，安所見其韡韡哉？鄭亦知鄂足不得言『韡韡』，乃爲之説云『鄂足得華之光明，則韡韡然盛』，迂回而難通矣。王肅述毛云：『不韡韡，言韡韡也。以興兄弟能内睦外禦，則（疆）〔彊〕盛而有光燿，若常棣之華發也。』斯言得之。」其説是也。

○經傳釋詞「則疆盛而有光燿」，「疆」當作「彊」。

8

韓厥執馽前

左傳成二年：「逢丑父與公易位。將及華泉，驂絓於木而止。丑父寢於轏中，蛇出於其下，以肱擊之，傷而匿之，故不能推車而及。韓厥執縶馬前，再拜稽首，奉觴加璧以進。」杜注：「驂，馬絓也。縶，馬絆也。執之，示修臣僕之職。」

正義曰：「襄二十五年『鄭公孫舍之帥師入陳』，傳曰：『陳侯免，擁（杜）〔社〕。〔一〕子展執縶而見，再拜稽首，承飲而進獻。』事與此同，唯無璧耳。蓋古者有此禮。彼雖敗績，猶是國君，故戰勝之將，示之以臣禮事之，不忍即加屈辱，所以申貴賤之義。」

案：說文馬部：「馽，絆馬也。从馬，囗其足。春秋傳曰：『韓厥執馽前。』讀若『輒』。縶，馽或从糸，執聲。」然則古文左氏本作「韓厥執馽前」，「馽」即「縶」正字。今本譌爲「馬」，又別出「縶」字，「縶」當爲衍文。上言驂絓於木而止，丑父爲蛇傷，不能推車，爲韓厥所及，故厥執齊絆馬而前也。說文糸部云：「絆，馬縶也。」「囗其足」者，圍繞其足，致馬不得行。杜注以爲「執之，示修臣僕之職」，正義引襄廿五年傳，非是。〔二〕

〔一〕軍案：「杜」，今從左傳正義作「社」。襄二十五年左傳杜注：「免，喪服；擁社，抱社主。示服。」清經解本改正。

〔二〕軍案：參看本書卷二十一「兩足不能相過」條。

9

陳言而伏諍

禮記儒行：「儒有澡身而浴德，陳言而伏，靜而正之，上弗知也，麤而翹之，又不急爲也。」注：「麤，猶疏也，微也。君不知己有善言正行，則觀色緣事，而微翹發其意使知之，又必舒而脫脫焉。己爲之疾，則君納之速；君納之速，怪妬所由生也。」釋文：「而靜，如字，徐本作『諍』，音爭。」

正義曰：「『陳言而伏』者，謂陳設其言而伏聽君命也。『靜而正之』者，謂靜退自居，而尋常守正，不傾躁也。」家語儒行作「儒有澡身浴德，陳言而伏，靜言而正之，而上下不知也，默而翹之，又不急爲也」。王肅注：「陳言於君，不望其報。言事君清靜，因事而正之，則君不知，默而翹發之，不急爲。」

案徐仙民本，知禮記「靜」本作「諍」，當讀「陳言而伏諍」句，「而正之」句，謂陳言於上，伏廷諫諍，而正君之失也。王肅於家語妄改「諍」爲「靜」，作「靜言而正之」，增「言」字，以見本不作「諍」；作「默而翹之」，改「麤」爲「默」，以與「靜」字相對。肅注禮記必本作「靜」，故釋文、正義皆誤從之。猶幸陸有「徐本作『諍』」一語，俾後人得據以考正之也。

10

莊十八年日食

五行志下之下：〔一〕「嚴公十八年『三月，日有食之』。穀梁傳曰：『不言日，不言朔，夜食。』張晏曰：「日夜食，則無景。立六尺木，不見其景，以此爲候。」史推合朔在夜，明旦日食而出，出而解，孟康曰：「夜食地中，出而止。」是爲夜食。劉向以爲：『「夜食」者，陰因日明之衰而奪其光。象周天子不明，齊桓將奪其威，專會諸侯而行伯道。其後，遂九合諸侯，天子使世子會之。此其效也。』公羊傳曰『食晦』。董仲舒吕爲：『宿在東壁，魯象也。後公子慶父、叔牙果通於夫人吕劫公。』劉歆吕爲：『晦，魯、衞分。』」

又穀梁傳云：「何以知其夜食也？曰：王者朝日。」注：「王制曰：『天子玄冕而朝日於東門之外。』〔二〕故日始出而有虧傷之處，是以知其夜食也。何休曰：『春秋不言月食日者，以其無形，故闕疑。其夜食何緣書乎？』鄭君釋之曰：『一日一夜合爲一日。今朔日日始出，其食有虧傷之處未復，故知此自以夜食。夜食則亦屬前月之晦，故穀梁子不以爲疑。』」釋曰：「徐邈云：『夜食則星無光。』張靖策癈疾云：『立八尺之木，不見其影。』並與范意異也。」

案：今公羊無傳，何注無「食晦」之文。而漢志引公羊傳曰「食晦」者，葢董仲舒等所見公羊有之，或漢初公羊家説也。劉歆説左氏亦以爲食晦，與公羊合。杜氏云「不書日，官失之」，非古義。漢志云「合朔在夜，明旦日食而出，出而解」，則穀梁家亦以夜食屬前月之晦矣。鄭君釋癈疾云「夜食屬前月之晦」，與三傳及漢志並合。

〔一〕軍案：見漢書五行志下之下。

〔二〕軍案：莊十八年穀梁疏云：「此是禮記玉藻文，而云『王制』者，謂王者之法制，非謂王制之篇也。」

11

爾雅廣雅異同

魏張稚讓上廣雅表云：「不在爾雅者，詳録品覈，以著于篇。」然則廣雅所載，皆爾雅所無。余參讀二書，有爾雅有而廣雅重見者，有爾雅有而廣雅申明者，有廣雅以爾雅展轉相訓者。今纂録釋詁、釋言兩篇，上列爾雅，下列廣雅，以考同異，兼注篇卷，以便覆檢，使信而有證也。

憮，有也。憮，古「撫」字。此爾雅，下倣此。撫，有也。此廣雅，下倣此。

格，至也。假，至也。假，古「格」字。

祥，善也。祥，善也。

從，自也。郭注云：「自，猶『從』也。」自，從也。

誠，信也。信，誠也。

遏，遠也。遏，遠也。

齊，疾也。齊，疾也。

讎、敵，匹也。匹、敵、讎，輩也。

使，從也。從，使也。

探，取也。探，取也。以上爾雅釋詁、廣雅一釋詁。

俌，舉也。俌，舉也。

降，下也。降，下也。以上爾雅釋言、廣雅一釋詁。

薦、晉，進也。晉、薦，進也。以上爾雅釋詁、廣雅二釋詁。

餥，食也。餥，食也。

啜，茹也。啜、茹，食也。以上爾雅釋言、廣雅二釋詁。

卒，終也。釋文云：「卒，又作『𣨛』。」「𣧩，本又作『終』。」𣧩、𣨛，竟也。以上爾雅釋詁、廣雅三釋詁。

燠，煖也。煖、燠，煗也。

班，賦也。班、賦，布也。以上爾雅釋言、廣雅三釋詁。

圖、慮，謀也。圖、謀、慮，議也。

戾、定，止也。戾，定也。

般，還也。般，還也。以上爾雅釋詁、廣雅四釋詁。

遹、率，循也。釋文引孫云：「遹，古『述』字。」循、率，述也。

亮、相，導也。亮，相也。遷，徙也。遷、徙，移也。陶，喜也。陶，喜也。以上爾雅釋詁、廣雅釋言。

鞠，穉也。詩鴟鴞正義引郭璞云：「鞠，一作『毓』。」毓，稚也。

葢、割，裂也。釋文云：「葢，舍人本作『害』。」害，割也。

奘，駔也。釋文云：「孫、樊二本并作『將，且』。」將，且也。以上爾雅釋言、廣雅釋言。

涼，薄也。說文𡧍部引爾雅。今本爾雅闕。案：毛詩桑柔「職涼善背」，傳：「涼，薄也。」

𡧍，作「𡧍」譌。縛也。廣雅一釋詁。

12

學貴精專

荀子解蔽云：「人心譬如槃水，正錯而勿動，錯，置也。則湛濁在下而清明在上，則足以見鬚眉而察理矣。〔一〕微風過之，湛濁動乎下，清明亂於上，則不可以得大形之正也。心亦如是矣。故導之以理，養之以清，物莫之傾，則足以定是非、決嫌疑矣。小物引之，則其正外易；其心内傾，則不足以決庶理矣。故好書者眾矣，而倉頡獨傳者，壹也；好稼者眾矣，而后稷獨傳者，壹也；好樂者眾矣，而夔獨傳者，壹也；好義者眾矣，義，善也。而舜獨傳者，壹也。倕作弓，浮游作矢，而羿精於射；奚仲作車，乘杜作乘馬，〔二〕而造父精於御。自古及今，未嘗有兩而能精者也。曾子曰：『是其庭可以搏鼠，惡能與我歌矣！』」楊倞注：「『是』蓋當爲『視』。」

案：荀子之言，見道之言也，不第爲治經之士言之。然治經之士能守此言，六經不憂通矣，而況能進於是乎！

〔一〕軍案：王先謙荀子集解引郝懿行云：「鬚，古止作『須』，今俗作『鬚』。『理』上當脫『膚』字。榮辱篇及性惡篇竝云『骨體膚理』，是矣。」

〔二〕軍案：王念孫讀書雜志八之七荀子第七「乘杜」條云：「古無謂相土爲乘杜者，『乘杜』蓋『桑杜』之誤。」

13

甲午治兵

春秋莊八年：「甲午，治兵。」杜注：「治兵於廟，習號令，將以圍郕。」正義曰：「沈云：『周禮：「中秋，治兵。」月令孟春令云：「是月也，不可以稱兵。」所以「甲午，治兵」者，以爲圍郕，故非時治兵，猶如備難而城，雖非時不譏。」」

案：周禮大司馬之職：「中春，教振旅。」注：「凡師出曰治兵。」釋曰：「左氏說『治兵於廟，禮也』，注云：『三年而治兵，與秋同名。兵革將出，故曰治兵。』」賈疏所引左氏注，與杜不同，蓋出於賈、服舊誼，其說勝於元凱。傳云「八年，春，治兵於廟，禮也」，又云「夏，師及齊師圍郕。郕降于齊師」，則「治兵」與「圍郕」不同時，明是兩事，故傳以「治兵」爲禮。而杜氏牽合之，云「治兵將以圍郕」，誤也。

舊注云「三年而治兵」者，隱五年傳文。此僖伯述先王正禮，不因於圍人之國也。杜於彼注云「雖四時講武，猶復三年而大習」，是也。云「與秋同名」者，大司馬職「中秋，教治兵」，彼每歲至秋而治兵，與此三年而春一治兵名同也。云「兵革將出，故曰治兵」者，此年公羊、穀梁傳及爾雅釋天皆言「出曰治兵」故也。

14 李陽冰篆書

熊氏經說云：〔一〕「陽冰篆城隍祈雨碑『曰』字如『日』，『（顛）〔巔〕』上作『山』；〔二〕李氏三墳碑『敢』下作『身』；忘歸堂、庶子泉皆『石』下作『𠙴』；修廟碑『曾』下作『甘』，『建』

字從『𠘧』而喜作『乙』。若此[之]類，〔三〕不可以陽冰之蹟，尤而效之。『人』字本有『儿』、『𠘨』二體，陽冰合之，象俯身曲脛，於理則通；『女』字象形，陽冰曳爲兩足以取稱，頗非象形之初意。『子』字象小兒圓頂，鍾鼎至以丁點象其頭，而四布其畫以象手足；陽冰喜破圓作鉤，使『疋』、『足』二體不分，要非『子』字之正。『主』字象燈之炷，陽冰或卧其上炷。『㢟』上從『彡』，陽冰中畫常正横作『刀』。『旡』象反『欠』，〔四〕『旡』、『旡』上皆三畫，陽冰亦謂象人開口作『刀』。然『欠』象開口，猶可也；『㢟』，安步也，何取於開口乎？今篆者於二字多從冰體。」

案説文，「曰」字从口，乙聲，象口氣出也；「日」，實也，从口、一。頁部有「顛」，山部無「巔」。「石」在「厂」下，「口」乃象形，非「口」字。「曾」字从「曰」，不从「甘」。故熊氏譏之。餘所辨正，亦多不誤。甚矣，陽冰之好異喜新也！

〔一〕軍案：見宋熊朋來經説卷七雜説「評篆」條。

〔二〕軍案：「顛」，今從經説作「巔」。

〔三〕軍案：「此」下經説有「之」，今據補。

〔四〕鏞堂謹案：寫本作「欠無象反」，誤認「旡」爲「无」，因作「無」，「欠」字又倒於上。玆從元和顧千里廣圻校正。

15

哭不悘

孝經喪親章：「子曰：『孝子之喪親也，哭不偯。』」正義引鄭注云：「氣竭而息，聲不委曲。」此當是鄭小同注，非康成也。范氏後漢書載康成注有孝經，乃傳聞之誤。唐人辨之極核。釋文：「偯，於豈反；俗作『哀』，非。說文作『怒』，云『痛聲也』，音同。」

案：說文心部云：「悘，痛聲也。从心，依聲。孝經曰『哭不悘』。」「偯」蓋「依」字之譌，「依」、「悘」古今字。說文序自言「論語、孝經皆古文」，則古文孝經作「哭不悘」，今文孝經作「哭不依」。釋文引作「怒」，爲轉寫之譌。蓋本作「依」，故鄭云「聲不委曲」。當據說文校正之。

16

樛木或作朻木

詩樛木：「南有樛木，葛藟纍之。」傳：「木下曲曰樛。」箋云：「木枝以下垂之故，故葛也、藟也得纍而蔓之，而上下俱盛。興者，喻后妃能以意下逮眾妾，使得其次序，則眾妾上附事之，而禮義亦俱盛。」釋文：「樛木，居虯反，木下曲曰樛，字林九稠反。馬融韓詩本當作「馬融本韓詩」。並作『朻』，音同，字林己周反。說文以『朻』爲『木高』。」正義曰：「『下曲曰樛』者，釋木文。」又說文木部：「樛，下句曰樛。从木，翏聲。朻，高木也。从木，丩聲。」

案：爾雅釋木：「下句曰朻，上句曰喬。」而毛傳及詩正義作「曲」者，蓋「曲」、「句」義同，或古本爾雅作「曲」。又釋木釋文云：「朻，居虯反；本又作『樛』，同，字林九稠反。」詩釋文引字林「樛，九稠反。朻，己周反」，二字有別。爾雅當同毛傳、說文、字林作「樛」，而今本作「朻」；說文「樛」、「朻」義別，而韓詩及馬融本皆作「朻」，蓋是聲近假借字，其義則不爲「高木」也。又疑說文「朻」爲「樛」之重文，今本是後人竄改。〔一〕

〔一〕軍案：段玉裁改說文「樛、朻」二字作「朻，高木下曲也。從木、丩，丩亦聲」，注云：「此韵會所據小徐本也。今二徐本皆分『樛』、『朻』爲二篆，『樛』訓『下曲』，『朻』訓『高木』，乃張次立以鉉改鍇而然。鍇云：『詩作「樛」，爾雅作「朻」，依詩爲正。』鍇意許書作『朻』未是也。今考釋木曰『下句曰朻』，『南有樛木』毛傳曰『木下曲曰樛』，『下曲』即『下句』也，『樛』即『朻』也，一字而形、聲不同。許則從『丩聲』者，容許當日毛詩亦作『朻』也。玉篇分引詩、爾雅而云二同，甚爲明晳。『丩』者，相糾繚也。凡高木下句，垂枝必相糾繚，故曰『從木、丩，丩亦聲』。」

公羊注異字

17 公羊傳莊廿七年：「君子辟内難，而不辟外難。」注：「禮記曰：『門内之治恩揜義，門外之治義揜恩。』」釋文：「之治，直吏反，下『之治』同。」解云：「『禮記曰』至『揜恩』，喪服四制文也。案彼文『事』作『治』字，下『揜』字作『斷』字，葢以所見異。」

琳案：禮記釋文：「之治，直吏反，下同。恩揜，於檢反。義斷，丁亂反。」合之徐疏，所見與今本並同。陸本公羊注亦作「門内之治」、「門外之治」，葢誤同禮記也；但不爲「斷」字作音，知下句亦作「揜」字。若徐疏本，則二「治」字皆爲「事」。古「治」、「事」聲相近。何邵公所據禮記，不與康成本同也。

周髀算經

18 「昔者，周公問於商高曰：『竊聞乎大夫善數也，請問古者包犧立周天曆度。夫天不可階而升，地不可將尺寸而度，請問數安從出？』商高曰：『數之法，出於圓方。圓出於方，方出於矩，矩出於九九八十一。故折矩，以爲句廣三，股修四，徑隅(二)[五]。〔一〕既方之外，半其一矩，環而共盤，得成三四五。兩矩共長二十有五，是謂積矩。故禹之所以治天下者，此數之所生也。』周公曰：『大哉，言數！請問用矩之道？』商高曰：『平矩以正繩，偃矩以望高，覆矩以測深，卧矩以知遠，環矩以爲圓，合矩以爲方。方屬地，圓屬天，天圓地方。方數爲典，以方出圓。笠以寫天。天青黑，地黃赤，天數之爲笠也。青黑爲表，丹黃爲裏，以象天地之位。是故知地者智，知天者聖。智出於句，句出於矩。夫矩之於數，其裁制萬物，唯所爲耳。』周公曰：『善哉！』」

案：此書文句簡質，義奥精深，當是先秦古書，非後人所能託譔。通算學者，其權輿於此乎！

〔一〕軍案：「二」，周髀算經卷上作「五」，今據改。

19

藒芞輿

釋草：「藒車，芞輿。」郭注：「藒車，香草。見離騷。」釋文：「車，音居，本多無此字。」

輿，或作『萮』，音餘，唯郭、謝及舍人本同，衆家並作『蒢』。」

案：說文艸部：「藒，芞輿也。从艸，稭聲。芞，芞輿也。从艸，气聲。」然則說文以「藒」爲「芞輿」，不名「藒車」也。〔一〕據陸氏云本多無「車」字，知古本爾雅作「藒，芞輿」，與說文正合。郭景純因離騷謂之「藒車」，故援以證之。後人輒仿注義，增經字耳。

離騷「畦留夷與揭王逸、李善本本皆作「揭」，五臣本作「藒」。車兮」，王逸注：「揭車，亦芳草，一名『芞輿』。」離騷以「藒，芞輿」爲「藒車」，葢詞人增損其文以成句，不必盡符本文。「車」即「輿」之駮文，猶曰「藒輿」云爾。王叔師云「揭車，一名『芞輿』」，合之爾雅、說文，少舛矣。爾雅「輿」字與說文同，郭、謝、舍人本是也。「萮」爲俗字，衆家作「蒢」。說文「蒢，黄蒢，職也」，義別。

〔一〕軍案：段玉裁改說文艸部「藒，芞輿也」作「藒，藒車，芞輿也」，注云：「各本無『藒車』二字，今依韻會所引補。『藒』、『芞』，『車』、『輿』，皆疊韻。爾雅本或無『車』字，不得以之改說文也。離騷、上林賦皆作『揭車』。」〇古今韻會舉要卷二十七入聲九部云：「藒，說文：『藒車，芞輿也。从艸，揭聲。』徐曰：『按離騷經「畦留夷與藒車」，注：「藒車，芞輿，芳艸也。」今楚辭作「揭」。』」韻會引說文「从艸，揭聲」之「揭」當作「稭」。

經義雜記卷十四

武進學生臧琳玉林

1

郤行蟲

考工記「梓人爲筍虡」注：「郤行，螾衍之屬。」案：説文：「螾，側行者。从虫，寅聲。」與鄭異。然鄭以「仄行」爲「蟹屬」，説文亦以「蠏」爲「旁行」，則此作「側行」或字誤。釋文：「螾衍，羊忍反，下如字。爾雅云『螾衍，入耳』，郭璞云『蚰蜒』也。此蟲能兩頭行，是郤行。劉云：『或作「衍蚓」。「衍」，音延，今曲蟮也。』」

案：賈疏引釋蟲亦作「螾衍」。今爾雅爲「螾衝」，陸云「本又作『蛩』」，皆説文所無，當定作「衍」。

又説文云「蚓，螾或从引」，與劉昌宗所見「或本」合。釋文作「衍蚓」，誤倒也；以爲「曲蟮」，亦非。説文：「蟺，夗蟺也。从虫、亶。」此即「曲蟮」，與「螾衍」異。方言云：「蚰蜒，自關而東謂之『螾蜑』，或謂之『入耳』，或謂之『蜈蠼』；趙、魏之閒或謂[之]『蚨（虸）[虶]』；〔一〕北燕謂之『蛆蚭』。」

〔一〕軍案：「謂」下脱「之」字，「虸」乃「虶」字誤，今據方言卷十一補改。

2

薰葷焄

儀禮士相見禮：「夜侍坐，問夜，膳葷，請退可也。」注：「膳葷，謂食之。葷，辛物，葱、薤之屬，食之以止卧。古文『葷』作『薰』。」釋曰：「玉藻[云]『膳於君，有葷、桃、茢』，〔一〕作此『葷』。鄭注論語作『焄』，義亦通。若作『薰』，則春秋『一薰一蕕』。『薰』，香草也，非『葷辛』之字，故疊古文不從也。」

案：賈説是也。禮記玉藻「膳於君，有葷、桃、茢」，注：「葷、桃、茢，辟凶邪也。大夫用葷、桃。葷，薑及辛菜也。『葷』或作『焄』。」又祭義「焄蒿悽愴，此百物之精也」，注：「焄，謂香臭也。」説文艸部：「葷，臭菜也。从艸，軍聲。薰，香艸也。从艸，熏聲。」火部無「焄」字。故鄭注士相見禮從今文作「葷」，而不用古文，古文葢以聲同通借；又注玉藻從「葷」，不從「焄」，則以「焄」爲俗字也。

據玉藻注，則祭義「焄」當作「葷」。賈疏謂「鄭注論語作『焄』」，論語經無「焄」字，葢論語鄭注中有此字，與祭義同，然亦俗字。鄭注玉藻既定作「葷」，不宜復自用之，當亦俗寫誤也。〔二〕

〔一〕軍案：「玉藻」下賈疏有「云」字，今據補。

〔二〕鏞堂謹案：論語「不撤薑食」，集解載孔安國說有「葷」字。鄭當與孔同。釋文云：「焄，本或作『葷』，同。」

3

金縢古今文説

論衡感類云：「金縢曰：『秋，大熟，未穫，天大雷（電）〔雨〕以風，〔一〕禾盡偃，大木斯拔，邦人大恐。』當此之時，周公死。儒者説之，以爲成王狐疑於〔葬〕周公。〔二〕欲以天子禮葬公，公人臣也；欲以人臣禮葬公，公有王功。狐疑於葬周公之間，天大雷雨，動怒示變，以彰聖功。此今文尚書説。古文家以武王崩，周公居攝，管、蔡流言，王意狐疑周公，周公奔楚，故天雷雨以悟成王。此古文尚書説。夫一雷一雨之變，或以爲葬疑，或以爲信讒，二家未可審。且訂葬疑之説。秋夏之際，陽氣尚盛，未嘗無雷雨也，顧其拔木偃禾，頗爲變狀耳。當雷雨時，成王感懼，開金縢之書，見周公之功，執書泣過，自責之深。自責適已，天偶反風，書家則謂天爲周公怒也。經曰：『王乃得周公所自以爲功代武王之説。』〔三〕今天動威，以彰周公之德也。成王心疑於不以天子禮葬公，卒遭雷雨之至，則懼而畏過矣。夫雷雨之至，天未必責成王也；雷雨至，成王懼以自責也。迅雷風烈，孔子必變。禮，君子聞雷，雖夜，衣冠而坐，所以敬雷懼激氣也。聖人君子，於道無嫌，然猶順天變動；況成王有周公之疑，聞雷雨之變，安能不振懼乎？然則雷雨之至也，殆且自天氣；成王畏懼，殆且感物類也。書家之説，恐失其實。」

案：史記魯周公世家云：「初，成王少時，病，周公乃自揃其蚤沈之河，以祝於神，曰：『王少未有識，奸神命者乃旦也！』亦藏其策於府。成王病有瘳。及成王用事，人或譖周公，周公奔楚。成王發府，見周公禱書，乃泣，反周公。」

蒙恬列傳云：「昔周成王初立，未離襁緥，周公旦負王以朝，卒定天下。及成王有病甚殆，公旦自揃其爪以沈於河，曰：『王未有識，是旦執事。有罪殃旦，受其不祥。』乃書而藏之記府，可謂信矣。及王能治國，有賊臣言：『周公旦欲爲亂久矣！王若不備，必有大事。』王乃大怒，周公旦走而奔於楚。成王觀於記府，得周公旦沈書，乃流涕曰：『孰謂周公旦欲爲亂乎！』殺言之者，而反周公旦。」

此皆古文尚書説，與論衡後一説同。〔四〕

又案：魯周公世家云：「周公在豐，病將没，曰：『必葬我成周，以明吾不敢離成王。』周公既卒，成王亦讓，葬周公於畢，從文王，以明予小子不敢臣周公也。周公卒後，秋未穫，暴風雷雨，禾盡偃，大木盡拔。周國大恐。成王與大夫朝服以開金縢書，王乃得周公所自以爲功代武王之説。二公及王乃問史百執事，史百執事曰：『信有，昔周公命我勿敢言。』成王執書以泣，曰：『自今後，其無繆卜乎！昔周公勤勞王家，惟予幼人弗及知。今天動威以彰周公之德，惟朕小子其迎，我國家禮亦宜之。』王出郊，天乃雨，反風，禾盡起。二公命國人，凡大木所偃，盡起而築之。歲則大熟。於是成王乃命魯得郊祭文王。魯有天子禮樂者，以襃周公之德也。」

此參用今文説，與前古文義一篇中互見，史公每兼用二説也。

又尚書大傳云：「周公疾，曰：『吾死，必葬於成周，示天下臣於成王也。』周公死，〔五〕天乃雷雨以風，禾盡偃，大木斯拔。國恐。〔六〕王與大夫開金縢之書，執書以泣，〔七〕曰：『周公勤勞王家，予幼人弗及知！』乃不葬之於成周，〔八〕而葬之於畢，示天下不敢臣。」見漢書梅福傳師古注。又後漢張奂傳注所引略同。

洪範五行傳云：「周公死，成王不圖大禮，故天大雷雨，禾偃木拔。及成王寤金縢之策，改周公之葬，尊以王禮，申命魯郊，而天立復風雨，禾稼盡起。」見後漢周舉傳注。

梅福傳云：「昔成王吕諸侯禮葬周公，而皇天動威，雷風著災。」

周舉傳云：「昔周公攝天子事，及薨，成王欲吕公禮葬之，天爲動變。更葬吕天子之禮，即有反風之應。」

張奐傳云：奐學歐陽尚書。「昔周公葬不如禮，天乃動威。」〔九〕

此皆今文尚書説，與論衡前一説同。

漢世今文盛行，通古學者少，故所引多伏生書。琳另有詳述。惟史記、論衡兼載兩説，爲古、今文異誼之明證。今分録以詒好古者。

〔一〕軍案：「電」當作「雨」。王引之經義述聞卷三尚書上「天大雷電以風」條引論衡此文，云：「今本『雷雨』作『雷電』，乃後人據古文改之。下文『雷雨』字凡數十見，又曰『雷爲天怒，雨爲恩施，使天爲周公怒，徒當雷，不當雨；今雷雨俱至，天怒且喜乎』，則上文本作『雷雨』，非作『雷電』，明矣。」今據改。

〔二〕軍案：黄暉論衡校釋卷十八感類篇引孫蜀丞論衡舉正云：「『周公』上脱『葬』字。」金縢雷風偃禾拔木之事，今文家謂周公已死，成王欲以天子禮葬之，以周公非天子，恐越禮也；又欲以人臣之禮葬之，恐不足以表周公之功。狐疑之閒，天爲雷雨以彰周公。古文家謂周公未死，居攝之時，管、蔡流言，成王狐疑於周公，天乃爲雷雨以警悟成王。二説不相同也。此所言者，乃今文家説也。若去『葬』字，似成王不悦於周公而狐疑之，與古文家説相混殽矣。且下文申明其意云：『欲以天子禮葬公，公人臣也；欲以人臣禮葬公，公有王功。狐疑於葬周公之間，天大雷雨，動怒示變，以彰聖功。』則此文有『葬』字，殆無疑矣。」其説是也，今據補。

〔三〕軍案：「所」，論衡感類篇作「死」。黄暉論衡校釋云：「『死』，金縢作『所』，二字形近而誤，非異文也。臧氏經義雜記引改作『所』，是也。陳壽祺曰：『古文「所」字，今文作「死」。』非也。」

〔四〕鏞堂謹案：班孟堅謂太史公從安國問故，史記載堯典、禹貢、洪範、微子、金縢諸篇多古文説。金縢古文説與論衡所載同，謂古文家之説耳，非言經是古文也。○軍案：臧鏞堂案語「多」字，清經解本誤作「名」。

〔五〕軍案：「周公死」，陳壽祺輯校尚書大傳云：「此下當依儒林傳注增『成王欲葬之於成周』八字。」

〔六〕軍案：「國恐」，陳壽祺輯校尚書大傳云：「當依儒林傳注引作『國人大恐』。」

〔七〕軍案：「㠯」，清經解本作「以」，非。

〔八〕軍案：「不葬之」，百衲本、汲古閣本漢書同，王先謙漢書補注同，明監本、清殿本漢書無

「之」字。

〔九〕鏞堂謹案：公羊傳僖卅一年：「魯郊，非禮也。」何注云：「昔武王既没，成王幼少，周公居攝，行天子事，制禮作樂，致太平，有王功。周公薨，成王以王禮葬之，命魯使郊，以彰周公之德。」又白虎通封公侯云：「周公身薨，天爲之變，成王以天子之禮葬之，命魯郊，以明至孝，天所興也。」喪服云：「養從生，葬從死。周公以王禮葬，何？以爲周公踐阼理政，與天同志，展興周道，顯天度數，萬物咸得，休氣允塞；原天之意，子愛周公，與文、武無異，故以王禮葬，使得郊祭。尚書曰『今天動威，以彰周公之德』，下言『禮亦宜之』。」

4

穀梁傳郤克跛

穀梁傳成元年：「季孫行父禿，晉郤克眇，衛孫良夫跛，曹公子手僂，同時而聘於齊。」釋曰：「『郤克眇』，左氏以爲『跛』，今云『眇』者，公羊無説，未知二傳孰是。范明年注云『郤克跛』者，意從左氏故也。或以爲誤，『跛』當作『眇』。」釋文：「郤克眇，亡小反。良夫跛，（戒）［波］可反。」〔一〕二年傳「敖郤獻子」，范解：「謂笑其跛。」釋文：「跛，布可反。」杜預注左傳云：「郤克跛。」此傳言「郤克眇」，范注當依傳，而作「跛」，恐非。

案：左傳宣十七年：「晉侯使郤克徵會于齊。齊頃公帷婦人，使觀之。郤子登，婦人笑于房。獻子怒，出而誓曰：『所不此報，無能涉河！』」杜注：「跛而登階，故笑之。」正義曰：「沈氏引穀梁傳云：『魯行父禿，晉郤克跛，衛孫良夫眇，曹公子首傴，故婦人笑之。』是以知郤克跛也。穀梁傳定本作『郤克眇，衛孫良夫跛』。」

又公羊傳成二年：「晉郤克與臧孫許同時而聘于齊。蕭同姪子者，齊君之母也，踊于棓而闚客，則客或跛或眇。」何注：「臧孫許，眇者也。」今本無此注，徐疏引有之。疏又云：「今定本無，疑脱誤也。」然則今本從唐定本也。據左傳云「郤子登，婦人笑于房」，則郤克之跛，左氏有明文矣。杜注與傳合。觀沈文何引穀梁傳，釋文云：「梁東宮學士沈文何撰春秋義疏。」知古本穀梁作「晉郤克跛，衛孫良夫眇」。故范注二年傳云「謂笑其跛也」。公羊傳上言「晉郤克、臧孫許聘齊」，下言「客或跛或眇」，何注以臧孫許爲眇，則郤克跛矣。徐疏云：「或曰：『一本云「臧孫許跛」。』舊解傳言『客或跛或眇』，据魯序上者，非也。」

然則郤克之跛，三傳同文。自唐定本以穀梁傳「跛」、「眇」互倒，釋文及疏皆從定本，故陸氏反據傳以非范注。楊疏引或説，亦以范注「跛」當作「眇」，是使不誤者亦誤矣。

何注公羊有「臧孫許，眇者」之言，今楊疏云「公羊無説」，則楊所據公羊亦定本也。釋文「或眇，亡小反」在「或跛，布可反」之下，則陸所據公羊亦同定本也。

又沈文何引穀梁傳「魯行父禿」，今本作「季孫行父禿」；引「曹公子首傴」，今本作

「曹公子手僂」。

案：大射儀「相者皆左何瑟，後首」，注：「古文『後首』爲『後手』。」公羊成二年釋文云：「公子手，一本作『午』，左氏作『首』。」穀梁釋文亦作「手」。則「手」爲假借字，「首」爲正字。古本穀梁作「首」，與左傳同。公羊一作「午」者，「手」字形近之譌。説文人部：「傴，僂也。从人，區聲。僂，尫也。从人，婁聲。周公韤僂，或言背僂。」是「傴」、「僂」義同，文得兩通，要以作「首傴」爲正。釋文「僂，於矩反，一音力主反」，是同今本作「僂」也。

〔一〕軍案：黄焯經典釋文彙校云：「『戒』字誤，宋本、景宋本作『波』。」其説是也，今據改。

5

𣄼薄也

説文兂部云：「㱃食气屰不得息曰兂。从反旡。𣄼，事有不善，言『𣄼』也。爾雅：『𣄼，薄也。』从兂，京聲。臣鉉等曰：「今俗隸書作『亮』。」」〔一〕

案：今爾雅闕此文。隸書作「亮」者，當即言部「諒，信也」之「諒」，非从反「旡」字。今釋詁有「亮，信也」，又「亮，導也」，「亮，右也」，「左、右，亮也」，四訓「亮」並當作「諒」。詩大明「涼彼武王」，毛傳：「涼，佐也。」釋文：「涼彼，本亦作『諒』；韓詩作『亮』，云『相也』。」可證。徐鼎臣以此當之，誤矣。

廣雅一釋詁以「𣄴」及「婾、約、禪、褊」同訓爲「禣」，與許引爾雅正合。曹憲音釋：「𣄴，音良。世人作『𣄴禣』之『𣄴』，『水』傍著『京』，失之矣。禣，步各反。世人作『禪禣』之『禣』，『草』下著『溥』，亦失之矣。」

案：説文水部：「涼，薄也。」則「水」傍著「京」，本有「薄」義。但説文云：「漿，酢漿也」，「淡，薄味也」。「涼」在「漿」下、「淡」上，則取「薄酒」義。周禮漿人「掌共王之六飲：水、漿、醴、涼、醫、酏」，鄭司農云：「涼，以水和酒也。」是爲「味薄」之證。从反「欠」者，依説文，爲「事薄」之義。如左傳莊卅二年「虢多涼德」，昭四年「君子作法於涼」，杜皆云：「涼，薄也。」「作法於涼」者，謂因事有不善而作法也；「作法於貪」者，謂因貪欲重賦而作法也。「涼」當作「𣄴」，尤爲明證。今皆从「水」，或因俗寫亂之，或聲同得通借也。

玉篇无部「力尚、力章二切」，義本許書；又云「悲𣄴，酸楚也」。案：人有悲痛，每气屰不得息，顧野王之言是也；今多作「悲涼」，非。

又郭忠恕汗簡中之二：「𣄴，𣄴，力向切。見古尔雅。」葢義本説文，而小變其體，未必北宋時郭氏猶獨見古爾雅也。

說文艸部「薄」爲「林薄，一曰蠶薄」，衣部無「襮」字。玉篇艸部云「厚薄」，又引說文。則「厚薄」之「薄」，亦「艸」下著「溥」矣。張揖「衣」旁从「尃」，未詳所本。玉篇衣部云：「襮，步各切，襮衣也，媮也，約也，儉也，磷也，菲也，沾也，大也。今爲『薄』。」義亦本廣雅也。

〔一〕軍案：「臣鉉等曰：今俗隸書作『亮』」十字原作大字經文，今依臧琳行文例，改作小字注文。

6

馬八尺爲戎

釋畜：「馬八尺爲駥。」郭注引周禮曰：「馬八尺已上爲駥。」

案：夏官廋人「馬八尺以上爲龍」，鄭司農引月令「駕蒼龍」。禮記月令注云：「馬八尺以上爲龍。」淮南子時則「垂蒼龍」，高注云：「周禮，馬八尺已上曰龍也。」說文馬部云：「馬七尺爲騋，八尺爲龍。」公羊傳隱元年注云：「天子馬曰龍，高七尺。」以上俱不作「駥」字。

釋文作「戎」，云：「本亦作『駥』，而融反。」蓋以「戎」與「龍」聲近借用。从「馬」者，俗字，説文所無。後漢書注引爾雅曰「馬[高]八尺爲龍」，〔一〕則與諸書同。

〔一〕軍案：「馬」下後漢書馮衍傳下李賢注引爾雅有「高」字，今據補。又後漢書班固傳下注引爾雅曰：「馬高八尺以上曰龍。」

7

春秋左氏傳序

杜氏經傳集解序，釋文題爲「春秋序」，正義作「春秋左氏傳序」。今注疏本從釋文，杜林合注本從正義而無「氏」字，皆非也。

正義曰：「此序題目，文多不同，或云『春秋序』，或云『左氏傳序』，或云『春秋經傳集解序』。[案晉、宋古本及今定本並云『春秋左氏傳序』]，今依用之。〔一〕南人多云此本釋例序，釋文云：「沈文阿以爲釋例序。」〔二〕後人移之於此；且有題曰「春秋釋例序」，置之釋例之端。今所不用。晉(太)[大]尉劉寔，〔三〕與杜同時人也；宋大學博士賀道養，去杜亦近，俱爲此序作注，題並不言「釋例序」，明非釋例序也。又晉、宋古本序在集解之端，徐邈以晉世定五經音訓，爲此序作音。且此序稱『分年相附，隨而解之，名曰經傳集解』，是言爲集解作序也。『又別集諸例，從而釋之，名曰釋例。異同之説，釋例詳之』，是其據集解而指釋例，安得爲釋例序也？」

案：杜氏既集解經、傳，則單稱「春秋」或單稱「左氏傳」者，非矣。若經傳集解，則杜所自爲之書。杜爲集解而序經、傳，非自序其集解也。晉、宋古本鮮有誤者，孔氏從之，當矣。穀梁疏云「晉、宋古(本)[文]多云『春秋穀梁傳序』，〔四〕俗本亦有直云『穀梁傳序』者」，亦可爲證。

〔一〕軍案：「今」上左傳正義有「案晉、宋古本及今定本並云『春秋左氏傳序』」十七字，此脱，今據補。

〔二〕軍案：「阿」，清經解本改作「何」。黄焯經典釋文彙校云：「考證云：『「沈文何」，陳書作「沈文阿」。』阮云：『隋書經籍志亦作「阿」，惟釋文全書作「何」，今並仍之。』」

〔三〕軍案：「太」，左傳正義作「大」，今據改。

〔四〕軍案：「本」，穀梁疏作「文」，今據改。此涉上文「晉、宋古本」而譌。

8　李梅實

春秋僖卅三年：「十二月，李梅實。」左氏無傳。公羊傳：「何以書？記異也。何異又三家已彊，皆賤公行，慢侮之心生。』董仲舒曰爲：『季孫宿任政，陰氣盛也。』」案：何注云「爲季氏」，說本此。

〔一〕軍案：「字」下公羊徐疏有「者」字，今據補。

〔二〕軍案：見漢書五行志中之下。

11

漢五經舊題

詩正義「毛詩國風」云：「『詩』者，一部之大名。『國風』者，十五國之總稱。不冠於『周南』之上，而退在下者，案鄭注三禮、周易、中候、尚書，皆大名在下。孔安國、馬季長、盧植、王肅之徒，其所注者，莫不盡然。釋文云：「馬融、盧植、鄭玄注三禮，並大題在下。」然則本題自然，非注者移之。定本亦然，當以皆在第下，足得總攝故也。班固之作漢書，陳壽之撰國志，亦大名在下，蓋取法於經典也。」

案：周禮注疏「天官冢宰第一」下，有「周禮」二字，在「鄭氏注」之上。儀禮注疏亦然。賈公彥云：「『儀禮』者，一部之大名。『士冠』者，當篇之小號。退大名在下者，取配注之意故也。」孔氏禮記正義云：「『禮記』者，一部之大名。『曲禮』者，當篇之小目。既題『曲渚曰沚』，此析言之也。」

〔三〕軍案：李善文選注云：「黑水玄阯，謂昆明靈沼之水阯也，水色黑，故曰『玄阯』也。」胡紹煐文選箋證卷二云：「按：天問：『黑水玄阯，三危安在？』王逸以『玄阯』爲『山名』。天對云：『黑水淊淊，窮於不姜；玄阯則北，三危則南。』『玄阯』所在，亦無依據。洪氏補注謂此昆明靈沼取象於『黑水玄阯』也。」梁章鉅文選旁證卷三云：「五臣『阯』作『沚』，濟注可證。林先生曰：『玄阯，本黑水所渚，遠在三危地。』」

10

公羊大雨雹

公羊春秋昭四年：「春，王正月，大雨雪。」釋文：「大雨雪，左氏作『大雨雹』。」徐疏本作「大雨雹」，解云：「正本皆作『雹』字，左氏經亦作『雹』字，故賈氏云：『穀梁作「大雨雪」。』今此若有作『雪』字［者］，〔一〕誤也。」

據此，知公羊本同左氏作「雹」，穀梁作「雪」，有賈景伯之言可證。范注穀梁云「『雪』或爲『雹』」，則穀梁亦有作「雹」者，或范據左氏、公羊言之。若今公羊亦作「雪」，釋文同，則誤也。

漢志云：〔二〕「劉向吕爲：『昭取於吴而爲同姓，謂之吴孟子。君行於上，臣非於下。

9

小渚曰沚

文選潘安仁河陽縣作二首「歸鴈映蘭畤」，據注，則「畤」當作「洔」。五臣本作「洔」。案：玉篇水部：「沚，之以切，小渚也，亦作『洔』。洔，上同。」又穆天子傳卷一「以飲於枝洔之中」，郭注：「洔，小渚也，音止。」〔一〕李注：「韓詩曰：『宛在水中沚。』薛君曰：『大渚曰沚，之以切。』」

案：爾雅釋水：「小陼曰沚。」釋文：「陼，字又作『渚』。沚，本或作『洔』。」又説文水部：「沚，小渚曰沚。从水，止聲。詩曰：『于沼于沚。』」采蘩。毛傳：「沚，渚也。」〔二〕又詩蒹葭「宛在水中沚」，傳：「小渚曰沚。」又釋名釋水：「小渚曰沚。沚，止也，小可以止息其上也。」又文選西京賦「黑水玄阯」，〔三〕薛綜注：「小渚曰阯。」

據此，則「沚」爲「小渚」。薛君云「大」，與諸書不合，「大」葢「小」字之譌也。

〔一〕禮堂謹案：左傳隱三年「澗谿沼沚之毛」，杜注：「沚，小渚也。」釋文作「畤」，云：「音止，本又作『沚』，亦音市。」正義曰：「『畤』與『沚』音義同。」則「洔」、「畤」皆「沚」字異文。

〔二〕軍案：段注説文「沚」字云：「召南傳曰『沚，渚也』，此渾言之；秦風傳、爾雅釋水曰『小爾？不時也。」穀梁傳：「『實』之爲言，猶『實』也。」

五行志中下云：「劉向以爲：『周十二月，今十月也，李梅當剥落；今反華實，近草妖也。先華而後實，不書華，舉重者也。陰成陽事，象臣顓君作威福。一曰：「冬當殺，反生，象驕臣當誅，不行其罰也，故冬華。華者，〔一〕象臣邪謀有端而不成；至於實，則成矣。是時，僖公死，公子遂顓權，文公不寤，後有子赤之變。」一曰：「君舒緩甚，奧氣不臧，則華實復生。」』董仲舒以爲：『李梅實，臣下彊也。記曰：「不當華而華，易大夫；不當實而實，易相室。」應劭曰：「冬，水王，木相，故象大臣。冬實者，變置丞相與宮室也。但華，則變大夫也。」案：「相室」當從師古説，「猶言『相國』」，謂「相王室」也。古讀「華」若「夫」。「實」、「室」爲韻，故言「相室」。冬，水王，木相，故象大臣。』劉歆以爲：『庶徵皆以蟲爲孽。思心，贏蟲孽也。李梅實，屬草妖。』」此説可以補三傳注之闕。

〔一〕軍案：王先謙漢書補注五行志中之下云：「王念孫曰：『「故冬華華者」，景祐本作「故冬華者」，是也。「華」字不宜疊。』朱一新曰：『此當以「故冬華」爲句。上文「冬當殺，反生」，釋「冬華」之義也。「華者」二字，屬下爲句。「臣邪謀有端而不成」，正釋「華」字之義。王氏誤以「故冬華華者」連讀，故謂景祐本爲是，實不然也。景祐本固遠勝諸本，此條似不若今本爲長。』」朱説可從。

禮』於上，故著『禮記』於下，以配注耳。」此鄭注三禮，大題在下之證。其周易、尚書雖亡，據三禮可類推也。

公羊傳題云「春秋公羊經傳解詁隱公第一」，注疏本與釋文同，解云：「案舊題云『春秋隱公經傳解詁第一公羊何氏』，則云『春秋』者，一部之總名；『隱公』者，魯侯之謚號；『經傳』者，雜縟之稱；『解詁』者，何所自目；『第一』者，無先之辭；『公羊』者，傳之别名；『何氏』者，邵公之姓也。〔二〕今定本則升『公羊』在『經傳』上，退『隱公』字在『解詁』之下，未知自誰始也。」則公羊傳亦本「隱公」小題在上，「公羊」人題在下。定本誤改，故唐人多從之。

春秋左傳正義引服虔注題云「隱公左氏傳解誼第一」，「左氏傳」三字亦當退下。漢人必不改舊例，蓋亦後人升之耳。

孔安國書傳，雖出於魏、晉，據詩正義，知猶取法於漢儒。故尚書音義載「堯典第一」於上，「虞書」於下。正義則加「古文尚書」四字於「堯典」上，蓋承二劉之舊也。

杜注左傳，題云「春秋經傳集解隱公第一」，此非特以大題加小題之上，且以己所題「集解」之名亦加於小題之上矣。故范注穀梁傳，題云「春秋穀梁傳隱公第一」；王弼周易注，題云「周易上經乾傳第一」，並與杜氏同也。

魏、晉之儒，如何晏論語、郭璞爾雅，釋文本皆小題在上，尚依漢儒之舊。小題所以在上者，以當篇之記號，欲其顯也；大題所以在下者，總攝全書之意也。五經並然。或見「毛詩國風」在「周南關雎詁訓傳第一」之下，便云「小毛公加『毛詩』二字」，又云「河間獻王所加」，非也。賈、孔並云「在下以配注」，亦非。

〔一〕禮堂謹案：或題「何休學」，非也。杜預解左傳止題「杜氏」二字。趙岐孟子章句但題「趙氏」。鄭注孝經但題「鄭氏」。古人遜謙，不欲自表其名，但著其氏族，俾可識别耳；近人不知也。

舜典二十八字

釋文序録云：「江左中興，元帝時，豫章内史枚頤奏上孔傳古文尚書，亡舜典一篇，購不能得，乃取王肅注堯典，從『眘徽五典』以下，分爲舜典篇以續之，學徒遂盛。後范甯變爲今文集注，俗閒或取舜典篇以續孔氏。齊明帝建武中，吴興姚方興采馬、王之注，造孔傳舜典一篇，云於大航頭買得，上之。梁武時，爲博士，議曰：『孔序稱伏生誤合五篇，皆文相承接，所以致誤。舜典首有「曰若稽古」，伏生雖昏耄，何容合之？』遂不行用。近唯崇古文，馬、鄭、王注遂廢。今以孔氏爲正；其舜典一篇，仍用王肅本。」

又「舜典第二，王氏注。相承云：『梅頤上孔氏傳古文尚書，亡舜典一篇。時以王肅注頗類孔氏，故取王注，從「慎徽五典」以下爲舜典，以續孔傳。』徐仙民亦音此本。今依舊音之。『曰若稽古帝舜，曰重華，協于帝』，此十二字是姚方興所上，孔氏傳本無。阮孝緒七録亦云然。方興本或此下更有『濬哲文明，温恭允塞，玄德升聞，乃命以位』，凡二十八字異，聊出之，於王注無施也。」

正義曰：「昔東晉之初，豫章内史梅賾上孔氏傳，猶闕舜典。自此『乃命以位』已上二十八字，世所不傳，多用王、范之注補之，而皆以『慎徽』已下爲舜典之初。至齊蕭鸞建武四年，吴興姚方興於大航頭得孔氏傳古文舜典，亦類太康中書，乃表上之。事未施行，方興以罪致戮。至隋開皇初，購求遺典，始得之。」

據此，知晉梅頤所上書，堯典自「帝曰欽哉」止，舜典一篇經、傳皆無。時以肅注類孔傳，因取肅本，分堯典「慎徽五典」以下爲舜典，經、注皆用之，以補孔傳之闕，或又取范甯注本以補之，皆無二十八字也。至姚方興，采馬、王注造舜典孔傳，并造經文「曰若稽古帝舜，曰重華，協于帝」一十二字上之。梁武時，爲博士，駮難不用，可爲明兄卓識矣。則姚方興雖僞造經、傳，齊朝未嘗行用也。至隋初，購求遺典，劉炫復以姚書上之，并於姚本「協于帝」下，又撰「濬哲文明，温恭允塞，玄德升聞，乃命以位」一十六字及孔傳，與堯典「欽明文思」四句相配，以見首十二字亦本有。陸德明所見最真，故以王肅本爲據，非特不用「濬哲文明」十六字，并不收「曰若稽古帝舜」十二字，故書此二十八字以辨之，云「於王注無所施設」也。孔氏正義則用劉炫本，不便駮難其經，故具有二十八字，逐字爲之訓釋，謂晉闕舜典，姚方興表上，未得施行，隋始得之，是以齊、隋僞撰之文爲真孔傳舜典矣。然云「自此『乃命以位』已上二十八字，世所不傳」，此猶其一隙之明之未盡泯者。

13

僖廿九年大雨雹

漢志：〔一〕「釐公二十九年『秋，大雨雹』。劉向以爲：『盛陽雨水，温煖而湯熱，陰氣脅之不相入，則轉而爲雹；盛陰雨雪，凝滯而冰寒，陽氣薄之不相入，則散而爲霰。故沸湯之在閉器，而湛於寒泉，則爲冰；及雪之銷，亦冰解而散：此其驗也。故雹者，陰脅陽也；霰者，陽脅陰也。春秋不書霰者，猶月食也。釐公末年，信用公子遂，遂專權自恣，將至於殺君，故陰脅陽之象見。釐公不寤，遂終專權，後二年殺子赤，立宣公。左氏傳曰：

「聖人在上，無雹；雖有，不爲災。」〔二〕説曰：「凡物不爲災，不書。」〔三〕書「大」，言爲災也。凡雹，皆冬之愆陽，夏之伏陰也。』」

案：范注穀梁，抄襲劉義，語多破碎，當以此完善者補正之。中（疊）〔壘〕蓋通乎陰陽之原矣。〔四〕

〔一〕軍案：見漢書五行志中之下。

〔二〕軍案：見昭四年左傳，經云：「春，王正月，大雨雹。」

〔三〕軍案：見莊二十九年左傳。

〔四〕軍案：「疊」當作「壘」，形近而譌。劉向官至中壘校尉。清經解本改，是也。今據改。

經義雜記卷十五

武進學生臧琳玉林

1 檀弓衍文僞文

檀弓下：「人喜則斯陶，陶斯咏，咏斯猶，猶斯舞，舞斯愠，愠斯戚，戚斯歎，歎斯辟，辟斯踊矣。」釋文云：「愠斯戚，此喜愠哀樂相對。〔一〕本或於此句上有『舞斯愠』一句，並注皆衍文。」

正義曰：「『舞斯愠』者，喜怒相對，哀樂相生。若舞而無節，形疲厭倦，事與心違，所以怒生。怒生由於舞極，故云『舞斯愠』也。曲禮云『樂不可極』，即此謂也。何胤云：『樂終則愠起，非始之愠相連繫也。』」

又曰：「如鄭此禮本云『舞斯愠』者，凡有九句，首末各四，正明哀樂相對；中央『舞斯愠』一句，是哀樂相生，故一句之中，有『舞』有『愠』也。而鄭諸本亦有無『舞斯愠』一句者，取義不同。而鄭又一本云『舞斯蹈，蹈斯愠』，益於一句，凡有十句，當是後人所加耳，亦不得對。而盧禮本亦有『舞斯愠』之一句。而王禮本又長云『人喜則斯循，循斯陶』，既與盧、鄭不同，亦當新足耳。」

案：釋文所據本爲最古，「喜」、「愠」相對，説亦深得經意。正義謂鄭本亦有無「舞斯愠」句者，則孔所見本原與陸氏同，但其所從者反衍此句耳。

「品節斯，斯之謂禮」，注云：「舞、踊皆有節，乃成禮。」可知人喜至舞，愠至踊，顯然二事，中無連綴之義。正義引何氏云「樂終則愠起」，則亦本無「舞斯愠」也。正義謂盧本有「舞斯愠」句，此後人見鄭本有而增之耳。一本又有十句，更無足辨。

據正義引王禮本，知王肅於此又與鄭立異。何以明之？鄭注「咏斯猶」云：「『猶』當爲『摇』，聲之誤也。『摇』，謂身動摇也。秦人『猶』、『摇』聲相近。」

案：爾雅釋詁：「鬱、陶、繇，喜也。」郭注引孟子、禮記爲證，又云：「『猶』即『繇』也，古今字耳。」説文系部云：「繇，隨從也。从系，䍃聲。」臣鉉等曰：「今俗从『䍃』。」手部云：「摇，動也。从手，䍃聲。」二字聲、義皆相近，隨從則有喜意，隨從則身動摇。鄭注「人喜則斯陶」云「陶，鬱陶也」，注「咏斯猶」云「『猶』當爲『摇』」，以爲喜則身動摇，與爾雅、説文皆合。「猶」爲貜屬。今人讀「繇」聲若「猶」，此聲近致誤之證。郭氏習見不察，故以爲古今字耳。爾雅注引檀弓爲證，於義不了，當以鄭注禮記補之。

今王肅本作「人喜則斯循，循斯陶」，明是難鄭，見「猶」非聲近之誤，乃形近之誤，不當爲「搖」；因以「咏斯猶」句移上，「陶斯咏」句移下，改爲「人喜則斯循，循斯咏，咏斯舞」，既可與鄭相難，又得「咏」、「舞」連文。蓋以爲人喜而鬱陶未暢也，則咏歌以暢之；咏歌之不足，則不知手之舞之、足之蹈之也。正義謂「一本云『舞斯蹈，蹈斯愠』」，恐亦因王肅義增。竄改之痕，彌縫無迹。後雖有明智之士，當亦不以肅本爲僞矣。不知「喜」、「愠」，「陶」、「戚」，「咏」、「歎」，「搖」、「辟」，「舞」、「踊」皆兩兩相對，「陶」爲「鬱陶」，「戚」爲「憤恚」，「喜」、「愠」猶在中未發也；咏之、歎之，則聞於聲矣；動搖之、辟拊之，〔二〕則見於形矣；至舞蹈、踊躍，則喜愠之至，全體具見，故舉手足以明之。乃王肅妄改爲「人喜斯循」，「循」字何所取義？既與爾雅相乖，又不得相對之次。好異喜新之人，或恐爲其所惑；稍有學識者，孰能信之？

正義謂「與盧、鄭不同」，可證盧侍中本亦作「人喜則斯陶，陶斯猶」。故郭注爾雅引此文，亦用盧、鄭本，而不從王肅。書古文云「作僞心勞日拙」，〔三〕肅之謂矣。

又肅本上有「人喜則斯循，循斯陶」，則下必無「咏斯猶，猶斯舞」矣。而正義云「王禮本又長」，似於鄭本所有外，又多此文。蓋淺人不知肅改鄭本，疑爲脱漏，因以鄭本增足之，故愈長耳。據正義，似以「人喜則斯循，循斯陶」爲新足；而不知此爲肅之原本，新足者反在鄭本所有之文也。

〔一〕軍案：黄焯經典釋文彙校引阮元云：「葉本小『慍』字作『怒』，十行本同，是也。」○彙校引阮氏語，「小」當作「下」。

〔二〕軍案：「拊」，清經解本譌作「招」。

〔三〕軍案：見古文尚書周官篇。

2

肥腯

左傳桓六年「吾牲牷肥腯」，杜注：「腯，亦肥也。」正義曰：「重言『肥腯』者，古人自有(復)〔複〕語耳。〔一〕服虔云：『牛、羊曰肥，豕曰豚。』禮記『豚』亦稱『肥』，非獨牛、羊也。」

案：説文肉部「腯」下云：「牛、羊曰肥，豕曰腯。」知相傳古義如此，非服子慎創説也。禮記曰：「豚曰腯鄭本作「豚」。肥。」〔二〕豚是豕類，而稱「腯肥」，是可爲「豕曰腯」之明證。

孔氏疏杜，單舉「肥」字以非服氏；而不知服本許義，且散言皆通，對文則異，定當從服解也。鄭注禮記，以春秋傳「腯」字訓「充貌」。然則牛、羊大牲，當言「多肉」；說文：「肥，多肉也。」豚、豕之類，特言「充滿」而已。詩我將箋云：「奉養享祭之牛羊，皆充盛肥腯。」

〔一〕軍案：「復」，清經解本作「複」，是也。今據改。左傳正義不誤。

〔二〕軍案：見禮記曲禮下。

3

僖十年大雨雪

漢志中下云：〔一〕「釐公十年『冬，大雨雪』。左氏、穀梁同。劉向以爲：『先是，釐公立妾爲夫人，陰居陽位，陰氣盛也。』公羊經曰『大雨雹』。董仲舒以爲：『公脅於齊桓公，立妾爲夫人，不敢進羣妾，故專壹之象見諸雹，皆爲有所漸脅也，孟康曰：「謂陰陽漸脅。」行專壹之政云。』」

案：左氏、穀梁無說。何注公羊云：「夫人專愛之所生也。」與先儒義同。

〔一〕軍案：見漢書五行志中之下。

4

隕霜殺菽

春秋定元年：「冬，十月，隕霜殺菽。」穀梁傳云：「未可以殺而殺，舉重；可殺而不殺，舉輕。其曰『菽』，舉重也。」

漢志云：〔一〕「劉向㠯爲：『周十月，今八月也，消卦爲觀，〔二〕陰氣未至君位而殺，誅罰不由君出，在臣下之象也。是時，季氏逐昭公，公死于外，定公得立，故天見災㠯視公也。〔三〕釐公二年「十月，隕霜不殺草」，爲嗣君微，失秉事之象也。〔四〕其後，卒在臣下，則災爲之生矣。異故言草，災故言菽，重殺穀。〔五〕一曰：「菽，草之難殺者也。」言『殺菽』，知草皆死也；言『不殺草』，知菽亦不死也。』」義與傳合。

志又云：「董仲舒㠯爲：『菽，草之彊者。天戒若曰：「加誅於彊臣。」言菽，㠯微見季氏之罰也。』」

案：何注公羊云：「菽者，少類，爲稼强，季氏象也。是時，定公喜於得位，而不念父黜逐之耻，反爲淫祀立煬宮，故天示以當早誅季氏。」與董合。

〔一〕軍案：見漢書五行志中之下。

〔二〕軍案：師古曰：「坤下巽上也。」

〔三〕軍案：師古曰：「『視』讀曰『示』。」

〔四〕軍案：師古曰：「謂襄仲專權，殺嫡立庶，公室遂弱。」

〔五〕軍案：師古曰：「以其事爲重，不比於殺草也。」

5

命之曰建櫜

後漢書馬融傳：「廣成頌云：『臣聞昔命師於鞬櫜，偃伯於靈臺。』」李注：「鞬以藏箭，櫜以藏弓。鞬音紀言反。禮記鄭注：『「鞬」當作「建」。讀爲「鍵」。』音其蹇反，謂閉藏之也。此馬、鄭異義。」

案：樂記：「武王濟河而西，馬散之華山之陽而弗復乘，牛散之桃林之野而弗復服，車甲衅而藏之府庫而弗復用，倒載干戈，包之以虎皮，將帥之士使爲諸侯，名之曰『建櫜』，然後天下知武王之不復用兵也。」注：「包干戈以虎皮，明能以武服兵也。『建』讀爲『鍵』，字之誤也。兵甲之衣曰櫜。鍵櫜，言閉藏兵甲也。詩曰：『載櫜弓矢。』春秋傳曰：『垂櫜而入。』周禮曰：『櫜之欲其約也。』」

又周禮司門「掌授管鍵以啟閉國門」，鄭司農云：「『鍵』讀爲『蹇』，謂牡。」禮記月令「脩鍵閉」，注：「鍵，牡；閉，牝也。」吕氏春秋、淮南子皆作「修楗閉」。

説文木部：「楗，限門也。从木，建聲。其獻切。」金部：「鍵，鉉也，一曰車轄。从金，建聲。渠偃切。」則「鍵」爲「閉限」義，字从「木」。鄭以二禮通用「鍵」字，故讀從之。當以自「馬散之華山之陽」至「將帥之士使爲諸侯」皆爲「閉藏兵甲」事，故統名之曰「鍵櫜」也。蓋將帥以兵甲爲職，今使爲諸侯而不復爲將帥，是亦偃兵之一端。此鄭義也。

説文革部：「鞬，所以戢弓矢。从革，建聲。居言切。」釋名釋兵：「鞬，建也，弓矢並建立於其中也。」此馬季長義。

蓋「鞬」字从革，建聲，又爲「建」義，二字義通，故後漢書馬融傳、孔子家語辨樂皆作「鞬」，史記樂書、鄭本禮記皆作「建」也。

史記集解引王肅云：〔一〕「所以能櫜弓矢而不用者，將率之士力也，故建以爲諸侯，謂之『建櫜』也。」馬云：「命師於鞬櫜。」則馬、王皆以名之曰「建櫜」爲專指使將帥爲諸侯説。

但馬以戢弢弓矢封將帥爲諸侯，猶戢弢弓矢而不用，故以「鞬櫜」爲封諸侯之名，「命師」與「偃伯」對文。「命」，名也；「師」，諸侯也。王肅則以「建櫜」爲封建櫜弢弓矢之功，較之馬、鄭，迂曲難通矣。此必以鄭讀「建」爲「鍵」，欲與立異，故反作如字讀以難之。家語亦當作「封建」字；今正文與注作「鞬」，非原文也。

〔一〕軍案：見史記樂書集解。

6 大戴記武王踐阼

禮記學記：「大學之禮，雖詔於天子，無北面，所以尊師也。」注：「尊師重道焉，不使處臣位也。武王踐阼，召師尚父而問焉，曰：『昔黃帝、顓頊之道存乎意，亦忽不可得見與？』師尚父曰：『在丹書。王欲聞之，則齊矣。』王齊三日，端冕，師尚父亦端冕，奉書而入，負屏而立。王下堂，南面而立。師尚父曰：『先王之道，不北面。』王行西，折而南，東面而立。師尚父西面道書之言。」

正義曰：「『武王踐阼』以下，皆大戴禮武王踐阼篇也。云『黃帝、顓頊之道存乎意，亦忽不可得見與』者，武王言黃帝、顓頊之道恒在於意，言意恒念之，但其道超忽已遠，〔一〕亦恍惚不可得見與。『與』，語辭。今檢大戴禮唯云『帝顓頊之道』，無『黃』字；或鄭見古本不與今同，或後人足『黃』字耳。云『丹書』者，師説云：『赤雀所銜丹據下文，此「丹」當作「瑞」。書也。』云『端冕』者，謂衮冕也。其衣正幅與玄端同，故云『端冕』。故皇氏云：『武王端冕，謂衮冕也。樂記「魏文侯端冕」，謂玄冕也。」云『師尚父亦端冕』者，案大戴禮無此文，鄭所加也。云『西折而南，東面』者，案大戴禮唯云『折而東面』，此『西折而南』，下疑脱「西」字。『南』字亦鄭所加。云『師尚父西面道書之言』者，皇氏云：『王在賓位，師尚父主位，故西面下當有「此」字。王庭之位。若尋常師徒之教，則師東面，弟子西面，與此異也。』其『丹書』之言，案大戴禮云：〔二〕『其書之言曰：「敬勝怠者强，怠勝敬者亡。」』瑞書云：『敬勝怠者吉，怠勝敬者滅，義勝欲者從，欲勝義者凶。』與瑞書同矣。『「凡事不强則枉，不本書作「弗」。敬則不正。枉者滅廢，敬者萬世。以仁得之，以仁守之，其量百世；以仁得之，以不仁守之，其量十世；以不仁得之，以不仁守之，必傾其世。」王聞書之言，惕然若懼，退而爲戒書，〔三〕於席之四端爲銘』，及几、鑑、盂、盤、楹、杖、帶、屨、劍、矛爲銘，〔四〕銘皆各有語，在大戴禮也。」

琳案鄭注、孔疏及今大戴記，知此書轉相改易者多矣。

注本云「黄帝、顓頊之道」，孔所見大戴無「黄」字，謂鄭所見古本有者，是也；謂後人足「黄」字，恐非。然唐初本已無，何今本反有？此後人依注所加也。

注首有「昔」字，疑衍文，正義及大戴皆無。

云「存乎，意亦忽不可得見與」者，「意」讀爲「抑」，言其道至今猶存乎？抑亦恍忽不可得見歟？論語：「求之與？抑與之與？」隸釋載石經論語作「意（與）［予］之與」，〔五〕此「意」爲古「抑」字之證。孔氏不識，故讀「存乎意」爲句。

「王齊三日，端冕」，今作「三日王端冕」，「齊」字脱而「王」字倒。疏不言注與大戴有異，則孔所見大戴作「王齊三日」也。

「師尚父亦端冕」，孔以爲鄭所加。故皇侃以武王爲衮冕，魏文侯爲玄冕，不更言師尚父爲何冕。則皇氏所據大戴亦無此文。

「西折而南，東面」，據孔見大戴，無「西」、「南」字。今大戴並同鄭注，亦後人依注所增，非唐以前之舊也。

又丹書本云「敬勝怠者强，怠勝敬者亡」。其「敬勝怠者吉」云云，是瑞書衍暢丹書之言，孔氏引以爲證。故兩句增爲四句，然精義已包兩句中矣。乃後人貪其字句煩多，因取以改易丹書，誤甚。丹書下文「不强則枉」云云，正承上文「敬勝怠者强」而申言之。若依今本，上四句中無「强」字，安得於此忽言「不强」？又上已言「怠勝敬者滅」，此又云「枉者滅廢」，不複沓乎？故知此爲唐以後人竄改無疑。

「以仁得之，以不仁守之」二句，亦當從正義所引。蓋三代以前，子孫不仁而守者有之矣，未有及身不仁而得之尚可延至十世者。今本倒作「以不仁得之，以仁守之」，是惑於後世「順守逆取」之言而私改也。

「必傾其世」，謂及身而亡。今作「必及其世」，亦非。

「几」作「机」，俗字。

據正義，知武王有盂銘，今闕。或疑今云「於盥盤爲銘焉」，「盂盤」即「盥盤」。余案：大戴云「於履屨爲銘焉，於觴豆爲銘焉」，一物而重名者固多；若正義所述，則「几、鑑、盂、盤、楹、杖、帶、屨、劒、矛」十字爲十物，必當更有盂銘，方足數。且「盤」是沐浴器，「盂」則説文云「飯器」，爲二物無疑。

〔一〕軍案：「已」，清經解本誤作「足」。

〔二〕軍案：見大戴禮記武王踐阼第五十九。

〔三〕軍案：王聘珍大戴禮記解詁卷六武王踐阼第五十九云：「易曰：『君子終日乾乾，夕惕若。』又曰：『君子以恐懼修省。』盧注云：『戒書者，託於物以自警戒也。』」

〔四〕軍案：「屨」，清經解本誤作「履」。

〔五〕軍案：「意與」當作「意予」，見隸釋卷十四石經論語殘碑。

7

孟子述老子

後漢書李固傳：「老子曰：『其進鋭，其退速也。』」李賢注：「孟子有此文。〔一〕謝承書亦云孟子，而續漢書復云老子。」

案：此二語與老子指意相近，李固既引作「老子」，則此本老子語，而孟子述之也。謝承據孟子改之，恐非。

〔一〕軍案：孟子盡心上作「其進鋭者，其退速」。

8

非異人任

左傳襄二年：「鄭成公疾，子駟請息肩於晉。公曰：『楚君以鄭故，親集矢於其目，非異人任，寡人也。』」釋文：「非異人任，絶句。一讀至『人』字絶句。」

案：正義曰：「楚君被射目者，非是爲異人也，任此患者，爲寡人也。」是讀至「人」字絶句。然考注云「言楚子任此患，不爲他人，蓋在己」，則杜氏亦讀「非異人任」絶句。

又傳云：「若背之，是棄力與言，其誰暱我？」釋文：「棄力，服本作『棄功』。」案：當從服本作「棄功」，言楚有功於鄭也。

9

莊廿九年有蜚

左傳：「『秋，有蜚』，爲災也。凡物不爲災，不書。」杜無注。

漢志云：〔一〕「劉歆曰爲：『負蠜也，性不食穀，食穀爲災，介蟲之孽。』」可取以補注左傳。

漢志又云：「劉向曰爲：『蜚色青，近青眚也，非中國所有。南越盛暑，男女同川澤，淫風所生，爲蟲臭惡。是時，嚴公取齊淫女爲夫人，既入，淫於兩叔，故蜚至（矣）。〔二〕天戒若曰：「今誅絶之尚及；不，將生臭惡，聞於四方。」嚴不寤。其後，夫人與兩叔作亂，二嗣曰殺，卒皆被辜。』董仲舒指略同。」

案：公羊傳云：「何以書？記異也。」何注：「『蜚』者，臭惡之蟲也，象夫人有臭惡之行。言『有』者，南越盛暑所生，非中國之所有。」范注引穀梁說曰：「『蜚』者，南方臭惡之氣所生也，象君臣淫泆，有臭惡之行。」皆本西漢儒舊義。

〔一〕軍案：見漢書五行志中之下。

〔二〕軍案：漢書五行志中之下無「矣」字，此當衍，今刪。

10 揚雄傳誤字

漢書：「解嘲：『當塗者入青雲，失路者委溝渠，旦握權則爲卿相，夕失執則爲匹夫；譬若江湖之雀，勃解之鳥，乘鴈集不爲之多，雙鳧飛不爲之少。』」應劭曰：「乘鴈，四鴈也。」師古曰：「『雀』字或作『厓』，『鳥』字或作『島』。島，海中山也。其義兩通。」

案：古「島」字有通借作「鳥」者。書禹貢「鳥夷」，孔讀「鳥」爲「島」，可證。此蓋言江湖之厓岸，勃解之山島，其地廣闊，故鴈鳧飛集，不足形其多少，以見人之得失窮達，亦甚無定也。子雲好奇字，故借「鳥」爲「島」。淺者因改上「厓」作「雀」，以配之。師古不能定，因謂「其義兩通」也。若作「雀」、「鳥」，則下文「乘鴈集」、「雙鳧飛」將何指乎？後見文選載此，正作「江湖之崖，渤澥之島」。

11

爲宣髮

易說卦：「巽爲木，其於人也爲寡髮。」正義曰：「寡，少也。風落樹之華葉，則在樹者稀疏，如人之少髮，亦類於此。」釋文：「寡髮，如字，本又作『宣』。黑白雜爲『宣髮』。」案：考工記「車人之事，半矩謂之宣」，注：「頭髮皓落曰宣。半矩，尺三寸三分寸之一，人頭之長也。柯、欘之木，頭取名焉。易：『巽爲宣髮。』」釋曰：「『頭髮皓落曰宣』者，以得謂『宣去』之義，人髮皓白則落墮，故云此者，解頭名『宣』意也。說卦云『其於人爲宣髮』，注：『宣髮，取四月靡草死，髮在人體，猶靡草在地。』今易文不作『宣』，作『寡』者，蓋『宣』、『寡』義得兩通，故鄭爲『宣』，不作『寡』也。」又李氏集解作「其於人也爲宣髮」，引「虞翻曰：『爲白，故宣髮。』馬君以『宣』爲『寡髮』，非也」。

據此，知易本有作「爲宣髮」者。「宣」，明也，又散也，故虞以爲「白」。周禮注云「頭髮皓落曰宣」，即引易「巽爲宣髮」以證，與虞仲翔本正合。賈疏引鄭易注云「取四月靡草死，髮在人體，猶靡草在地」，則是「鮮少」之義，經當作「寡」。蓋馬、鄭所注古文易本作

「寡髮」，鄭用馬本，王弼、韓康［伯］用鄭本，〔一〕故釋文、正義皆作「寡」。賈疏亦云「今易文作『寡』」，是也。

考易經施、孟、梁丘、京爲今文，費氏爲古文。馬、鄭傳費氏易，虞仲翔傳孟氏易，故文異。而禮注與易注不同者，鄭先通京氏易，後注費氏易，又遭黨錮事，逃難注禮，爲袁譚所逼，來至元城，乃注周易。然則禮注之爲「宣髮」，京［氏］易（氏）也；〔二〕易注之「寡髮」，費氏易也。

〔一〕軍案：「韓康」下當補「伯」字。

〔二〕軍案：「易氏」二字當乙。

12 左氏經納糾

春秋莊九年：「夏，公伐齊，納糾。」左氏、公、穀經並同。今左氏經作「納子糾」，「子」衍文，沿唐定本之誤也。正義於此引賈逵云：「不言『公子』，次正也。」又於後「九月，齊人取子糾殺之」下，引賈逵云：「稱『子』者，愍之。」可證賈景伯本於此無「子」字。

正義本作「納糾」，今正義標起至有「子」字，此近人所加。故引公羊傳云「『糾』者何？公子糾也」，及何休、賈逵説，又云：「公羊之説，不可通於左氏，『次正』不稱『公子』，其事又無所出。案：今定本經文『糾』之上且有『子』字。自外入内不稱『公子』者多，唯有楚公子比稱『公子』，蓋告辭有詳略，故爲文不同。」則正義雖不從公羊及賈氏説，亦以自外入内不稱「公子」者多，閒有稱「公子」者，以告辭有詳略故耳。則此無「子」字甚明。至引定本有「子」爲證，以難舊義，則孔氏之疏也。

又「取子糾」下，引公羊傳云「其稱『子糾』何？貴也」，及何休、賈逵説，又云：「案定本，上『納子糾』已稱『子』，則此言『子』，非愍之也。沈云：『齊人稱「子糾」，故魯史從其所稱，而經書「子糾」。知者，傳云「子糾，親也，請君討之」，豈復是愍之乎！』劉與賈同。」沈文何駮賈，劉炫從賈，其意雖異，然即此可推至是始稱「子」，前但稱「糾」而已。

公羊釋文云：「納糾，左氏經亦作『納子糾』。」既云「亦作『納子糾』」，便知本作「納糾」矣。

據賈、沈、劉、孔與公羊釋文，知自漢至六朝以及隋、唐，皆作「納糾」。公羊疏云「無『子』字者，與左氏經異」，穀梁釋文云「『伐齊，納糾』，左氏作『子糾』」：此皆爲定本所誤也。

13

戒陔聲同

鍾師「以鍾鼓奏九夏，八爲祴夏」，〔一〕杜子春云：「祴，讀爲『陔鼓』之『陔』。客醉而出，奏陔夏。」釋曰：「賓醉將出，奏之；恐其失禮，故陔切之，使不失禮。是以鄉飲酒、鄉射、燕禮、大射賓醉將出之時，皆云『奏陔』。」

案：古「戒」、「陔」聲相近，故杜讀「祴」爲「陔」。詩序：「南陔，孝子相戒以養也。」説文：「陔，階次也。」鄉飲酒禮「賓出，奏陔」，注：「陔，陔夏也。『陔』之言『戒』也。終日燕飲，酒罷，以陔爲節，明無失禮也。」左傳昭廿年「齊侯疥，遂痁」，釋文云：「疥，舊音戒，梁元帝音該。依字則當作『痎』。『痎』又音皆。」顔氏家訓云：「今北方猶呼『痎瘧』，音皆。」凡此，俱是「戒」、「陔」聲近之證。〔二〕

〔一〕軍案：「祴」，清經解本誤作「械」，下同。周禮注疏卷二十四春官鍾師阮元校勘記云：「祴夏，余本、嘉靖本同，釋文、唐石經作『裓夏』，字從『衣』。宋人書『衣』、『示』往往不加區別。閩、監、毛本因作『祴』矣。注及疏并下笙師同。○按：『祴』見説文示部，『祴，宗廟奏祴樂』也。唐石經从『衣』，乃大誤。」

〔二〕軍案：參本書卷十六「齊侯疥，遂痁」條。

14

好惡甫

顏氏家訓音辭云：「夫物體自有精麤，精麤謂之好惡；人心有所去取，去取謂之好惡。原注：「上呼號、下烏故反。」此音見於葛洪、徐邈，而河北學士讀尚書云『好原注：「呼號反。」案：當依唐韻作「呼皓切」。此蓋誤。生惡原注：「於谷反。」殺』。是物體、人情，〔一〕殊不通矣。『甫』者，男子之美稱，古書多假借爲『父』字；北人遂無一人呼爲『甫』者，亦所未喻。唯管仲、范增之號，須依字讀耳。」〔二〕

案：孝經天子章「愛親者不敢惡於人」，釋文：「惡，烏路反，舊如字。」又卿大夫章「行滿天下無怨惡」，釋文：「惡，烏路反，舊如字。」又三才章「示之以好惡而民知禁」，釋文：「好，如字，又呼報反。惡，如字，又烏路反。」則「好」、「惡」二字雖各具兩義，古人實通之矣。因文繁不及盡，引姑以童時所習者證之。

説文「父」作「[illegible]」，「从又舉杖」；「甫」作「[illegible]」，「从用、父，父亦聲」。是「父」、「甫」本同聲，故經傳多借「父」爲「甫」。士冠禮曰「伯某甫」，注：「『甫』是丈夫之美稱。孔子爲尼甫，周大夫有嘉甫，宋大夫有孔甫，是其類。字或作『父』。」又「章甫」注：「『甫』或爲『父』。」

詩大明「維師尚父」，傳：「尚父，可尚可父。」箋云：「尚父，呂望也，尊稱焉。」正義云：「劉向別録曰：『師之、尚之、父之，故曰「師尚父」。』『父』亦男子之美號。太誓注云：〔三〕『師尚父，文王於磻谿所得聖人呂尚，立以爲太師，號曰「尚父」，尊之。』」

釋名釋親：「父，甫也，始生己也。」則「父」、「甫」非特字通，義亦本通，是皆可不必過爲區别矣。

〔一〕軍案：「是物體、人情」，顔氏家訓音辭篇作「是爲一論物體，一就人情」。

〔二〕軍案：王利器顔氏家訓集解卷七音辭第十八云：「宋本原注：『管仲號仲父，范增號亞父。』周祖謨曰：『「甫」、「父」二字不同音。切韻：「甫，方主反。父，扶雨反。」皆麌韻字，而「甫」非母，「父」奉母。北人不知「父」爲「甫」之假借，輒依字而讀，故顔氏譏之。』」

〔三〕軍案：「太」，清經解本誤作「大」。

15 公嗾夫獒焉

左傳宣二年：「公嗾夫獒焉。」釋文：「公嗾，素口反，服本作『㖩』。」正義曰：「服虔云：『嗾，㗇也。公乃㗇夫獒，使之噬盾也。』」據宋本。

案釋文，則「㗇」即「嗾」字，「㗇」讀若「諏」，與「嗾」聲相近，故文異。依正義，則服本亦作「嗾」，但訓「嗾」爲「㗇」耳。説文口部：「嗾，使犬聲。从口，族聲。春秋傳曰：『公嗾夫獒。』」則左氏古文本作「嗾」，服本不當用俗字，正義是也。「㗇」字説文、玉篇皆無，至集韻始收。毛本注疏作「取」，不从「口」，與釋文更乖。

16

遠哉搖搖

左傳昭廿五年「鸜鵒之巢，遠哉遥遥」，五行志中上作「遠哉搖搖」。師古曰：「搖搖，不安之貌。」

案：「遥」爲俗字，當從漢志作「搖」。五經文字序云：「『逍遥』之類，説文漏略者，今得之於字林。」説文新附「逍遥」字，臣鉉等案：「詩只用『消搖』，此二字字林所加。」可證今詩黍離「中心搖搖」不作「遥遥」。白駒作「於焉逍遥」，非古也。

17 仲尼異説

孝經「仲尼居」，正義曰：「桓六年左傳：『申繻曰：「名有五，其三曰以類命爲象。」』杜注云：『若孔子首象尼丘。』蓋以孔子生而汙頂，象尼丘山，故名『丘』，字『仲尼』。而劉瓛述張禹之義，以爲：『「仲」者，中也；「尼」者，和也。言孔子有中和之德，故曰「仲尼」。』殷仲文又云：『夫子深敬孝道，故稱表德之字。』及梁武帝，又以『丘』爲『聚』，以『尼』爲『和』。今並不取。」

案：「仲尼」説，當從杜注左傳，與史記世家合。張禹、梁武義皆穿鑿。「尼」作「𡰥」，爲「夷」，故訓爲「和」；「丘」爲「高大」，有「聚」義：其解字尚非杜撰。弟子得稱師字，故孝經曰「仲尼居」，禮記有「仲尼閒居」，中庸爲孔子孫子思作，而有「仲尼曰」。殷仲文以爲「深敬孝道，故稱字」，誤矣。

18 遁名改作

禮記王制：「析言破律，亂名改作，執左道以亂政，殺。」注：「亂名改作，謂變易官與物之名，更造法度。」釋文：「亂名，如字，王肅作『循名』。」

案：家語刑政竊取此文作「遁名改作」，王肅注「變言與物名也」，與鄭注義同。古「循」、「遁」字通。儀禮、漢書「逡循」皆作「逡遁」，可證。此「循名」當讀爲「遁名」，謂隱遁名物也。肅蓋據家語以改禮記，有意作古，使人不疑耳。

19

患不知也

論語學而：「子曰：『不患人之不己知，患不知人也。』」釋文作「患不知也」，云：「本或作『患己不知人也』，俗本妄加字。今本『患不知人也』。」

案釋文，知古本作「患不知也」，蓋與里仁「不患莫己知，求爲可知也」、先進「居則曰：『不吾知也。』如或知爾，則何以哉」語意同。今邢疏及集注本皆作「患不知人也」，「人」字亦淺人所加。

經義雜記卷十六

武進學生臧琳玉林

大戴記曲禮篇

1

漢書儒林傳：「王式既至，止舍中，會諸大夫博士，共持酒肉勞式。博士江公世爲魯詩宗，心嫉式，謂歌吹諸生曰：『歌驪駒。』式曰：『聞之於師：「客歌驪駒，主人歌客毋庸歸。」今日諸君爲主人，日尚早，未可也。』江公曰：『經何目言之？』式曰：『在曲禮。』江公曰：『何狗曲也！』」師古曰：「意怒，故妄發言。言『狗』者，輕賤之甚也。今流俗書本云『何曲狗』，妄改之也。」

案：「歌驪駒」注：「服虔曰：『逸詩篇名也，見大戴禮。客欲去，歌之。』文穎曰：『其辭云「驪駒在門，僕夫具存。驪駒在路，僕夫整駕」也。』」據此，則大戴禮記有客欲歸而主人留之及相歌詩事。今大戴記亡闕，小戴記無之。蓋江公與王翁思同業魯詩，故江公嫉其至，因歌驪駒以發問，知翁思必對以「在曲禮」，遂可譏其曲狗而來也。據顔注，知漢書本作「狥曲」。「狥」、「狗」形近，據正文作「狥曲」，知注作「狗曲」，今誤倒。式曰「在曲禮」，是狗從曲禮之書，故江佯問曰「何狗曲也」，言淺而意深。

師古妄改爲「狗」字，云「輕賤之甚」，不知江公心雖嫉之，安得於諸大夫、博士前，輕斥經師爲「狗」，如今鄉里小人反脣相譏乎？且江本隱語，故翁思亦恥與之爭，而陽醉逷地。倘面斥爲「狗」，翁思安能含忍？即諸博士弟子，亦竟不發一語乎？

2

仲尼居

孝經「仲尼居」，正義曰：「古文孝經云『仲尼閒居』。」案：宋司馬君實古文同。〔一〕釋文：「仲尼居，説文作『凥』，音同。鄭玄云：『居，居講堂也。』王肅云『閒居也』。孔安國云『靜而思道也』。」據鄭、王注，知今文無「閒」字。孔云「靜而思道」，則古文有「閒」，故孔以「靜」解經「閒」字也。

然説文几部：「凥，處也。〔二〕从尸，得几而止。孝經曰：『仲尼凥。』『凥』，謂（閑）〔閒〕凥如此。」〔三〕説文自序謂「論語、孝經皆古文」，則此所引當有「閒」字，乃以「閒居」爲義；

而經無文，與王肅解同，則古文可疑矣。若以古文爲據，則説文當是後人删改。

〔一〕軍案：見司馬光類篇卷十四中几部「尻」字條。

〔二〕軍案：段注説文改「處」爲「処」，云：「各本作『處』，今正。凡尸得几謂之『尻』。『尸』，即人也。引申之，爲凡『尻処』之字。既又以『蹲居』之字代『尻』，别製『踞』爲『蹲居』字，乃致『居』行而『尻』廢矣。」

〔三〕軍案：「閑」，宋本説文作「閒」，今據改。

3

涕沾䘳

公羊傳哀十四年：「反袂拭面，涕沾袍。」何注：「袍，衣前襟也。」徐疏本作「反袂拭目」，又云：「『目』亦有作『面』字者。『涕沾袍』，〔一〕『袍』亦有作『衿』字者。以衣前襟言之，『袍』似得之。」

案：説文衣部：「袍，襺也。从衣，包聲。論語曰：『衣弊緼袍。』」〔二〕「䘳，交衽也。从衣，金聲。」是當作「涕沾䘳」，「衿」、「襟」皆俗字，作「袍」非也。論衡指瑞云：「反袂拭面，泣涕沾襟。」是王仲任所見之傳亦作「䘳」。春秋序正義引公羊「反袂拭面，涕沾袍」，下又云「聖人寧復畏懼死亡，下沾衿之泣」。據下作「沾衿」，疑上「沾袍」或後人改也。離騷「攬茹蕙以掩涕兮，霑余襟之浪浪」，亦可證。杜氏春秋序亦作「反袂拭面」。徐疏作「拭目」，疑非。

〔一〕軍案：「涕沾袍」，公羊徐疏作「云『涕沾袍』者」，有「云」、「者」二字。

〔二〕軍案：段注説文改「獘」作「敝」，云：「敝，各本作『獘』，誤。論語子罕篇文。」

4

必火火入而伏

左傳昭十七年：「冬，有星孛于大辰，西及漢。梓慎曰：『往年吾見之，是其徵也。火出而見。今茲火出而章，必火入而伏。』」杜注：「隨火行也。」正義曰：「服虔注本『火出而章，必火，火入而伏』，重『火』別句。孫毓云：『賈氏舊文無重「火」字。』」

案：當從服子慎本，有重「火」字爲是。梓慎以火、彗之隱、顯，占諸侯之有災。下云：「其居火也久矣，其與不然乎？」言彗星隨火行，已二年矣，諸侯之有火災，必然而無疑也。若此作「必火入而伏」爲「火星入而彗伏」，則下文「其與不然」何所指乎？賈景伯不重「火」字，與漢志同，〔一〕疑當以「必火」句，「入而伏」句。審注義，知杜氏五字一句讀，恐非。

〔一〕軍案：見漢書五行志下之下。

雨螽于宋

漢志中下云：〔一〕「文公三年『秋，雨螽于宋』。劉向㠯爲：『先是，宋殺大夫而無罪，有暴虐賦斂之應。穀梁傳曰：「上下皆合，言甚。」』董仲舒㠯爲：『宋三世内取，〔二〕大夫專恣，殺生不中，故螽先死而至。』劉歆㠯爲：『螽爲穀災，卒遇賊陰，墜而死也。』」

案：穀梁傳云：「災甚也。其甚柰何？茅茨盡矣。著於上、見於下謂之『雨』。」此即所謂「上下皆合，言甚」也。曰「雨螽」，著於上也；曰「于宋」，見於下也。「上下合」，言見螽之多，故爲災甚。楊疏引鄭玄云「墜地而死」，與董、劉義合。

公羊傳：「『雨螽』者何？死而墜也。」何注：「以先言『雨』也。『螽』，猶『衆』也。『衆死而墜』者，羣臣將爭彊相殘賊之象。是後，大臣比爭鬬相殺，蓋由三世内娶，貴近妃族，禍自上下，故異之云爾。」本董仲舒說。

杜云：「宋人以其死爲得天祐，而來告，故書。」與劉子駿「卒遇賊陰而死」之說合也。

〔一〕軍案：見漢書五行志中之下。

〔二〕軍案：師古曰：「三世，謂襄公、成公、昭公也。內取於國之大夫也。事見公羊傳。取，讀曰『娶』。」

6

孝經庶人章

孝經：〔一〕「故自天子至於庶人，孝無終始，而患不及者，未之有也。」唐明皇注：「始自天子，終於庶人，尊卑雖殊，孝道同致，而患不能及者，未之有也。言無此理，故曰『未有』。」

正義曰：「鄭玄諸家皆以爲患及身。說文云：『患，憂也。』廣雅曰：『患，惡也。』惟蒼頡篇謂『患』爲『禍』。孔、鄭、韋、王之學引之以釋此經。」

據此，則孔氏古文傳、鄭氏今文注皆引蒼頡篇訓「患」爲「禍」矣。經云：〔二〕「身體髮膚，受之父母，不敢毀傷，孝之始也。立身行道，揚名於後世，以顯父母，孝之終也。」「孝無終始」，「終始」字宜如此說，言人子不能全受全歸、立身行道，而災禍不逮其身者，卒未之有。決言有災禍，以警人子之不守身者也。

〔一〕軍案：見孝經庶人章。

〔二〕軍案：見孝經開宗明義章。

7 孝經應感章

釋文「感應章」下有「本今作『應感章』」六字。

案：此六字非陸德明語，乃校者之辭，雖非古本，然宋以來已有之。邢氏正義云：「孝悌之事通於神明，皆是應感之事也。」又云：「人主若從諫爭之善，必能修身慎行，致應感之福，故以名章。」然則正義亦作「應感」。今注疏標題爲「感應章」，此據釋文本改也。「應感」謂應其所感。〔一〕

〔一〕鏞堂謹案：近出日本僞孔傳孝經亦作「應感章」。

8 王肅易爲香臭

說卦「巽爲臭」，正義、釋文皆云：「王肅作『爲香臭』。」

案：巽爲風，風，氣也，故云「爲臭」。「香」字不當有，必肅所妄增。經傳絶無「香」、「臭」對言者。如繫辭「其臭如蘭」，書盤庚「無起穢以自臭」，詩文王「無聲無臭」，禮記月令「其臭羶」、「其臭焦」、「其臭香」、「其臭腥」、「其臭朽」，〔一〕內則「皆佩容臭」，大學「如惡惡臭」，左傳僖四年「一薰一蕕」，十年「尚猶有臭」，襄八年「君之臭味也」，論語鄉黨「臭惡不食」，皆不與「香」字相對，可證。

李氏集解（蕺）〔載〕虞翻注曰：〔二〕「臭，氣也。風至知氣。巽二入艮鼻，故爲臭。繫曰『其臭如蘭』。」〔三〕正義曰：「爲臭，取其風所發也，又取下風之遠聞（於其人也）。」〔四〕皆足以糾肅之謬。

〔一〕軍案：禮記月令孟春之月「其味酸，其臭羶」，鄭注：「木之臭味也。凡酸、羶者皆屬焉。」釋文：「臭羶，失然反。」正義曰：「通於鼻者謂之臭，在口者謂之味，臭則氣也。凡草木所生，其氣羶也。夏『其味苦，其臭焦』者，尚書孔傳云：『焦之氣味，火燒物焦，焦則味苦。』中央云『其味甘，其臭香』，孔傳云：『甘味生於百穀，味甘則氣香。』秋『其味辛，其臭腥』者，孔傳云：『金之氣味，言金臭之氣則腥，在口則辛。』冬云『其味鹹，其臭朽』者，孔傳云：『水鹵所生，故味鹹。又水受惡穢，故有朽腐之氣。』」

〔二〕軍案：「蕺」當作「載」，形近而譌。清經解本改，是也。今據改。

〔三〕軍案：李道平周易集解纂疏卷十云：「『臭』者，凡氣之總名，故云『臭，氣也』。氣隨風動，故『風至知氣』。巽二變成艮，九家易『艮爲鼻』，故『巽二入艮鼻，爲臭』也。繫辭同人九五爻辭，五應在二，六二互巽，故曰『其臭如蘭』。」

〔四〕軍案：「於其人也」四字當刪，涉周易正義下文「其於人也爲寡髮」而誤屬上讀。

9 則闔左扉

禮記音義玉藻：「則闔左扉，一本作『則闔門左扉』。」

案：今本有「門」字。然記云「玄端而朝日於東門之外，聽朔於南門之外，閏月則闔門左扉」，是「門」字已具見上文，故於此但言「闔左扉」也。「門」爲衍文無疑，蓋唐以前已誤加矣。說文：「扉，户扉也。从户，非聲。」

10 齊侯疥遂痁

顏氏家訓書證云：「『齊侯痎，遂痁。』〔一〕說文云：『痎，二日一發之瘧。痁，有熱瘧也。』案：齊侯之病，本是間日一發，漸加重乎故，爲諸侯憂也。〔二〕今北方猶呼『痎瘧』，音皆，而世間傳本多以『痎』爲『疥』。杜征南亦無解釋，徐仙民音介。俗儒就爲通云：『病疥，令人惡寒，變而成痁。』此臆説也。疥癬小疾，何足可論，寧有患疥轉作瘧乎？」

又左傳昭二十年：「齊侯疥，遂痁。」正義曰：「後魏之世，嘗使李繪聘梁。梁人袁狎與繪言及春秋，説此事云：『「疥」當爲「痎」，「痎」是小瘧，「痁」是大瘧。⿸疒尔此蓋「弥」字之譌，或云俗「疹」字。患積久，以小致大，非疥也。』狎之所言，梁主之説也。案：説文：『疥，搔也。瘧，熱寒并作。痁，有熱瘧。痎，二日一發瘧。』今人瘧有二日一發，亦有頻日發者；俗人仍呼二日一發、久不差者爲『痎瘧』。則梁主之言，信而有徵也。是齊侯之瘧，初二日一發，後遂頻日熱發，故曰『痎，舊譌「疥」。遂痁』。以此久不差故，諸侯之賓問疾者多在齊也。若其不然，疥搔小患，與瘧不類，何云『疥，遂痁』乎？徐仙民音作『疥』，是先儒舊説皆爲『疥，遂痁』，初『疥』後『瘧』耳。今定本亦作『疥』。」

又釋文云：「『齊侯疥』，舊音戒；梁元帝音該，依字則當作『痎』，説文云『兩日一發之瘧』也。『痎』又音皆，後學之徒僉以『疥』字爲誤。案傳例，因事曰『遂』。若『痎』已是『瘧疾』，何爲復言『遂痁』乎？」

案：説文疒部「痁」下引「春秋傳曰：『齊侯疥，遂痁』」，則左氏古文本作「疥」。杜云

「痁，瘧疾」，以「疥，搔」俗所共知，故不釋。如作「痎」，亦爲「瘧」，杜氏安得專訓「痁」爲「瘧疾」乎？顏云「世間傳本多爲『疥』，徐仙民音介」，孔云「徐仙民音作『疥』，今定本亦作『疥』」，陸云「舊音戒」：是漢、晉以及唐初皆作「疥」矣。

陸云「梁元帝音該，依字則當作『痎』」，袁狎云「『疥』當爲『痎』」，顏云「世間傳本多以『痎』爲『疥』」：是梁人雖作「痎」音，於傳文尚未擅改。故陸、孔及定本皆作「疥」，亦不言有作「痎」者。

顏氏誤從梁主説，私改爲「痎」，誤矣。正義雖知舊作「疥」，而誤以「痎」爲是。惟釋文則以「痎」爲非，援傳例以證明之，是也。

顏氏引「俗儒云：『病疥，令人惡寒，變而成痁』」。案：今人病疥，亦多寒熱交發，俗呼爲「瘡寒」，轉變成瘧，勢所固有。若作「痎」字，説文爲「二日一發瘧」，謂三日之中，歇二日一發。瘧有頻日發者爲輕，閒日一發稍重，二日一發難愈爲最重。故孔云「俗人仍呼二日一發、久不差者爲『痎瘧』」。可見瘧疾輕重，古今同名。「痁」爲有熱瘧，蓋是頻日發者。若云「痎而痁」，是重者轉輕矣。

顏引説文，又云「齊侯之病，本[是]閒日一發，〔三〕漸加重乎故」，是誤解説文「二日一發」爲「二日之中一發」矣。袁狎云「『痎』是小瘧，『痁』是大瘧」，孔云「齊侯之瘧，初二日一發，後遂頻日熱發」：是皆未知「痁」之輕重，而倒置之也。

〔一〕軍案：參本書卷十五「戒痎聲同」條。

〔二〕軍案：王利器顏氏家訓集解卷六書證篇引向宗魯曰：「『故』字疑當重，『乎故』句絶。」向氏謂「『乎故』句絶」，是也；謂「『故』字疑當重」，則非。左傳昭二十年「齊侯疥，遂痁」，正義曰：「以此久不差故，諸侯之賓問疾者多在齊也。」適可爲顏氏「漸加重乎故，爲諸侯憂也」之注解也。「故」字屬上讀，不當重。

〔三〕軍案：「本」下顏氏家訓有「是」字，今據補。

11

哀十二年螽

漢志云：〔一〕「哀公十二年『十二月，螽』。是時，哀用田賦。劉向以爲：『春用田賦，冬而螽。』十三年『九月，螽。十二月，螽』。比三『螽』，〔二〕虐取於民之效也。劉歆以爲：『周十二月，夏十月也，火星既伏，蟄蟲皆畢，天之見變，因物類之宜，不得以螽，是歲再失閏矣。周九月，夏七月，故傳曰『火猶西流，司曆過也』』。」

案：穀梁三「螽」，范皆無説。「用田賦」傳云：「古者，公田什一。用田賦，非正也。」

故子政據以爲説。歆以爲「天之見變，因物類之宜，不得昌螽」，是陰以父説爲非也。杜注左氏云：〔三〕「是歲應置閏，而失不置。雖書『十二月』，實今之九月；司暦誤一月。九月之初尚温，故得有螽。」本劉子駿義，與傳合。

〔一〕軍案：見漢書五行志中之下。

〔二〕軍案：師古曰：「比，頻也。」

〔三〕軍案：見哀十二年左傳杜注。

12 陳風化於大姬

地理志下云：〔一〕「陳本大昊之虚，周武王封舜後嬀滿於陳，是爲胡公，妻昌元女大姬。婦人尊貴，好祭祀，用史巫，故其俗好舊脱「好」字，據詩陳譜正義引補。巫鬼。陳詩曰：『坎其擊鼓，宛丘之下。亡冬亡夏，值其鷺羽。』又曰：『東門之枌，宛丘之栩。子仲之子，婆娑其下。』此其風也。」

案：毛詩序云：「宛丘，刺幽公也。」「東門之枌，疾亂也。幽公淫荒，風化之所行，男女棄其舊業，亟會於道路，歌舞於市井爾。」不言大姬好巫重祭。此説與毛異，蓋魯詩也。

匡衡傳云：「陳夫人好巫而民淫祀。」匡氏學齊詩，是齊、魯義同。鄭康成詩譜云：〔二〕「大姬無子，好巫覡禱祈鬼神歌舞之樂，民俗化而爲之。」張晏漢書注云：「胡公夫人、武王之女大姬，無子，好祭鬼神，鼓舞而祀。」俱用三家詩。詩正義曰：「大姬無子，而左傳子産云『我周之自出』，〔三〕杜預曰『陳，周之(出)〔甥〕』者，〔四〕蓋大姬於後生子，以禱而得子，故彌信巫覡也。」

然則陳之敝俗，實啟自大姬矣。一國風化之原，乃開端於婦人，可不慎歟？徒恃天子之女之貴，而不能謹守婦道，雖有武王之聖，亦未能訓其子。吁！異矣哉！

〔一〕軍案：見漢書地理志下。

〔二〕軍案：見毛詩陳譜。

〔三〕軍案：見襄二十五年左傳。

〔四〕軍案：毛詩陳譜正義引杜預曰「陳，周之出」，「出」字，襄二十五年左傳杜注作「甥」，今據改。此涉上引子産云「我周之自出」而誤。

13

王肅改玉藻記

禮記玉藻「君子之飲酒也，受一爵而色洒如也」，注：「洒如，肅敬貌。『洒』或爲

『察』。」「二爵而言言斯」，注：「言言，和敬貌。斯，猶『耳』也。」「禮已三爵而油油」，注：「油油，説敬貌。」「以退」，注：「禮，飲過三爵則敬殺，可以去矣。」

釋文：「洒如，王肅作『察』，云：『明貌也。』言言，王肅本作『二爵而言』，注云：『飲二爵，可以語也。』又云『言斯禮』，注云：『語必以禮也。』『三爵而油』，注云：『悦敬貌。』無『已』及下『油』字也。」

案：「察」與「洒」聲相近，故文異。「察」爲「明察」，於「肅敬」義亦合。王氏雖竊取注義以私定記文，尚未乖也。此三句皆言飲酒之色，故一爵而色洒如，二爵而色言言斯，三爵而色油油斯。二爵、三爵不言「色」者，蒙上文也。鄭以「肅敬」、「和敬」、「説敬」解之，義甚精。廣雅釋訓：「言言，喜也。」孟子公孫丑上：「由由然與之偕，而不自失焉。」俱與鄭義合。若作「二爵而言」，豈一爵、三爵皆不言乎？此明是王肅妄改，以與鄭異。

正義引皇氏云：「讀『言』爲『誾』，義亦通也。」案：説文：「誾，和説而諍也。」論語鄉黨「與上大夫言，誾誾如也」，孔安國曰：「誾誾，中正貌。」似與注義未背。然説文「誾」在言部，从言，門聲，則「誾」字不得省作「言」。故鄭如字讀，而不云「『言』讀爲『誾』」。皇説亦非。

14 二南正雅異義

三家詩以關雎爲刺詩。今考之漢人之説，則二南、正小雅皆刺詩也。

鹽鐵論備胡云：「賢良曰：『匈奴如中國之麋鹿耳。好事之臣，求其義，責之禮，使中國干戈至今未息，萬里設備。此兔罝之所刺，故小人非公侯腹心干城也。』」

潛夫論班禄云：「背宗族而采蘩怨。」案：采蘩不言宗族事。采蘋云：「于以奠之，宗室牖下。」「蘩」當爲「蘋」字之誤耳。〔一〕

於周南之兔罝、召南之采蘋觀之，知以二南皆爲刺詩矣。

史記十二諸侯年表云：「仁義陵遲，鹿鳴刺焉。」潛夫論班禄云：「忽養賢而鹿鳴思。」文選琴賦注引蔡邕琴操曰：「鹿鳴者，周大臣之所作也。王道衰，大臣知賢者幽隱，故彈絃風諫。」〔二〕

風俗通窮通云：「伐木有鳥鳴之刺。」蔡中郎集正交論云：「周德始衰，頌聲既寢，伐木有鳥鳴之刺。」

漢書匈奴傳云：「懿王時，戎狄交侵，中國被其苦，詩人始作，疾而歌之，曰：『靡室靡家，玁狁之故。』」

鹽鐵論繇役云：「文學曰：『古者，無過年之繇，無踰時之役。今近者數千里，遠者過萬里，歷二期。長子不還，父母愁憂，妻子詠歎，憤懣之恨發動于心，慕思之積痛于骨髓。此杕杜、采薇之所爲作也。』」

是以鹿鳴、伐木、采薇、杕杜皆爲刺詩。以四篇觀之，知以正小雅皆爲刺詩矣。

〔一〕軍案：馬瑞辰毛詩傳箋通釋卷三召南采蘋曰：「潛夫論班禄篇云：『背宗族而采蘩怨。』『采蘩』當爲『采蘋』之譌。蓋三家詩或因詩有『宗室牖下』一語，遂以爲背宗族而作也。」其説同臧氏。陳喬樅於魯詩遺説考卷一之一魯詩國風一召南「采蘩」條補云：「潛夫論以鹿鳴爲刺詩，與司馬遷史記年表、蔡邕琴操、高誘淮南注並合；又以行葦爲咏公劉詩，亦與劉向列女傳合，是其用魯詩之明證。然則此以采蘩爲怨詩者，當亦據魯説也。」陳説是也。○淮南子詮言訓「樂之失刺」高誘注云：「鹿鳴之作，君有酒肴，不召其臣，臣怨而刺上。」列女傳卷六辯通傳晉弓工妻云：「君聞昔者公劉之行乎？羊牛踐葭葦，惻然爲民痛之。」王照圓列女傳補注云：「大雅行葦之詩曰：『敦彼行葦，牛羊勿踐履。』此引以爲公劉之事，蓋魯詩説也。」

〔二〕軍案：陳壽祺魯詩遺説考卷三之一魯詩小雅一引太平御覽卷五百七十八載蔡邕琴操

論鹿鳴語，又云：「蔡邕所引，與司馬遷語合，皆本魯詩之説。」

15

孝經音義考正

陸德明釋文凡云「本今作某」、「本今無此字」者，向疑是後來校者之辭，非陸氏原文，尚未敢決。今參閲孝經音義，而信所見之不謬。釋文孝經本用鄭氏注，〔一〕後人據唐明皇注校之，故於釋文所標注皆云「本今無此字」，又云「自某至某，本今無」。閒有鄭注與唐注同，邢疏云「此依鄭注」者，則無此校語。蓋校者不知唐注本乎鄭，見唐注所有，故即以爲唐注而無疑也。

如釋文「先王有至德要道」下有「孝悌」二字，校者見唐注云「孝者，德之至」，無「悌」字，因云「本今無此字」。「夫孝」下有「人之行」三字，見唐注有，邢疏云：「此依鄭注。」因無校語。「不敢毀傷」下有「父母得其顯譽也者，卌彊而仕，行步不逮，縣車致仕」四句，唐注無，因云「自『父母』至『仕』字，本今無」。「形于四海」下有「刑見」二字，唐注無，因云「本今無『刑見』字」。「兆民賴之」下有「引辟」二字，唐注無，因云「本今無『引辟』二字」。

諸侯章首有「危殆」二字，唐注云「則免危也」，無「殆」字，因云「今無『殆』字」。「滿而不溢」下有「費用約儉，奢泰爲溢」二句，見唐注有，邢疏云：「此依鄭注。」因無校語。「富貴不離其身」下有「薄賦斂，省傜役，列士封疆」三句，〔二〕唐注無，因云「自『薄』字至『居良反』，依例，「居良反」當作「疆」字，下同。本今無」。「戰戰兢兢」下有「恐隊恐陷」四字，見唐注有，邢疏云：「此依鄭注。」因無校語。

卿大夫章首有「服山、龍、華蟲，服藻、火，服粉米，皆謂文繡也。田獵、卜筮，冠素積」四句，唐注無，因云「自『山、龍』至『兹亦反』」，本今無」。「非先王之德行」下有「禮以檢奢」句，唐注無，因云「本今無」。「宗廟」下有「爲作宮室」句，唐注無，因云「自『爲作』至『室』字，本今無」。「夙夜匪懈」下有「夜，莫也。解，惰」五字，校者見唐注云「夙，早也。懈，惰也」，因云「自『夜，莫』至『也』字，本今無」；以「解，惰」二字唐注有，故不數也。

士章首有「資者，人之行也」六字，唐注無，因云「本今無此句」。「以敬事長則順」下有「食稟爲爲曰祭別是非」，文有闕。唐注無，因云「自『食』字至『非』字，今本無」。

庶人章首有「春生夏長，秋收冬藏」八字，見唐注有，邢疏云：「此依鄭注。」因無校語。「分地之利」下有「分別五土」句，見唐注有，邢疏云：「此依鄭注。」因無校語。又此下有「丘陵、阪險宜棗、棘」句，唐注無，因云「自『丘陵』至『棘』」，本今無」。「以養父母」下有「行不爲非，度財爲費，什一而出，無所復謙」四句，唐注無，因云「自『行』字至『謙』」，本今無」。「故自天子」下有「故患難不及其身也，善未之有也」二句。「善未之有也」亦鄭注；邢疏引鄭注云「善未有也」，可證。釋文爲「善」字，一本作「難」，故標全句。校者見唐注亦有「未之有也」句，因云「自『故建』當作「患」。至『善』字，本今無」，蓋以「未之有也」四字爲唐注本有也。

舉此六章，以證明之，其餘可類推矣。

〔一〕軍案：經典釋文孝經音義云：「鄭氏，相承解爲鄭玄。」盧文弨考證云：「鄭志目録記康成所注書，竝未有孝經。說者謂其孫鄭小同所注，今已亡失。釋文依鄭注作音義。而今本則唐明皇所注，以釋文附之，自多不合。校此書者，往往云『本今無』，即入之陸氏書中，殊爲混殽。」黄焯彙校引阮元云：「案唐劉知幾議云：『晉中經簿，孝經稱「鄭氏解」，無「名玄」二字。』鄭志目録記康成注書，亦未有孝經。」○阮引劉知幾議，見文苑英華卷七百六十六經籍劉子玄孝經老子注易傳議、册府元龜卷六百四學校部奏議第三劉子玄爲左庶子上孝經注議。

〔二〕軍案：「士」，清經解本誤作「土」。

16

歃而忘

左傳隱七年：「十二月，陳五父如鄭涖盟。壬申，及鄭伯盟，歃如忘。」杜注：「志不在於歃血也。」正義曰：「當歃血之時，似口遺忘物然。服虔云：『如，而也。』釋文引此三字。臨歃而忘其盟載之辭，言不精也。』」

案：説文欠部「歃」下引「春秋傳曰：『歃而忘』」。〔一〕古之「而」字，多假借作「如」。據説文引爲「而」，知傳「如」當爲「而」也，故服子慎轉「如」爲「而」。杜氏意作如字讀，恐非。

〔一〕軍案：段注云：「許作『而』者，古『如』、『而』通用，許所據與服異。」

17

笴本槀字

鄉射禮「阼階下之東南，堂前三笴」，注：「笴，矢榦也。」〔一〕大射儀「北一笴」，注：「笴，矢榦。」釋文：「三笴，劉古老反，字林云『箭笴也，公但反』。」「一笴，工但反，劉古老反。」

案：考工記「胡之笴」，注：「笴，矢榦也。故書『笴』爲『筍』。杜子春云：『「筍」當爲「笴」。「笴」讀爲「槀」，謂箭槀。』」〔二〕

又「矢人爲矢，以其笴厚」，注：「『笴』讀爲『槀』。」蓋古文借「笴」爲「槀」。釋文依注古老反。儀禮當從劉昌宗音，與杜讀同。夏官有「稾人」，鄭司農云：「『稾』讀爲『芻稾』之『稾』。箭榦謂之『稾』。此官主弓弩、箭矢，故謂之『稾人』。」〔三〕說文木部：「稾，枯也。」「枯」即「肅慎氏貢枯矢」之「枯」。〔四〕竹部無「笴」字。然則「笴」本作「稾」矣。杜云「『笱』當爲『笴』」者，以「笱」、「笴」形相近，下又有「以其笴厚」、「凡相笴」之文也。

〔一〕軍案：「榦」，清經解本誤作「幹」，下同。

〔二〕軍案：考工記「妢胡之笴」，釋文：「笴，古老反，注作『稾』，同。」賈疏：「云『「笴」讀爲「稾」，謂箭稾』者，即稾人職『掌箭稾』是也。」

〔三〕軍案：周禮注疏卷二十八夏官稾人阮元校勘記云：「『枯稾』之『稾』，从『木』；讀爲『芻稾』之『稾』，則易其字矣。『禾稾』者，莖也；箭幹，亦莖也。故『箭幹』之『稾』，即『禾稾』引伸之義也；作『枯稾』字，則無義矣。『稾』，枯也，又木名也；經義雜記合爲一義，誤矣。易爲『稾』字，而後曰『箭（榦）〔幹〕謂之「稾」』，注例如此。倘作『謂之「稾」』，則不當言『讀爲』矣。凡『枯槁』字，苦浩切；凡『禾稿』字，古老切。經典釋文以及各韻書皆如此。此經釋文曰『稾，古老反』，依鄭易字之音也。」

〔四〕軍案：「『肅慎氏貢枯矢』之『枯』」，「枯」字今本國語魯語下作「楛」。說文石部「砮」下引

「國語曰：『肅慎氏貢楛矢、石砮』」，段注云：「『楛』當作『枯』，字之誤也。」木部「枯」下引「夏書曰：『唯箘輅枯』」，段注云：「禹貢文，今尚書作『惟箘簵楛』。按：『惟』作『唯』，轉寫誤也。『輅』當依竹部引書作『簬』。『楛』作『枯』，則許所據古文尚書如是。竹部引書作『楛』，非也。考工記注引尚書『箘簵枯』，音義曰：『枯，尚書作「楛」。』鄉射禮注引國語『肅慎貢枯矢』，音義曰：『枯，字又作「楛」。』然則鄭所據尚書、國語皆作『枯』，與許所據合也。」

18 王充論衡

范書王充傳：〔一〕「充字仲任，會稽上虞人。師事班彪，好博學而不守章句。論說始若詭異，終有理實。㠯爲俗儒守文，多失其真，乃閉門潛思，絶慶弔之禮，户牖牆壁各(著)[置]刀筆，〔二〕著論衡八十五篇，二十餘萬言，釋物類同異，正時俗嫌疑。」隋志雜家二十九卷，唐志三十卷，今本同。讀其書，好辨論，喜逞機鋒，蔡伯喈秘以爲談助，不虚矣。〔三〕其友謝夷吾擬之揚、劉、司馬，非其倫也。九虚、三增以禍福感應皆不實，經傳之文多增飾。然則德不必修，惡不必戒，聖賢之言不足憑，此豈所謂「信而好古」者邪？非韓是矣，問孔、刺孟語多有得罪名教者。

蓋充資性雖敏，學力未深，故據其臆見，肆其私言，而不自知其非也。其破往古之妖妄，訂時俗之忌諱，頗足取焉。可見世之陋習，自東漢已深矣。若明雩、順鼓、正説、書解，略得經子端緒，兼存漢儒舊義，又爲不可不讀之書。餘或揣摩秦、儀，〔四〕文似小説。又每以詞華之士爲優於章句之儒，皆其所蔽也。

學者以此爲漢人著述中有古文故事，可節取爲考索之助，則頗有益；若論其本書，大體似遜於諸子。此書素名重，殆因蔡、王一時之珍秘耳。見本傳注引袁山松後漢書。范書載其著論衡、造性書外，無他表見，止當入文苑、儒林，而范氏特爲大傳，豈亦因論衡歟？

〔一〕軍案：見范曄後漢書卷四十九。

〔二〕軍案：王先謙後漢書集解云：「官本『著』作『置』，是。」今從改。

〔三〕軍案：後漢書王充傳李賢注云：「袁山松書曰：『充所作論衡，中土未有傳者。蔡邕入吴始得之，恒祕玩以爲談助。其後，王朗爲會稽太守，又得其書；及還許下，時人稱其才進。或曰：「不見異人，當得異書。」問之，果以論衡之益。由是遂見傳焉。』抱朴子曰：『時人嫌蔡邕得異書，或搜求其帳中隱處，果得論衡，抱數卷持去。邕丁寧之曰：「惟我與爾共之，勿廣也。」』」王先謙集解云：「中郎不當鄙陋至此。袁、葛記事麤疏，止自形其無識耳。」

〔四〕軍案：「秦、儀」，謂蘇秦、張儀也。

19

鷙從鳥摯省聲

禮記儒行「鷙蟲攫搏」，注：「鷙蟲，猛鳥、猛獸也。字從鳥，鷙省聲也。」郭忠恕佩觿上云：「禮『鷙蟲攫搏』，鄭注：『从鳥，墊省聲。』今作『鷙省』，非也。説文云：『从執聲。』」

案：正義曰：「『蟲』是鳥、獸通名，故爲『猛鳥、猛獸』。云『字從鳥，鷙省聲也』者，言『鷙蟲』既是猛鳥、猛獸，但『獸摯』從『執』下著『手』，『鳥鷙』從『執』下著『鳥』，今一『鷙』包兩義，以『獸鷙』從『鳥』，故云『省』也；『執』下著『鳥』、『執』下著『手』俱是『執』舊譌「鷙」，今校改。聲，故云『聲』也。」

據此，知正義本作「從鳥，摯省聲」，故云「『執』下著『手』」。釋文云「『鷙』與『摯』同音『至』」，可證。今本作「鷙省」，是涉正文而誤也。佩觿作「墊省」，亦非。〔一〕

〔一〕軍案：説文鳥部：「鷙，擊殺鳥也。从鳥，執聲。」段注云：「夏小正：『六月，鷹始摯。』月令：『鷹隼蚤鷙。』古字多假『摯』爲『鷙』。儒行『鷙蟲攫搏』，注曰：『鷙，从鳥，墊省聲。』此注正義本誤，郭忠恕所據不誤。六月毛傳云：『輊，摯也。』士喪禮注云：『輖，墊也。』」

者，蓋『鷙』上从『執』，俗認爲『執聲』，則當在侵韵，而非音理，故云『摯省聲』以正之。考工記注云：『摯，輖也。』然則『墊』即『摯』字，『摯』之或體也。鄭注少言字體，此言之『摯』之在質、術韵，而不在侵、緝，易明也。」段改説文「从鳥，執聲」爲「从鳥，从執」，注云：「各本作『从鳥，執聲』，非也。許説會意，鄭説形聲，皆可以知此字之非『執聲』也。不曰『从執、鳥』而曰『从鳥，从執』者，惡其以鳥殺鳥，傷其類，且容所殺不獨鳥也。殺鳥必先攫搏之，故从『執』。」